做一个理想的法律人
To be a Volljurist

法律人进阶译丛【案例研习】
李昊/译丛主编

德国劳动法案例研习

案例、指引与参考答案（第4版）

Fälle zum Arbeitsrecht:
Mit einer Anleitung zur Lösung
arbeitsrechtlicher Aufgaben, 4.Auflage

〔德〕阿博·容克尔 /著
（Abbo Junker）

丁皖婧 /译　沈建峰 /校

著作权合同登记号　图字：01-2018-3761

图书在版编目（CIP）数据

德国劳动法案例研习：案例、指引与参考答案：第4版 /（德）阿博·容克尔著；丁皖婧译. -- 北京：北京大学出版社，2024.12. --（法律人进阶译丛）. ISBN 978-7-301-35788-0

Ⅰ. D951.625

中国国家版本馆 CIP 数据核字第 2024Q24E28 号

Fälle zum Arbeitsrecht: Mit einer Anleitung zur Lösung arbeitsrechtlicher Aufgaben, 4. Auflage, by Abbo Junker

© Verlag C. H. Beck oHG, München 2018

本书原版由 C.H. 贝克出版社于 2018 年出版。本书简体中文版由原版权方授权翻译出版。

书　　　名	德国劳动法案例研习：案例、指引与参考答案（第4版） DEGUO LAODONGFA ANLI YANXI：ANLI、ZHIYIN YU CANKAO DA'AN（DI-SI BAN）
著作责任者	〔德〕阿博·容克尔（Abbo Junker）　著 丁皖婧　译
丛 书 策 划	陆建华
责 任 编 辑	王馨雨　陆建华
标 准 书 号	ISBN 978-7-301-35788-0
出 版 发 行	北京大学出版社
地　　　址	北京市海淀区成府路 205 号　100871
网　　　址	http://www.pup.cn　http://www.yandayuanzhao.com
电 子 邮 箱	编辑部 yandayuanzhao@pup.cn　总编室 zpup@pup.cn
新 浪 微 博	@北京大学出版社　@北大出版社燕大元照法律图书
电　　　话	邮购部 010-62752015　发行部 010-62750672 编辑部 010-62117788
印 　刷　 者	三河市北燕印装有限公司
经 　销　 者	新华书店
	880 毫米×1230 毫米　A5　11.125 印张　311 千字 2024 年 12 月第 1 版　2024 年 12 月第 1 次印刷
定　　　价	69.00 元

未经许可，不得以任何方式复制或抄袭本书之部分或全部内容。
版权所有，侵权必究
举报电话：010-62752024　电子邮箱：fd@pup.cn
图书如有印装质量问题，请与出版部联系，电话：010-62756370

"法律人进阶译丛"编委会

主 编

李 昊

编委会

（按姓氏音序排列）

班天可	陈大创	季红明	蒋 毅	李 俊
李世刚	刘 颖	陆建华	马强伟	申柳华
孙新宽	唐波涛	唐志威	吴逸越	夏昊晗
徐文海	叶周侠	查云飞	翟远见	张焕然
	张 静	张 挺	章 程	

做一个理想的法律人(代译丛序)

近代中国的法学启蒙受自日本,而源于欧陆。无论是法律术语的移植、法典编纂的体例,还是法学教科书的撰写,都烙上了西方法学的深刻印记。即使是中华人民共和国成立后曾兴盛过一段时期的苏俄法学,从概念到体系仍无法脱离西方法学的根基。自20世纪70年代末以来,借助我国台湾地区法律书籍的影印及后续的引入,以及诸多西方法学著作的大规模译介,我国重启的法制进程进一步受到西方法学的深刻影响。当代中国的法律体系可谓奠基于西方法学的概念和体系之上。

自20世纪90年代开始的大规模的法律译介,无论是江平先生挂帅的"外国法律文库""美国法律文库",抑或舒国滢先生等领衔的"西方法哲学文库",以及北京大学出版社出版的"世界法学译丛"、上海人民出版社出版的"世界法学名著译丛",诸多种种,均注重于西方法哲学思想尤其英美法学的引入,自有启蒙之功效。不过,或许囿于当时西欧小语种法律人才的稀缺,这些译丛相对忽略了以法律概念和体系建构见长的欧陆法学。弥补这一缺憾的重要转变,应当说始自米健教授主持的"当代德国法学名著"丛书和吴越教授主持的"德国法学教科书译丛"。以梅迪库斯教授的《德国民法总论》为开篇,德国法学擅长的体系建构之术和鞭辟入里的教义分析方法进入了中国法学的视野,辅以崇尚德国法学的我国台湾地区法学教科书和专著的引入,德国法学在中国当前的法学教育和法学研究中日益受到尊崇。然而,"当代德国法学名著"丛书虽然遴选了德国当代法学著述中的上乘之作,但囿于撷取名著的局限及外国专家的视角,丛书采用了学科分类的标准,而未区分注重体系层次的基础教科书与偏重思辨分析的学术专著,与戛然而止的"德国法学教科书译丛"一样,在基础教科书书目的选择上尚未能充分体现当代德国法学教育的整体面貌,是为缺憾。

职是之故,自2009年始,我在中国人民大学出版社策划了现今的"外国法学教科书精品译丛",自2012年出版的德国畅销的布洛克斯和瓦尔克的《德国民法总论(第33版)》始,相继推出了韦斯特曼的《德国民法基本概念(第16版)(增订版)》、罗歇尔德斯的《德国债法总论(第7版)》、多伊奇和阿伦斯的《德国侵权法(第5版)》、慕斯拉克和豪的《德国民法概论(第14版)》,并将继续推出一系列德国主流的教科书,涵盖了德国民商法的大部分领域。该译丛最初计划完整选取德国、法国、意大利、日本诸国的民商法基础教科书,以反映当今世界大陆法系主要国家的民商法教学的全貌,可惜译者人才梯队不足,目前仅纳入"日本侵权行为法"和"日本民法的争点"两个选题。

系统译介民商法之外的体系教科书的愿望在结识季红明、查云飞、蒋毅、陈大创、葛平亮、夏昊晗等诸多留德小友后得以实现,而凝聚之力源自对"法律人共同体"的共同推崇,以及对案例教学的热爱。德国法学教育最值得我国法学教育借鉴之处,当首推其"完全法律人"的培养理念,以及建立在法教义学基础上的以案例研习为主要内容的教学模式。这种法学教育模式将所学用于实践,在民法、公法和刑法三大领域通过模拟的案例分析培养学生体系化的法律思维方式,并体现在德国第一次国家司法考试中,进而借助第二次国家司法考试之前的法律实训,使学生能够贯通理论和实践,形成稳定的"法律人共同体"。德国国际合作机构(GIZ)和中国国家法官学院合作的《法律适用方法》(涉及刑法、合同法、物权法、侵权法、劳动合同法、公司法、知识产权法等领域,由中国法制出版社出版)即是德国案例分析方法中国化的一种尝试。

基于共同创业的驱动,我们相继组建了中德法教义学QQ群,推出了"中德法教义学苑"微信公众号,并在《北航法律评论》2015年第1辑策划了"法教义学与法学教育"专题,发表了我们共同的行动纲领:《实践指向的法律人教育与案例分析——比较、反思、行动》(季红明、蒋毅、查云飞执笔)。2015年暑期,在谢立斌院长的积极推动下,中国政法大学中德法学院与德国国际合作机构法律咨询项目合作,邀请民法、公法和刑法三个领域的德国教授授课,成功地举办了第一届"德国法案例分析暑期班"并延续至今。2016年暑期,季红明和夏昊晗也积极策划并参与了由西南政法大学黄家镇副教授牵头、民商法学院举办的"请求权基础案例分析法课程暑期培训班"。2017年暑期,加盟中南财经政法大学法学院的"中德法教义学苑"团队,成功举办了"案例分析暑期培训班",系统地在民法、公法和刑法三个领域以德国的鉴定式模式开展了案例分析教学。

中国法治的昌明端赖高素质法律人才的培养。如中国诸多深耕法学教育的启蒙者所认识的那样,理想的法学教育应当能够实现法科生法律知识的体系化,培养其运用法律技能解决实践问题的能力。基于对德国奠基于法教义学基础上的法学教育模式的赞同,本译丛期望通过德国基础法学教程尤其是案例研习方法的系统引入,循序渐进地从大学阶段培养法科学生的法律思维,训练其法律适用的技能,因此取名"法律人进阶译丛"。

本译丛从法律人培养的阶段划分入手,细分为五个子系列:

——法学启蒙。本子系列主要引介关于法律学习方法的工具书,旨在引导学生有效地进行法学入门学习,成为一名合格的法科生,并对未来的法律职场有一个初步的认识。

——法学基础。本子系列对应于德国法学教育的基础阶段,注重民法、刑法、公法三大部门法基础教程的引入,让学生在三大部门法领域中能够建立起系统的知识体系,同时也注重扩大学生在法理学、法律史和法学方法等基础学科上的知识储备。

——法学拓展。本子系列对应于德国法学教育的重点阶段,旨在让学生能够在三大部门法的基础上对法学的交叉领域和前沿领域,诸如诉讼法、公司法、劳动法、医疗法、网络法、工程法、金融法、欧盟法、比较法等有进一步的知识拓展。

——案例研习。本子系列与法学基础和法学拓展子系列相配套,通过引入德国的鉴定式案例分析方法,引导学生运用基础的法学知识,解决模拟案例,由此养成良好的法律思维模式,为步入法律职场奠定基础。

——经典阅读。本子系列着重遴选法学领域的经典著作和大型教科书(Grosse Lehrbücher),旨在培养学生深入思考法学基本问题及辨法析理之能力。

我们希望本译丛能够为中国未来法学教育的转型提供一种可行的思路,期冀更多法律人共同参与,培养具有严谨法律思维和较强法律适用能力的新一代法律人,建构法律人共同体。

虽然本译丛先期以择取的德国法学教程和著述为代表,但是并不以德国法独尊,而是注重以全球化的视角,实现对主要法治国家法律基础教科书和经典著作的系统引入,包括日本法、意大利法、法国法、荷兰法、英美法等,使之能够在同一舞台上进行自我展示和竞争。这也是引介本译丛的另一个初衷:通过不同法系的比较,取法各家,吸其所长。也希望借助本译丛的出版,展示近二十年来中国留学海外的法学人才梯队的更新,并借助新生力量,在既有译丛积累的丰富经验基础上,逐步实现对外国法专有术语译法的相对统一。

本译丛的开启和推动离不开诸多青年法律人的共同努力,在这个翻译难以纳入学术评价体系的时代,没有诸多富有热情的年轻译者的加入和投入,译丛自然无法顺利完成。在此,要特别感谢积极参与本译丛策划的诸位年轻学友和才俊,他们是:留德的季红明、查云飞、蒋毅、陈大创、黄河、葛平亮、杜如益、王剑一、申柳华、薛启明、曾见、姜龙、朱军、汤葆青、刘志阳、杜志浩、金健、胡强芝、孙文、唐志威,留日的王冷然、张挺、班天可、章程、徐文海、王融擎,留意的翟远见、李俊、肖俊、张晓勇,留法的李世刚、金伏海、刘骏,留荷的张静,等等。还要特别感谢德国奥格斯堡大学法学院的托马斯·M. J. 默勒斯(Thomas M. J. Möllers)教授慨然应允并资助其著作的出版。

本译丛的出版还要感谢北京大学出版社学科副总编辑蒋浩先生和策划编辑陆建华先生,没有他们的大力支持和努力,本译丛众多选题的通过和版权的取得将无法达成。同时,本译丛部分图书得到中南财经政法大学法学院徐涤宇院长大力资助。

回顾日本的法治发展路径,在系统引介西方法律的法典化进程之后,将是一个立足于本土化、将理论与实务相结合的新时代。在这个时代中,中国法律人不仅需要怀抱法治理想,还需要具备专业化的法律实践能力,能够直面本土问题,发挥专业素养,推动中国的法治实践。这也是中国未来的"法律人共同体"面临的历史重任。本译丛能预此大流,当幸甚焉。

李　昊

2018 年 12 月

让完全法律人的梦想照进现实
（代"案例研习"译者序）

（一）

改革开放之后，伴随着法制（治）的重建，我国法学开始复兴。传统的缘故，这种重建和复兴更多是通过借鉴与继受大陆法系国家的法典和法学理论来完成的。然进入 21 世纪，我国的法学仍被指幼稚，2006 年"中国法学向何处去"成为法（理）学热门讨论主题。（玄思倾向严重的）法理学与（脱离实践的）部门法学、部门法学与部门法学之间区隔严重，不但沟通严重不足，而且缺乏相对一致的思维方式，实在难谓存在"法律人共同体"。大学没有（也无力）提供实践指向的法律适用系统训练，而实习也无实质能力训练，其对法律人之能力要求、培养路径亦未真正明悉；法科毕业生多有无一技傍身之空虚感。

在法律体系与法律知识体系尚不健全的法制重建与恢复期，由于缺乏完备的法律基础，如此状况尚可理解，但随着我国法律体系渐次完善，法学缺乏实践品格、法学教育脱离现实需求之问题愈发凸显，亟待我们解决。有鉴于此，部分部门法学者逐渐确立反思法学的实践指向，更多讨论法教义学（释义学）及其应用，法律适用更受重视。此外，法学教育不能满足实践之需的问题，更为学界与实务界所重视。关于国外法学教育模式的文章日益增多,认知亦趋深入,中外法学教育的交流也更深入。以中德法学教育交流为例,米健教授创立了中国政法大学中德法学院,提供了系统的中德法律比较教育,研二时即由德国老师提供原汁原味的训练(部门法理论课+鉴定式案例研习),研三时资助通过德福(TestDaF)者到德国高校攻读法律硕士学位(LL. M.),接受德国法学教育系统训练。不少人后续留德攻读博士学位,有机会更深入地体验德国法学教育的整体面貌。国家留学基金委提供了许多资助留学攻读博士学位的名额,留德攻读博士学位、联合培养在各高校法学研习者之间蔚然成风,在德攻读博士学位期间攻读法律硕士学位更为普遍。由中德比较的视角以观,德国的完全法律人培养模式,是解决中国法学、法律人教育诸多问题的一剂良方。由此,法学可以是具有实践品格的学问,法律人教育能够融合科学与实践,法律人应当具有相对统一的思维方式。

德国完全法律人教育的目标,就是通过双阶法律教育培养实务人才,以法官能力培养为核心,兼及律师业务能力的培养。第一阶段通常是学制为4年半的大学法律学习(相当于我国的本科加硕士),以通过第一次国家考试为结业条件(实际通过多需要5年至6年的时间);第二阶段为实务见习期,为期2年,第二次国家考试通过者,为完全法律人,有资格从事各种法律职业,任法官、检察官、律师、公证人等职。

第一阶段的教育是科学教育;第二阶段则是(在法院、检察院、律所)见习期教育,是成为真正法律人的实务历练阶段。与见习期教育通过实体法与诉讼法知识的综合运用解决实际案件的模式不同,第一阶段的法学教育更多是分学科、渐进地融合法律知识、训练运用能力,虽是科学教育,但同样以实践为导向。大学的课程形式主要有讲授课(Vorlesung)、案例研习(Arbeitsgemein-schaft/Übung)、专题研讨(Seminar)和国考备考课程。讲授课重在阐明法律规范、制度以及不同的规范与制度之间的关联等,使学习者理解与掌握相关的法律规定以及学说与判例对这些法律规定的解释;而核心课程必备的案例研习课程则重在通过与讲授课相对一致的进度,以案例演练检查、巩固学习者对于法律的理解,同时培养和训练学习者的法律思维方法,使其通过相对一致的思维方式掌握抽象的法规范与具体案例之间的关联,循序渐进地掌握法律适用的方法。加上笔试(Klausur)的考查,这种一体设计使得习法者的法律适用能力能够得到良好提升,实现预期效果。由于包括第一次国家考试在内的绝大部分考试均以案例研习的形式出现,案例研习课程在德国法学训练中的重要地位不言自明,而其中所贯穿的是自始就予以讲解、操练的法律人核心装备——鉴定式案例研习方法。

通过第一次国家考试,即视为充分掌握了所考查的基本部门法的理论知识及其法律适用,方可进入第二阶段。在第二阶段,则侧重程序法的训练、培养实务能力,见习为期24个月,在法院、检察院、行政机关、律所以及自选实习地点经过相应的训练,到见习期结束时,见习文官将有能力适应并逐步熟悉法律工作。实务训练阶段着重练习法庭报告技术(Relationstechnik),即依据案卷材料,运用证据法、实体法的知识,认定案件事实并在此基础上作出鉴定与起草法律文件(裁判文书)。

凡通过两次国家考试者,都经过艰苦的锤炼(十几门大学必修课程各以一道案例解析题进行考查)和惨烈的淘汰,成为完全法律人,具有比较一致的法律思维模式,纵使其职业角色各异,亦能在共同的思维平台上进行沟通、讨论,形成良性互动与高效合作。

　　基于中国法与德国法的历史与现实的深刻关联,集德国完全法律人模式之优点、德国法人才基础和普及趋势为一体,取法于德国以改进我国法律人教育实为一条有效路径。

　　德国法案例研习教程属于我们拟订的中国法律人教育改善计划的第一篇章。该计划旨在以德国法为镜鉴,以推动中国法学的科学化为目标,以法学教育的改善为着眼点,通过建立法律人共同体,明确法学研究的实践定位,提升中国法学研究的质量,最终落实于司法技术的改进以实现对社会生活的合理调整。通过研习德国案例,我们可以透视德国法,统观立法、司法、法学、完全法律人培养的互动协作运转的体系,发现并掌握其运行规律。研习德国案例,旨在掌握其核心方法,将其活用于中国法的土壤,以更新的观念,培养新人——中国的完全法律人。

　　实际上,完全法律人的培养模式早已扎根于我国的土壤,成为我们法律人培养的现实。中国国家法官学院与德国国际合作机构已合作二十余年,以鉴定式和法庭报告技术解答中国法问题,培训法官。在接受培训的众多法官中,就有受此启发写成名作《要件审判九步法》的邹碧华法官。国家法官学院教师刘汉富翻译的《德国民事诉讼法律与实务》2000年由法律出版社出版,作为国家法官学院高级法官培训指定教材,而该教材实际是德国完全法律人培养第二阶段用书(Dieter Knöringer, Die Assessorklausur im Zivilprozeβ, 7. Aufl. 1998.)。该书在我国湮没无闻的命运,多因我们的大学教育尚未开展鉴定式案例研习,请求权基础训练仅属耳闻,遑论法庭报告技术。如今,中国法的鉴定式案例分析在诸多高校展开,完全法律人观念也得到推广。新型法律人正在出现,贯通民法、民诉的学者(如中国人民大学法学院的金印老师)已成为我们身边可见的榜样。深刻的变革正在发生。

(二)

翻译德国案例研习教程以改进我国法律人教育之设想,正是基于丛书策划者们与德国法邂逅的切身体悟。我们在大学教育和实习经历中与德国法相识,在我国台湾地区法学著作(尤其是王泽鉴教授的法学教科书)、德国法学著作中真切感受到德式法学方法论的魅力。与时代的急剧转型相应,我们也必须深入地思考中国法学的实践转向、法学方法论与部门法的结合问题。

进入中国政法大学中德法学院学习,与本科就读于中国政法大学、西南政法大学等不同院校的同学交流,对于我们共同观念的形成和认识的提升至关重要。我 2008 级的同学中,有中国政法大学毕业的夏昊晗(曾从事法务工作多年)、林佳业、蒋毅,有来自西南政法大学的查云飞。我是自北京化工大学毕业,在法院工作两年后重新回到校园的;李浩然毕业于西南政法大学,是我在中德法学院的 2009 级同门。在中德法学院学习初期,我们的法学思维并没有表现出大的不同。在分析德国法的禁止双方代理案件时,我们还更多依从感觉(价值)判断,对法律概念的解释、扩张或续造并无清晰的意识。真正的变化开始于研二期间中德法学院提供的德国法系统训练,法律思维能力在随后攻读德国法律硕士期间也有了显著提升。德国高校法律硕士的选课也特别注重基础学科,注重对不同部门学科的总体了解。这就为我们从不同学科的视角看待学科发展提供了宝贵的知识基础。

我们时常交流学术想法,对教义学的观念、方法存有共识,对中德交流的形式、对学术与实务的沟通也常有思考,对未来抱有很多设想,读法律硕士时就讨论过以后组建民法、刑法、公法的团队教学等。及至在德国攻读博士学位之后，我们仍以不同的方式加深对德国法教育的认识。除了攻读法律硕士期间所选修的科目——法律史、法理学、法学方法论、民事诉讼法、强制执行法，我们后续又选修德国宪法史、罗马法史、罗马私法史，听过欧洲近代法律史等课程。2013年上半年，林佳业、蒋毅和我对中德司法考试进行了初步的比较研究。同时，对教义学、方法论文献的系统研读和利益法学的翻译也加深了我们对学术与实践关系的认识，推进我们对于中国问题的反思，形成更清晰的系统解决方案。

基于此，我于2013年下半年提出翻译德国案例研习教程以改进我国法律人教育之设想，当即获得在弗莱堡大学攻读博士学位的蒋毅（刑法方向）和李浩然（公法方向）的支持，我们就具体书目达成初步共识。但是，困难在于需要获得国内出版社的支持。2014年年初，幸得华中科技大学张定军老师的关心，就联系国内出版社之事宜，指点我们求教于李昊老师。这才给最初的设想打开了实现的大门！不仅我们的想法立获认可，李昊老师还以自己策划出版的丰富经验解答了我们关于费用的问题。2014年3月中旬，我与蒋毅、李浩然在弗莱堡起草具体策划案，刑法由蒋毅负责，公法由李浩然负责，民法由我负责。因案例书需配合简明的教科书，策划选题时对此也需加以考虑，并由查云飞补充公法方面的设想，我们共同就未来推动的事项予以体系化整理，如新媒体时代中德交流平台的建立、中国法课程的系统改造和组建民法、刑法、公法的教学团队等。

2014年还不是一个可以清楚地看到案例研习教程前景的年份，策划案由李昊老师接手后一度未获出版社立项。之后我补充策划了3个预期会很畅销的德国法选题（《如何高效学习法律》《如何解答法律题》和《法律职业成长：训练机构、机遇与申请》），与4本民法案例研习教程一起再次申请立项,经北京大学出版社蒋浩学科副总编辑、陆建华编辑和李昊老师大力举荐才得以通过。

之后,因为商法书目的拓展,邀请陈大创(时于科隆大学攻读信托法方向博士学位)加入策划团队。基于我们的共识和彼此信赖,邀其推进商法方面的教程。至此,形成6人的策划团队。

策划过程中,我们决定把民法书目定为硕士期间所用过的教材,夏昊晗、林佳业提供了宝贵的借鉴意见。特别关键的是华东政法大学的张传奇老师,不但对民法书目进行了认真的核查,而且主动提出承担近350页的《德国民法总则案例研习》的翻译,很快就为《德国债法案例研习Ⅰ:合同之债》《德国债法案例研习Ⅱ:法定之债》《德国物权法案例研习》三本书找到了可以信赖的译者,分别为赵文杰老师(现任教于华东政法大学)、薛启明老师(现任教于山东师范大学)和吴香香老师(现任教于中国政法大学)。在策划选题之初,出版前景尚不明朗,张传奇老师却如此热切地承担此项费时费力的翻译工作,在此特别感谢他为案例研习教程所作的巨大贡献,若没有他的参与,这些书或许就难觅合适的译者。当然,非常感谢香香师姐,文杰、启明师兄,也感谢曾影响他们与德国法结缘的老师。

在首批选题通过后,我们又扩展了翻译计划,《德国劳动法案例研习》由中国政法大学中德法学院的博士丁皖婧(现任教于中国劳动关系学院)翻译,沈建峰师兄(现任教于中央财经大学法学院)校对;《德国商法案例研习》由科隆大学博士李金镂(现任教于中南财经政法大学法学院)翻译。江西理工大学的马龙老师(武汉大学民事诉讼法博士)主动提出承担《德国民事诉讼法案例研习》的翻译,解决了一直困扰我们的难题。在此谨致谢意!

关于刑法的选题,因为 Beulke 教授刑法案例教科书的授权问题,蒋毅翻译好的近百页文字只能沉寂于其电脑中。否则,刑法选题可以更早出版,发挥其对刑法学习的积极影响。后经北京大学法学院江溯老师引荐,幸得希尔根多夫教授的《德国大学刑法案例辅导》三卷本弥补了这一缺憾。

2014 年,葛云松、田士永两位老师关于法学教育、案例教学的雄文面世(葛文《法学教育的理想》,田文《"民法学案例研习"的教学目的》),推动了国人对此的深入认知。2014 年,我们组建了团队,创建并运营"中德法教义学苑"公众号和相关 QQ、微信群,也致力于深化国内对德国法和鉴定式案例研习的认知。我们所推动的其他翻译书目,也在各出版社立项通过,陆续出版。2015 年,中国政法大学中德法学院的鉴定式案例研习暑期班开创了德国教授面对本科生亲授鉴定式案例研习方法的先河。2016 年和 2019 年西南政法大学民商法学院举办的"请求权基础案例分析法暑期培训班",还有 2017 年至 2019 年的中南财经政法大学法学院"案例分析暑期班"、广东财经大学法学院"案例研习班"、2018 年浙江理工大学法政学院"案例研习班"……我们都以不同的形式参与其中。中南财经政法大学 2016 级的法学实验班是参考德国法科教育经验优化的培养方案开设的,现今第一届学生即将毕业。在他们身上,镌刻的是不同于以往的教育模式,不管他们知或不知,其中已留下了我们的印迹。走过的这些年月,我们和德国法难舍难分,受师友激励前行,与更年轻的同行相遇,分享他乡所学,也目送年轻一代去往他乡。梦想当初似乎遥不可及,今日却已渐次照进现实。

观念为行动的先导,而行动塑造着现实。我们所做的,仅仅是一场探险之旅的邀请。真诚邀请我们见过或素未谋面的学友,与我们一起探索未知,描绘通向未来的地图。或许这些书才是我们能够提供给大家的与德国法更好相会的最好的辅助,通过它们可以更好地接近德国法(教科书、专著、评注……)和完全法律人的教育理念以及路径。或许它们也是引领我们通向更好的中国法的一些路标,也许它们能够锻炼我们传授识图、绘图、铺就未来道路的能力。

因为德国法而相遇,真是奇妙的缘分!所有的一切,缘起于情谊,成长于共识。通过分享我们所学所见的美好,我们结识了更多同行学友,得到师长、同学和朋友们热心无私的支持。尤为难忘的是时为中德法学院德方负责人的汉马可(Marco Haase)教授,他以无比的热忱投入我们研二的4门德国法案例研习课(民法2门,刑法、行政法各1门)的教学之中,在精神上和思维上引领我们前行。赴德留学的圣诞,我们齐聚柏林,因为他在,我们才有宾至如归的心安。Haase老师对中国挚诚热爱,奉献于中德交流十数载,是我们的"马可·波罗",是激励我们前行的榜样。这一路的启明星,是情谊与温情。希望它照亮我们法律人未来的探索之行。披星戴月,日夜兼程。

(三)

预知未来的最好路径即是当下的践行。完全法律人的养成,与人格的发展密不可分。我们所期待的法律人应是独立自主的个体,有独立思考的能力和行为习惯。身处社会中的法律人应在互动中塑造现实,不论是在学习小组中,在班级活动中,还是在更多维、广泛的生活世界的行动中。

对于使用本译丛的读者贤达,为达到好的效果,自主学习的学生可以组成学习小组(《如何高效学习法律》有相关介绍),小组的基本单元为5人左右,以理论课程的学习为前提,鉴定式案例研习作为辅助。解答案例时,先独立自行作答,使用法条汇编、教科书(有可能的情况下也应使用评注、重要文章)等文献,再进行小组讨论。讨论依据鉴定式的分析框架和思考次序进行,相关写作体例可以参考《如何解答法律题》和《法律研习的方法》。"案例研习"教程的使用也应遵循循序渐进的规律,比如民法可从民法总则开始,再由债法总则、债法各论、物权法依次进行,再到亲属法、继承法、民事诉讼法等;公法从基本权开始,再到行政法与行政诉讼法。以民法总则为例,建议先仔细阅读布洛克斯等的《德国民法总论》,再结合民法总则案例研习教科书进行研习;因鉴定式案例研习涉及法律解释,可配合旺克的《法律解释》一书,通过实例来掌握基本的解释方法。若想依据中国法解答德国案例,则可配以朱庆育的《民法总论》、李宇的《民法总则要义》、朱庆育主编的《合同法评注选》以及《法学家》《中德私法研究》等刊物上刊发的相关评注文章及其他重要学术文献。对小组的讨论过程,建议形成讨论记录(纪要),记录口头讨论进程和问题总结。借此所训练的能力,为日常所需。自主学习和小组讨论学习,也是应对未来法律职业生涯的日常演练。就具体效用而言,经此系统训练的同学,既可轻松应对法考(主观题难度低于鉴定式案例研习),又能在深造之路上获得明显的优势。

借助鉴定式案例研习,可磨砺心智。在解决具体案例问题的过程中,需要综合运用法条,这就涉及对文义的探寻,对体系更深入的理解,对规范生成历史、目的的理解,对整个法律制度的理解,乃至对社会的历史和社会学视角的横向观察。其实,对个案的分析解答,就是不断地建立起个人对法律、共同体、历史与当下的往复沟通的紧密联系的过程,调适规范与事实契合的过程,也是设身处地感受、参与、塑造观念与生活的过程。妥当的解答,除了要求对法律学科进行系统的学习思考,对法律的社会、历史时空的维度进行更深更广的认知,也要求环顾四周的世界,培养健全的判断力,展望、预测未来的能力,以及长远思考的能力。

小组讨论中可辨析多样的观念,启迪思考。借此,将个人的成长史和习惯纳入共同经验中予以打量、检验和对话,形成新的话语及同情式理解的经验。这是法学的深入学习之旅,人格的塑造之旅;这是由具体案例而展开的对话,是互动中激荡的思想、疑惑、追问,与跨越时空的不同的智慧心灵的相遇。

鉴定式案例研习是一个基础,由此而往,由肩负责任的成长中的独立个体赋予规范以具体的生活意义,赋予自身以意义,面向未来肩负其担当。真正的完全法律人,当由此而生!

季红明

2020年春于南京

前　言

"法学是一门具有高度特殊性与混合性的学科，它由一套特殊的技术性思维模式和一套具有百年传统的解题方法共同组成，两者兼备才能解决法律问题；其中，只有解题方法是能够被学习的，只有通过长久的练习，人们才能掌握寻找解题方法并最终作答的技能（Diederichsen/Wagner：《民法考试》，1998年第9版，第11页）。"本书作为"法学案例集"系列当中的一本，既包含解答劳动法考试题目的技巧（方法），又包含劳动法案例，可以通过这些案例检验解题的方法是否正确。本书选用的12个案例均改编自联邦劳动法院的原始判决。

第4版的修订着眼于对集体劳动法领域内相关案例的完善：新加入的案例8和案例9补充了团体协议法和劳动斗争法的内容，因此本书同《劳动法基础教程》一书一样，几乎覆盖了劳动法领域的全部内容。本书于2018年1月31日正式完成。

本书的当前版本是对《劳动法基础教程》一书内容（同样由贝克出版社出版）的补充，但也可以脱离基础教程独立使用。我要特别感谢Cornelia Sebode女士对本书付出的努力。

阿博·容克尔
2018年3月于慕尼黑

梗概目录 *

梗概 1：判决程序中的合法性审查 ·················· 042
梗概 2：正常的雇主解雇的有效性 ·················· 042
梗概 3："无劳动的报酬"（重要规则） ·················· 061
梗概 4：雇主的询问权 ·················· 063
梗概 5：雇主的指示权 ·················· 076
梗概 6：企业职工委员会的参与（重要规则） ·················· 077
梗概 7：一般交易条款审查（基本结构） ·················· 096
梗概 8：非正常解雇的效力 ·················· 154
梗概 9：嫌疑解雇（结构模式） ·················· 155
梗概 10：基于团体协议的请求权（结构模式） ·················· 172
梗概 11：裁定程序的合法性审查 ·················· 222
梗概 12：基于社会计划的请求权（结构模式） ·················· 265

其他梗概和结构模式参见 容克尔：《劳动法基础教程》，2018年第 17 版或更新版本。

---

* 梗概目录是本书每个案例的审查结构的目录，是不同类型案例的分析思路的索引。——译者注

目 录

第一部分 案例分析导论 ……………………………… 001
  劳动法案例的类型 ……………………………… 003
  劳动法案例分析的技巧 …………………………… 011
  观点小结 …………………………………………… 034

第二部分 案例 ……………………………………… 037
  案例 1 劳动者身份 …………………………… 039
  案例 2 雇主的询问权 ………………………… 059
  案例 3 雇主的指示权 ………………………… 074
  案例 4 培训费用的返还 ……………………… 093
  案例 5 劳动者责任 …………………………… 112
  案例 6 与经营状况相关的正常解雇 …………… 130
  案例 7 非正常解雇 …………………………… 151
  案例 8 团体协议的溯及力 …………………… 170
  案例 9 劳动斗争的损害赔偿 ………………… 192
  案例 10 社会事务 …………………………… 219
  案例 11 人事事务 …………………………… 240
  案例 12 经济事务 …………………………… 262

缩略语表 ………………………………………………… 285
参考文献 ………………………………………………… 295
术语索引 ………………………………………………… 299
译后记 …………………………………………………… 323

第一部分

案例分析导论

案例考试和结课论文(以及大部分口语考试)的典型考查内容并不是由案例材料的问题或者某个抽象的主题构成的,而是由**案件事实**(Sachverhalts),即生活中真实或改编的事件,以及从案件事实中提炼出的**法律问题**(Rechtsfragen)共同构成的。完成这些任务,有助于形成一些认识,例如,认识到在考试题中,某些案例问题比其他类型的案例出现得更加频繁(→边码 2 之后),以及在案例分析当中存在一些具有一定"技巧性"的解题规则(→边码 23 之后)。

劳动法案例的类型

确实存在**劳动法案例的基本模型**(Grundmuster arbeitsrechtlicher Fälle)[1]:应试者越清楚案例所属的类型,解答案例问题的速度就越快。清楚任务的类型,也有助于调用知识储备。

1. 实体法与程序法

劳动法案例分析的任务不同于其他私法案例分析的任务(例如,民法的案例分析)之处在于,劳动法领域的案例分析经常从诉讼法(程序法)的考量入手。所以,在案件事实的背景材料当中就必须搞清楚,被问及的仅是**实体法律问题**(materiellen Rechtsfrage),还是在鉴定报告中还应探讨**成功起诉**(Erfolg einer Klage)

---

[1] *Hanau/Kramer*, JuS 1994, 575 (576-578); *Tillmanns* Klausurenkurs I Rn. 4.

(或者劳动法院的裁定程序申请是否成功)的问题。

(1)关于成功起诉的问题

4 　　下述案例包含着成功起诉的问题,这些案例中的问题是:"劳动法院将会如何裁决?"或者"K问,他能否成功地对抗劳动合同的解除?"因为法院只有在具备相应的权限并且满足其他审判条件(管辖条件)时,才能够裁判这个案件,所以案例分析的答案就被划分为两个考点——**诉的合法性**(Zulässigkeit der Klage)(或者向劳动法院提出申请裁定程序的权限)以及**诉的有理由性**(Begründetheit der Klage)(或者提起申请的理由)。同样的结构模式也可以出现在以下情境中,即虽然还没提起诉讼,但是——明显地或者能够根据事实推断出来——想要成功提起一个诉讼(或一个申请),仍然需要首先考虑诉的合法性和诉的有理由性的问题。在**梗概1**(→案例1 边码4)中**判决程序**(Urteilsverfahren)的合法性审查与**梗概11**(→案例10 边码5)中**裁定程序**(Beschlussverfahren)的合法性审查的内容中,均可以看到这种"清单"式审查结构的身影。

(2)关于实体法律依据的问题

5 　　当询问是否存在请求权(**案例2**)、雇主指示的约束力(**案例3**)或者解雇的效力(**案例6**)等问题时,则仅涉及实体法律问题。在这些案例当中,无须讨论**程序性法律状况**(prozessuale Rechtslage)。上述这些具有一定限制性的问题通常都比较符合生活中的真实情况,因为只有一小部分争议会进入法庭程序:在大多数案件中,劳动关系中的一方当事人只是希望从他们的法律顾问那里得到一个关于实体法律状况的结果,然后再"自愿"决定如何处理这一法律建议,而并不希望将自己置身于法律程序当中。当一个试题只问到实体法问题的时候,那么讨论诉(或者申请)的**合法性**显然是多余的(也因此是错误的)。因为出题人在提出这种**实体权利**(materielle Recht)问题的时候,会认为在考试所需的总时间内,只讨论实体法律问题就已经足够了,对于程序性问题的作答是效率低下的表现。

(3)程序性的部分问题或前置问题

但是在实体法律问题的框架下,还是会存在程序法方面的问题,对这些问题也必须进行相应的讨论。最重要的**例子**来自《**解雇保护法**》*:当一个劳动者想认定一项解雇不具有社会正当性或者基于其他原因无效时,他必须在3周之内向劳动法院书面提起解雇保护之诉(《**解雇保护法**》**第4条第1句**);如果他在此期限内没有提起诉讼,那么该解雇就自始有效(《**解雇保护法**》**第7条**)。在适用《**解雇保护法**》第4条第1句以及第7条时,鉴定式报告只涉及实体法律问题而并不需要讨论任何关于诉的必要性(Klageerfordernis)的内容,因为不能"无论如何"都可以主张解雇无效,而是只有在**3周期限内**(dreiwöchigen Ausschlussfrist)向劳动法院起诉,才能通过判决程序判定其无效。如果劳动者超过法定期限起诉,那么解雇无效的理由也就不复存在了。

2.请求权案例考试——效力性案例考试

民法案例考试和劳动法案例考试的另外一个区别是,通常**民法案例考试**(BGB-Klausuren)〔2〕需要论证的是,特定主体之间是否存在特定的请求[**请求权案例考试**(Anspruchsklausuren)]。只有很少一部分民法案例考试不涉及请求权的内容,而只是关于法律状况的问题(例如,"X是否可以成为所有权人?""Y是不是继承人?""成员决定是否有效?")。因此,解答民事法律案例问题的框架通常都要按照请求权基础建立起来("请求权结构")。

---

* 未经特别指明,本书中的规范性法律文件均出自德国法,例如,《民法典》即《德国民法典》。——译者注

〔2〕 在下文的论述中,为了语言的简洁性,使用"案例考试"的表述,但案例考试的解题指导同样适用于劳动法的结课论文、研究报告,以及其他包含案例分析内容的考试或作业。

8   在**劳动法案例考试**(Arbeitsrechtsklausuren)中,请求权类型的案例并不占主导,因为在考试和实践中,关于劳动者的解雇保护占有相当大的比重:"劳动关系中的自由取决于劳动关系的结束/终止。"[3]在劳动法院受理的诉讼案件中,大约有一半案件是关于劳动关系存续的。[4] 据此,在劳动法中与考查请求权的考试同等重要的考试,是关于解除效力,或者我们通常说的劳动关系的终止[**效力性案例考试**(Wirksamkeitsklausuren)]问题的探究。

  (1)两种考试类型的结构差异

9   ①**请求权案例考试的典型示例**(Prototyp einer Anspruchsklausur)是劳动者的工资之诉:一名劳动者希望从他的雇主那里获得报酬,即支付他特定时间段内的工资(或报酬)。所以,这里正确的诉讼种类应当是**给付之诉**(Leistungsklage)。实体法部分的结构以请求权为模型:解题时,首先要写明包含预期请求目的法律后果的法律规范。人们将这类法律规范称为请求权规范或者**请求权基础**(Anspruchsgrundlage)。请求权基础和法律规定中其他规范的区别仅在于法律后果:请求权基础是赋予一方当事人要求另一方当事人**作为**(Tun)(例如,工资的支付)、**忍耐**(Dulden)[5](例如,在工作场所忍受听音乐)或者**不作为**(Unterlassen)(例如,不可从事竞争职业)之权利的规定。[6]

10   ②**效力性案例考试的典型示例**(Prototyp der Wirksamkeitsklausur)是解雇保护之诉[7]:劳动者向劳动法院请求确认劳动关系并不因雇主提出解雇而解除。因此,这里正确的诉讼种类

---

[3] *Hromadka*, ZfA 2002, 383 (393);也可参见 *Tillmanns* Klausurenkurs I Rn. 4.

[4] 数据与证据参见 *Junker*, Gutachten B zum 65. Deutschen Juristentag, 2004, S. B 53-B 54.

[5] 忍耐是不作为的一种类型,指的是不阻止某种行为的实施:Thomas/Putzo/Seiler ZPO § 890 Rn. 3.

[6] 此处参见 *Tillmanns* Klausurenkurs I Rn. 3.

[7] 结构模式参见 *Junker* ArbR Rn. 382 (übersicht 6.3)。

应当是**确认之诉**(Feststellungsklage)。在论证的实体法部分,首先需要考虑是否存在解雇的合法意思表示,该意思表示由雇主发出并已经送达劳动者。如果我们可以从案件事实中得出存在**解雇意思表示**(Kündigungserklärung)的结论,那么解雇保护之诉能否成功就取决于该意思表示是否有效。如果存在**无效事由**(Unwirksamkeitsgrund)(例如,《解雇保护法》第1条第1款,《民法典》第613a条第4款第1句,《企业组织法》第102条第1款第3句),那么该解雇的意思表示就是无效的。请求权案例考试是为了寻求请求权基础,而效力性案例考试则首先聚焦于是否存在可能的无效事由。

(2) 请求权案例考试的种类

请求权案例考试最显著的特点就是它的事实部分总是围绕着这样一个问题展开,即一方当事人是否能够要求另一方通过作为、忍耐或不作为的形式向其履行特定的给付行为(→边码7、9)。在实体法部分,案例分析始终都以请求权基础作为出发点。请求人通常是劳动者,极少是雇主。人们将提起的请求区分为**原始请求权**(Primäranspruch),它总是指向履行(主要义务或者附随义务),以及**次请求权**(Sekundäranspruch),在劳动法中它主要涉及损害赔偿。[8]

①**劳动者的履行请求**(Erfüllungsanspruch des Arbeitnehmers)可以指向雇主履行**主给付义务**(Hauptleistungspflicht),即按照约定支付报酬的义务(《民法典》第611a条第2款)。如前文所述(→边码9),报酬请求是劳动法请求权案例考试中最重要的内容。例如,在**案例2**中,劳动者由于生病,在一定时间段内没有能力完成工作,请求雇主支付该时间段内的报酬(《工资继续支付

11

12

---

[8] 例子参见 Heckelmann/Franzen Fälle S. 15 ff.〔劳动者责任(Arbeitnehmerhaftung)〕, 25 ff.〔雇主责任(Arbeitgeberhaftung)〕; *Oetker* Individualarbeitsrecht S. 85ff.〔劳动者责任(Arbeitnehmerhaftung)〕, 89ff.（雇主责任）; *Preis* Klausurenkurs S. 126 ff.〔劳动者不完全履行责任(Mankohaftung des Arbeitnehmers)〕。

法》第 3 条第 1 款第 1 句)。劳动者请求履行**从给付义务**(Nebenleistungspflichten)(例如,年休假)或**附随义务**(Nebenpflichten)(例如,雇主依据《民法典》第 618 条、第 619 条采取保护措施的义务)的考试题是很少见的。

13　　②针对劳动者**主给付义务**的**雇主履行请求**(Erfüllungsanspruch des Arbeitgebers),在案例考试中考查的首要问题是,劳动者是否应当遵守雇主的指示。例如,在**案例 3** 中,涉及的是一项波鸿市政部门对一名公交检票员的指示,未来他每天的工作(主要义务,《民法典》第 611a 条第 1 款第 1 句)始于到达公司场所,终于离开公司场所。**案例 4** 的主要内容是雇主对劳动者**从给付义务**的请求,该案处理的问题主要是公交车司机是否必须向其雇主支付一部分培训费用。

14　　③合同的原始请求(履行请求)源于劳动合同,无须出现其他情况,合同的**次请求权**源于主要义务的履行出现障碍。**损害赔偿请求**(Schadensersatzansprüche)是劳动关系中最重要的次请求权。例如,在**案例 5** 中,劳动者给雇主造成了财产损失,并致使他的同事受到了人身损害。同样,**案例 9** 涉及违反团体协议的劳动斗争导致的损害赔偿请求,在该案中出现了合同请求与侵权请求的竞合。

　　(3)效力性案例考试的种类

15　　①**解雇的效力**(Wirksamkeit einer Kündigung)是劳动法中最为重要的问题。即便数据显示大多数情况是劳动者主动解除劳动关系[9],但对劳动法院以及考试案例来说,几乎只有雇主解除劳动关系[**雇主解雇**(Arbeitgeberkündigung)]才有意义。这一发现符合劳动法逐步发展为劳动者保护法的趋势。对这一点的重要体现就是《解雇保护法》,它只适用于雇主解除劳动关系的情况

---

[9] 数据与证据参见 *Junker*, Gutachten B zum 65. Deutschen Juristentag, 2004, S. B 48。

(《解雇保护法》第 1 条第 1 款)。特殊解雇保护(例如,《社会法典》第九卷第 168 条,《母亲保护法》第 17 条第 1 款第 1 句、第 2 句,《解雇保护法》第 15 条第 1 款)根据其性质也只适用于雇主解除劳动关系的情况。

②**解雇的种类**(Art der Kündigung)总是需要首先予以说明:一项解雇是正常解雇还是非正常解雇,或是终止性解雇还是变更性解雇都必须说明。[10] 本书中有三个案例的**要点涉及解雇保护法**(Schwerpunkt im Kündigungsrecht):**案例 1** 处理的是与劳动者行为有关的正常解雇,**案例 6** 的重点是与企业经营状况有关的正常解雇,**案例 7** 着眼于正常解雇与非正常解雇之间的关系。

③在**个体劳动法**(Individualarbeitsrecht)中,期限效力[11] 或撤销合同效力的案例形态也被归入"效力性案例考试"类型中。一般情况下,在被归入"效力性案例考试"类型的试题中,构成鉴定式报告大前提的不是源于劳动关系的请求权,而是劳动关系的存续(或不存续)状态。同样,在**集体劳动法**(Kollektivarbeitsrecht)中,不仅涉及当事人之间(雇主协会、雇主、工会、企业职工委员会)的请求(权利),也会涉及团体协议或者企业内部劳资协议的效力问题,所以集体劳动法也包含"效力性案例考试"的类型。

3. 集体劳动法的特点

在以个体劳动法为重点的案例中,集体劳动法扮演着部分问题或前置问题的角色。**例如**,作为雇主指示权界限的团体规则(**案例 3**)或者企业职工委员会参与决定终止劳动合同(**案例 6**)。考试规则总要考虑到**这两部分之间的关联**(Verknüpfungen der beiden Teilmaterien),集体劳动法与个体劳动法的"关系"构成必

---

[10] 梗概参见:*Junker* ArbR Rn. 320 ff.;*Hromadka/Maschmann* ArbR I § 10 Rn. 37 ff.;*Reichold* ArbR § 10 Rn. 4。

[11] 参见例如 *Preis* Klausurenkurs S. 370 ff. (Fall 22);*Reichold*, JuS 2004, 318;*Tillmanns* Klausurenkurs I Rn. 115 ff. (Fall 7)。

答题目中的重要组成部分。

19 　　考试题目在什么情况下包含**集体劳动法中的要点**(Schwerpunkt im kollektiven Arbeitsrecht),取决于参加考试学生的年级以及考试规则的要求。下文只提及集体劳动法要点中最为重要的考试类型。一个特殊内容是**劳动结社权**(Recht der Koalitionen)(《基本法》第9条第3款),它带有强烈的宪法和社团法属性,因此它并不是劳动法案例中经常出现的情况。[12] 这同样适用于**公司共同决策权**(Recht der Unternehmensmitbestimmung),因为公司共同决策权具有一定的公司法属性。

(1)团体协议法

20 　　如果考试的重点内容可以放在团体协议法上,那么可能出现的考题范围就会很广。"经典"的考题类型主要考查的是团体协议与位阶较高或位阶较低的劳动关系建构因素之间的关系("法律渊源问题"):团体协议与**基本法**(Grundgesetz)之间的关系,团体协议与**劳动合同**(Arbeitsvertrag)约定之间的关系(有利原则,《团体协议法》第4条第3款),以及团体协议与**企业内部劳资协议**(Betriebsvereinbarung)之间的关系(《企业组织法》第77条第3款、第87条第1款)。另外三个"易考"领域分别是,团体协议的继续约束和继续效力(《团体协议法》第3条第3款、第4条第5款)、团体协议竞合和团体协议多元化,以及团体协议生效条款和保值条款的效力问题。[13] **案例**8涉及是否有可能减少已经支付的团体协议工资的问题。

(2)劳动斗争法

21 　　当一个案例的主要问题以劳动斗争法为中心时,**劳动斗争的合法性**(Rechtmäßigkeit eines Arbeitskampfs)通常是案例中的重点问

---

[12] Siehe aber *Heckelmann/Franzen* Fälle S. 221 ff. (Fall 18); *Oetker* Kollektives Arbeitsrecht S. 41 ff. (Ausschluss aus dem Verband).

[13] Siehe z. B. *Heckelmann/Franzen* Fälle S. 235 ff. (Fall 19).

题。[14] **案例 9** 就是这样一个例子,该案主要关注的是构成合法罢工的前提条件及其违法后果。如果案例考试的问题不是围绕罢工或者闭厂,而是关于**其他斗争方式**(andersartige Kampfmittel)(例如,占领企业、"快闪"行动),那么判决与理论文献中也会存在这样一个争议,即是否存在法定的、被允许的斗争方式。[15] 此外,以劳动斗争法为要点的案例考试还经常会考查对**第三方造成的后果**(Folgen für Drittbetroffene)(停业、劳动斗争风险说)。[16]

(3)企业组织法

企业组织法的考试要点——甚至可以说是唯一的考试内容——大部分都是关于企业职工委员会共同决策权的条件或权限。案例考试内容极少涉及**企业组织的机构**(Organisation der Betriebsverfassung)问题。[17] 本书中有三个涉及**企业职工委员会参与权**(Mitwirkungsrechte des Betriebsrats)的案例,**案例 10** 涉及企业职工委员会对社会事务的共同决策权、**案例 11** 涉及企业职工委员会对个人事务的参与决定权限、**案例 12** 涉及企业内部劳资协议各方当事人制定社会计划的权限问题(《企业组织法》第 112 条第 1 款第 2 句)。

22

劳动法案例分析的技巧

从已知的事实出发解答具体的法律问题,是法律学习的典型考试任务(→边码 1),它要求形式技巧:掌握一项"技能型"规则,所谓的案例分析技巧,是撰写满足科学要求的鉴定式报告的重要

23

---

[14] *Junker* ArbR Rn. 602 ff.; Klausurbeispiel: *Heckelmann/Franzen* Fälle S. 245 ff. (Fall 20).

[15] *Otto* ArbeitskampfR § 4 Rn. 25, 26; *Däubler/Reinfelder* ArbeitskampfR § 15 Rn. 23.

[16] 考题示例:*Heckelmann/Franzen* Fälle S. 273 ff. (Fall 22)。

[17] Siehe aber *Heckelmann/Franzen* Fälle S. 167 ff. (Fall 14).

辅助方法。因为**案例考试**(Klausur)是考试任务的主要构成部分,所以下面首先着重介绍如何掌握"案例考试技巧"。以下辅助方法的大部分内容在撰写劳动法的**家庭作业**(Hausarbeiten)、课程论文或者解决其他涉及案例分析的问题时同样适用。

24　　案例考试是一项挑战,考生必须在短时间内——通常只能以法律文本作为辅助工具——通过令人信服的论点尽可能解决事实反映出的所有法律问题,以体现自己的专业知识。解决这些问题需要经历三个**阶段**(drei Phasen):掌握案件事实与问题(→边码25之后)、起草解答提纲(→边码45之后)及撰写鉴定式报告(→边码62之后)。前两个阶段共同构成一种**思维准备**(gedankliche Vorarbeit);虽然案例分析的答案最终以鉴定式报告呈现,但是前两个阶段所完成的任务与**撰写鉴定式报告**(Niederschrift des Gutachtens)同等重要。[18]

1. 掌握案件事实与问题

25　　案例考试的题目通常由叙述性的**案件事实**(Sachverhalts)构成,与其相关的问题[**案例问题**(Fallfrage)]通常隐藏在案件事实的叙事文字中。准确并完整地总结出案件事实和相应的问题是解答问题的基础;如果总结或提取的案件事实是错误的或者是不准确的,那么最终得出的结论肯定是不会令人信服的。为了不漏掉案例中的重要内容("短路")或者在鉴定式报告中不歪曲案件事实("案件事实变形"),需要记住一个很重要的建议,那就是要仔细、客观地阅读考试案例题目的内容。

(1)把握案件事实

26　　开端是阅读案件事实。除了"案件事实",还有人会使用"构成要件"。但是这两个概念需要被严格区分。**案件事实**(Sachver-

---

[18] Möllers Arbeitstechnik § 2 Rn. 10 f. 结构的形式(Form einer Gliederung);*Jacobs/Krois* Klausurenkurs II Rn. 1 ff. 结构与形式 (Form und Gliederung)。

halt)是考试内容的叙事,是可以推断或者提取出法律事实(大部分是法院判决)的生活过程(生活事实)。**构成要件**(Tatbestand)这一概念蕴含了两层含义:在法学**研究**(Studium)中,是指法律规范之前提条件(构成要件标志)的总和,法律后果的出现基于该总和的具备。[19] 在劳动法院**程序**(Prozess)中,"构成要件"指的是判决的各个构成要素,包括诉讼请求、起诉和答辩(《劳动法院法》第46条第2款第1句,与《民事诉讼法》第313条第1款第5句、第2款一并适用)。[20] "构成要件"的两层含义与考试题目中"案件事实"的含义是不同的。因此,"案件事实"和"构成要件"不能被混淆。

考生必须**准确**(genau)、**客观**(objektiv)并且**贴近生活**(lebensnah)地分析案件事实。在做"案件事实的作业"时经常会出现错误,主要有以下三个原因(drei Ursachen): 27

①**心理压力**(Psychische Belastung)。第一个原因是在考试过程中出现的心理压力。特别是在时间紧迫、精神紧张和害怕出错的情况下,心理压力就尤为明显。这种压力会导致考生想要尽快专注于案件事实的法律分析工作(利用法律规范工作)并尽快撰写出鉴定式报告,从而减轻自身的心理压力。但是,如果考生在分析案件事实时遇到了在其他案例当中曾遇到过的类似情况,上述这种"快速出击"的行为就会有潜在的风险。此时,考生往往会出现理解上的偏差,直接把手头案例中的案件事实当作"老熟人"来看待,并由此展开法律论证,而不再客观、仔细地阅读手头的案例,也没有进一步考虑手头案例的特定要求。[21] 28

---

[19] 例如,"企业或企业的一部分因法律行为而转移给另一企业主的……"(§ 613a I 1 BGB)。

[20] 判决的其他部分是:"判决首部"(Rubrum)、"判决要旨"(Tenor)以及判决理由(详见 § 313 I ZPO)。

[21] 参见"仓促识别"的风险,*Möllers Arbeitstechnik* § 2 Rn. 8。

29　　②**缺乏经验**(Mangelnde Erfahrung)。第二个造成案件事实判定错误的原因是缺乏经验。在案例考试的常规训练中，通常要处理**不同的案件事实类型**(verschiedenen Sachverhaltstypen)。有两种比较理想化的类型：第一类案件事实的类型——类似包豪斯风格的建筑——通过去除装饰性的附着物，将自己限于绝对必要的事实。这种通常只有几行字的**压缩式案件事实**(komprimierter Sachverhalt)的缺陷在于，一方面，事实的表述不是非常清晰且直观（毫无血色的），另一方面，人们可以认为，案件事实中的每个词对考生来说都至关重要。

30　　另一类案件事实主要描述的是一种生活现实情况，以便考生能够尽快进入状态。但是，这种**详细的案件事实**(ausführlichen Sachverhalts)包含了太多琐碎的信息，而这些琐碎的信息并不会帮助考生直接得出答案。解答此类题目的关键在于去伪存真。一些出题者希望种植一块这种题目类型的试验田，在里面培育出**一种巴洛克式叙事风格**(barocken Sachverhaltsstil)的案件事实描述，从而放飞他们那些怪诞的思想或者实现他们编写文学故事的愿望。

31　　**这本案例集**(dieser Fallsammlung)的目的，是通过案例传达出劳动生活的景象，无意于通过名人轶事(Penunse & Scheffler 律师事务所)转移读者对案例分析的注意力。本书的案件事实，一方面没有冗长到其法律上的核心需要费劲才能过滤出来；另一方面也不是每个细节都与解题相关。例如，在**案例 5** 中，案件事实中表述：学徒工希望将位于货架上的"包装并组装好的自行车"运送到仓库中，这样的细节对于解答案例其实并无很大意义。如果在一个压缩式的案例当中，它可能只会被描述为"货物"。

32　　案件事实是否以及多大程度上包含**当事人的法律观点**(Rechtsansichten der Beteiligten)，也取决于出题人的风格。例如，在**案例 3** 中，劳动者在案件事实的最后提出，基于多年的实践也可以产生法律上的约束;又如在**案例9**中,工会认为,被罢工的公司对于劳动斗争过程中产生的损害具有明显的共同过错。但绝对不能认为案例中介绍的当事人的法律观点就是正确的。[22] 更有可能的是,如果只有一方当事人"明确表达"自己的法律观点,则可以推断其法律观点是不正确的。因而,当事人的法律观点应不多不少地被认为是出题人提供给解题人的一种**支撑**(Hilfestellungen):它应激发进一步的理由提出和讨论,但又不应被高估。案例问题的解析很少仅限于讨论案情中提到的法律观点。[23]

此外,出题人通过当事人之口表达的法律观点也可能包含在解题时必须利用的**事实**(Tatsachen)中:"K认为,因为解雇通知是5月31日16时之后被投放进他的家庭信箱的,所以该解雇通知没有被按时送达。"[24]最后,题中提及的一方当事人的法律观点也可能包含着**意思表示**(Willenserklärung):"B向K提出,即使K行使了自己的请求权,但明显已经主张晚了。"这一观点实际上是在提出诉讼时效抗辩的意思表示。[25]

③**不当推测**(Unangebrachte Spekulation)。第三个造成案件事实判定出现瑕疵的原因是不当推测。案件事实应像所表述的那样被接受。考生完全没有必要想破脑袋去判断案件事实是否符合真实生活或者是否合适。即便考生觉得考题的内容不太可能发生或者完全没有真实性可言,他也必须把它当作真的;例如,某一个案件事实描述一个城市的检票员每天早上都要搭乘有轨电车(参见**案例3**),此时考生完全不用去考虑,这个城市已经40年

33

34

---

[22] 例如,*Heckelmann/Franzen* Fälle S. 50 f. (Fall 5); *Preis* Klausurenkurs S. 212 (Fall 12)。

[23] *Hanau/Kramer*, JuS 1994, 575 (576).

[24] LAG Köln 17.9.2010-4 AZR 721/10, NZA-RR 2011, 180:如果一份解雇通知在16时之后被投放进家庭信箱,就不再被认为是当天投递的。

[25] MüKoBGB/*Grothe* § 214 Rn. 4:推定诉讼时效抗辩成立,债务人仅指出自债权产生以来已过了很长时间,可能就足够了。

都没有将有轨电车作为交通工具了。他完全没有必要耽误时间在这个细节上（更没有必要浪费时间批评出题人），而是需要考虑考试的目的，从而解决这个案例的问题。

35　　全然接受案件事实这一规则的例外是，当案件事实有**明显错误**（offensichtliche Unrichtigkeiten）的时候，尤其是有明显书写错误（例如，把当事人"B"写成了"K"），或者是明显的时间错误（把"2012年"错写成"3012年"）时。应有的态度不应是炫耀自己是拼写法律人（Buchstabenjurist），而应当是慷慨包容这些拼写错误，这也是出题人所希望的。如果考生认为缺失解答案例的必要信息[**不完整的事实情况**（unvollständiger Sachverhalt）]，那么案件事实就需要通过"生活经验"来予以补充。[26] 此外，对于没有被明确提及的案件事实因素，应认为是没有问题的。不应通过强加事实而将案件引向其他方向。**例如**，A. 如果案件事实中没有进一步补充或者说明雇主"声明"解雇，那么就可以认为，《民法典》第623条所规定的**书面通知**（Schriftform）已经存在。B. 如果在解雇案件中没有提及任何通知**企业职工委员会**（Betriebsrat）的信息，那么就必须假设，不存在企业职工委员会（因此《企业组织法》第102条此时也就没有任何意义）。C. 如果案件事实说一个汽车企业"常年雇用10名以上劳动者"（**案例4**），那么不应揣测此时该企业是否雇用的是**非全日制**（Teilzeitbeschäftigte）劳动者，以至于可能无法达到《解雇保护法》第23条第1款第3句规定的（解雇保护的人数）临界值（《解雇保护法》第23条第1款第4句）。

36　　需要与案例中告知的当事人法律观点（→边码32）相区分的是**案件事实中的法律评价**（rechtliche Wertungen im Sachverhalt）。分析者必须以该法律评价是正确的为出发点，例如，案例内容说"已合规地听取了企业职工委员会的意见"，那么再列举《企业组

---

[26] Hanau/Kramer, JuS 1994, 575 (576); Möllers Arbeitstechnik § 2 Rn. 8.

织法》第 102 条中的前提条件就多余了；也没有必要再去推测，是否真的按照规定听取了企业职工委员会的意见。如果案件事实中提及工会具有"团体谈判能力"(**案例 9**)，那么出题人就不会再特意费笔墨来陈述工会的团体谈判能力。类似的还有案件事实中使用<u>法律专业用语</u>(juristische Fachausdruck)的情形(例如，"重大过失")：如果案件事实陈述"劳动者因重大过失超车，损害了属于雇主的车辆"，那么就可以认为责任承担的类型是"重大过失"。[27]

(2) 明确案例问题

案例考试的两个元素——案件事实与案例问题——构成了考试的框架。因此，与理解案件事实同样重要的是正确把握**案例问题**(Erfassung der Fallfrage)：考试中的案例并不服务于展示最宽泛的劳动法知识基础。更多的是要求以一种鉴定式报告的形式，在不绕过法律状况的情况下向读者说明结果，即准备一个"判决"[28]。即使答题者对于案件事实引发的其他法律问题更感兴趣，他也只能就当前提出的问题进行解答。所有超越此的论述都是赘述，故而是错误的。[29] 考试题可以据此区分为，是提出了一个有针对性的案例问题(→边码 38 之后)，还是没有提出(→边码 40 之后)；对于大部分案例，问题都是按照处理的顺序提出的(→边码 42 之后)。

37

①**有针对性问题的考题设计**(Aufgabenstellung mit einer gezielten Fallfrage)。因为案例文本在结束时已经提出了一个针对性问题，所以问题的把握就很容易。**案例 2** 的结尾是："K 问，他是否有权请求雇主支付 11 月的工资？"在这个问题当中，虽然没有

38

---

[27] 有关责任承担类型的法律概念，参见 Junker ArbR Rn. 301-306。

[28] 这种"判决"并不是法院的裁决，而有可能是律师事务所为了向委托人提供确定法律建议的决定，或者是人力资源部门为了向劳动者发出解雇通知的决定。

[29] Möllers Arbeitstechnik § 2 Rn. 3; Tillmanns Klausurenkurs I Rn. 3.

指明被请求人,但是根据案件事实并不难以确定(勃兰登堡州)。就该问题,答题者必须分析案件事实并草拟答题提纲。在鉴定式报告的最后,只要回答上述问题就够了。

39 　　针对性(具体)问题也经常被这样提出,即"劳动法院将如何裁判?"对该问题,劳动法院程序的**争议标的**(Streitgegenstand)决定了鉴定式报告的论证范围。民事诉讼程序意义上的争议标的是通过**向法院提出的申请**(Antrag an das Gericht)(如在**案例1**中:"……判定,K和B之间的劳动关系没有因为2月14日B的解除通知而消灭"),以及从所提及的案件事实中得出的**事件经过**(Lebensvorgang)来确定的。在所有问及诉请能否得到支持的案件中,根据《民事诉讼法》第313条第1款第4项作出的判决要旨,必须在鉴定式报告的结尾作为结果出现(例如,"劳动法院驳回起诉""劳动法院判决B……"或者"劳动法院通过判决确定……")。

40 　　②有解释需要的考题设计(Auslegungsbedürftige Aufgabenstellung)。从已出版的案例集来看,劳动法案例中极少出现案例最后**没有针对性问题**(keine gezielte Frage)的情况。[30] 即便在这种例外情形下,也能够从案件事实的措辞中发现,出题人的意图并不是厘清当事人之间所有重要的法律关系。更确切地说,即便在完全缺失或者仅有一般性表述的问题的情况下("K询问自己的请求"或者"这是为雇主联合会所制作的鉴定式报告"),也能从案件事实中推导出具体的案件问题。相反地,如果具体到K根据请求权向B提出请求,那么则可以从抵销权或留置权(《民法典》第273条、第320条)的角度来讨论B的抗辩权。[31]

41 　　"**法律状况如何**(Wie ist die Rechtslage)?"这一问题,根据其在案例文本中出现的位置,有可能一眼就被看出是针对性(具体)

---

[30] 例如,*Heckelmann/Franzen* Fälle S. 155 (Fall 13):"如何为B起草鉴定式报告。"

[31] 例如,*Junker* ArbR Rn. 249-252。

问题。**例如**,"律师 S 代理 K 于 2017 年 12 月 4 日向劳动法院提起诉讼要求确认劳动关系存续。法律状况是什么?"对于出题人来说显而易见的是,2017 年 12 月 4 日这个诉成功的可能性是可以评估的;他也可以明确地提问:"劳动法院将会如何判决?"即使案例文本中突然出现关于**法律状况的问题**(Frage nach der Rechtslage),通常也可以通过案件事实中的暗示来推断应探究的到底是哪个具体问题。因此就需要注意这些暗示,而不应朝着出题人明显不考虑的方向去得出案例的答案。

③**多个案例问题的顺序**(Reihenfolge bei Mehrheit von Fallfragen)。当题目中有多个问题时,就可以(可推翻的)推断出题人是按照这些问题的顺序来思考的。因而遵循提出问题的顺序来答题通常非常有用。[32] **具体例子**可以参见本案例集中的**案例 3**(个体劳动法问题及企业组织法的附加问题)、**案例 5**(劳动者责任的问题及其同事责任的问题)和**案例 6**(解雇的效力与企业转让的后果)。

当第二个问题如**案例 4** 中作为**变形**(Abwandlung)或者**案例 10** 中作为**附加问题**(Zusatzfrage)出现时,问题顺序则是被强制预先确定的。撰写解析案例变形(或附加问题)的鉴定式报告时应当尽可能避免与原始案例(主要问题)重复。被提到的应仅仅是发生变化的主鉴定式报告的枝节要点。这同样适用于回答针对多个当事人的同一个法律问题的情形。我们没有理由推断出案例变形一定会得出与原始案例不同的答案,但至少可以推断出这会导致理由(论证)有所变化。

(3)作为辅助工具的时间表与结构图

在复杂的案例中,当事人之间的法律关系的图示性描述(结构图)与/或重要数据和事件的时间表是总结案件事实必不可少

---

[32] *Hanau/Kramer*, JuS 1994, 575 (576).

的辅助工具。**结构图**(Graphik)在涉及两个以上当事人的案件中,不仅对于处理这些当事人之间(人际关系图)的法律关系(请求)意义重大,而且对于从复杂的事件当中提取关键的法律信息也十分重要。**时间表**(Zeittabelle)——将所有事件按照时间顺序进行带有法律显著特征的总结——在案件事实包含大量数据或者大量历史性节点事件的情况下非常有必要(时间表的**例子**→案例2边码5、→案例4边码3、→案例7边码2、→案例8边码5和→案例9边码3)。

2. 起草解题大纲

45　　在把握案件事实,解释问题并且——在复杂案例中——制作完图表与/或时间表之后,在案例分析的第二个阶段就要形成解题大纲:领会案例问题,检索相关法律规范,并且起草——作为撰写鉴定式报告"可靠"依据的——解题思路。更确切地说,是目光需要在案件事实与法律规范之间穿梭往返(钟摆式思考),以便借助上述两种因素以及现有的法律知识来判定案件事实并为解题大纲填充内容。

(1)领会案例问题

46　　出题人会把案件事实分成一个或多个法律问题;对这些难点的准确识别归根到底是答题者**扎实法律知识的成果**(Frucht solider Rechtskenntnisse):"只有在努力工作的基础上才能产生思想观念"(马克斯·韦伯)。再好的解决劳动法案例的方法论指引也无法完全替代这些法律知识,但也存在如下两种可以让识别案例问题变得容易的辅助方法:

47　　①**即兴的问题把握**(Spontane Problemerfassung)。一方面,答题者应当——根据"头脑风暴"的方法——在把握案件事实的时候就已经把所有对他来说意义重大的法律观点记在**草稿纸**(Merkzettel)上。在起草解题大纲的过程中,当解题草稿中的想法被论证或者被认为是不重要需要被摒弃的时候,草稿笔记上所记录的要点就可以被一一划掉。通过这种方式,可以获得一个可视的思考状态概览。在撰写正式鉴定式报告之前应当再检查一遍草稿,确认案例中是否有被忽略的地方。

②**利用隐含线索**(Nutzen verdeckter Hinweise)。另一方面,出题人会通过**案例变体**(Fallvarianten)(变形)或者**附加问题**提供法律问题或者答案观点的隐含线索,比如,出题人会这样提问:在雇主知悉特定事实的情况下,法律状况会如何变化,这就近乎在告诉答题人,某处的答案取决于该知悉。**案例4**的第二个问题是:"如果B为了去做售货员于7月1日解除劳动关系,那么K是否还具有请求权?"因为在原始案例中,不是劳动者(B),而是雇主(K)提出解雇,所以至少在论证中——即使对结果不重要——这种区别很重要。

(2)法律规范作为出发点

案例的正确答案的得出都是从体系性检索对判决具有决定性的法律规范开始的。在劳动法中同样适用的是,每一个司法论证都必须**以法律后果为出发点**(von der Rechtsfolge ausgehen)。[33] 如果已经把握案件事实并明确问题所在,就必须找到适当的规则,从而能够在结论中——依据法律后果——正确回答问题(答案规范)。如果依据案件事实,问及的是**具体法律后果**(konkreten Rechtsfolge)(例如:"勃兰登堡州的警察Horst Krause能否要求雇主向其支付2018年2月的工资"),那么就必须找到一个包含相应**抽象法律后果**(abstrakte Rechtsfolge)的法律条文。这一法律条文(法律规范)可能是《民法典》第611a条第2款(雇主有义务支付约定的劳动报酬)。

在劳动法中,法律规范[**答案规范**(Antwortnorm)]的概念范围广泛并且不局限于成文法。答案规范还可以从整个**规范金字**

48

49

50

---

[33] *Hanau/Kramer*, JuS 1994, 575 (576); *Jacobs/Krois* Klausurenkurs II Rn. 8.

塔(Normenpyramide)中得出[34](例如,从团体协议或者企业内部劳资协议中)。它们不仅被包含在**成文法**(Gesetzesrecht)中,还被包含在**不成文法**(ungeschriebenen Rechtssätzen)中,例如,回答特定劳动斗争的合法性问题,并不能从成文规范中找到答案,而要从联邦劳动法院根据《基本法》第9条第3款发展出的不成文法条中寻找。根据案例考试是请求权案例考试还是其他案例考试,尤其是效力性案例考试(两者之间的区别参见边码7之后),答案规范的寻找并不相同:

51　①**请求权案例考试**(Anspruchsklausur)。此种类型的案例考试所需要检索的规则仅有可能是一个**请求权基础**(→边码9)。请求权基础必须置于答案的首位;方法论或其他类型的一般性思考都不需要。[35] 与鉴定式报告是为裁判作准备这一任务相适应,如果附近还存在**其他请求权基础**(weitere Anspruchsgrundlagen),即使它们最终不能支持请求权,解答也不应局限于单个的请求权基础。

52　每个请求权基础的**条件**(Voraussetzungen)都决定了进一步的答题结构。大部分内容都可以从法律的用语以及规范的体系中直接推断得出,例如,"没有工作的报酬"之请求权基础(**梗概3**,→案例2边码3),从该请求权基础中可以得出具体的审查路径。但是,大部分情况下请求规范不止于此:构成要件的前提条件会通过**辅助性规范**(Hilfsnormen)被细化或补充,**对立规范**(Gegennormen)(异议和抗辩)也可能阻却法律后果的出现。[36]

53　②**效力性案例考试**(Wirksamkeitsklausur)。即使在劳动法案例考试的这种基本类型中,任何形式的前言(解雇的法律性质、罢

---

[34] 转自:*Junker* ArbR Rn. 63 (Übersicht 1.3)。
[35] *Tillmanns* Klausurenkurs I Rn. 3; *Jacobs/Krois* Klausurenkurs II Rn. 7.
[36] *Möllers* Arbeitstechnik § 2 Rn. 15 ff.; *Jacobs/Krois* Klausurenkurs II Rn. 10.

工的概念)在鉴定式报告中也是一样没有必要的。尽管效力性案例答案的开头以及后续的结构要比请求权案例更难,因为它缺少请求权基础的"有力支撑",但是在解答效力性案例考试的问题时,审查顺序大部分也取决于对事实逻辑的考量:如果探究的是**解雇保护之诉**(Kündigungsschutzklage)的可证成性,则必须根据对不确定的具体法律效果的列举(例如,"如果 2017 年 5 月 15 日的解雇是无效的,那么该诉是有理由的")来"分析"相关的效力条件与无效理由。对此存在一种可靠的结构模式(参见**梗概 2**,→案例 1 边码 6)。

③**规范引用**(Normzitate)。无论何种考试类型,也无论是在请求权规范和无效性规范,还是在其他所有相关的法律规范那里,都必须注意**准确的引用方式**(genaue Zitierweise)。例如,像《民法典》第 613 条这样如此明了的条文,其两句话就分别调整着非常不同的案件。当引用"《民法典》第 613 条**第 1 句**"时,一定程度上指的是个人的服务义务;在涉及个人的服务请求时,则引用"《民法典》第 613 条**第 2 句**",这同时促进了答题者的学术规范和阅卷者的理解。当**多个法律规范**(mehrere Rechtsnormen)在共同作用之下产生单一法律后果时,就要满足**完全引用**(vollständigen Zitierung)的要求。例如,《解雇保护法》第 4 条第 1 句只有在结合该法第 7 条时才会产生法律后果,或者依据"2011 年 11 月 20 日发布的社会计划第 3.1 条与《企业组织法》第 112 条第 1 款第 3 句、第 77 条第 4 款第 1 句"才会出现请求。

(3)作业的提纲(解题草稿)

"试卷的分值高低很大程度上取决于解题结构的清晰程度。阅卷者希望以最快的方式,即以最少的时间,获取法律状况的信息。为此,答题者将其所有的想法精确地协调好就显得十分必要。数字和字母(序号)并不能代替解题的清晰条理。"[37] 在解答案例**第二阶段**的**最后**(Ende der zweiten Phase),必须有充实的(丰富的)具有实质性内容的**作业提纲**(Arbeitsgliederung),该提纲应当以解题草稿的形式出现,该草稿的质量决定了鉴定式报告的质量。

56　①**思维的严谨性**(Stringenz der Gedankenführung)。解题草稿不能只是"想法的支柱",而应当包含——如电影剧本或者建筑建造计划一样——**鉴定式报告的构想**(Konzeption des Gutachtens)。当电影拍摄完成时,电影剧本就完成了它的使命,同理,解题草稿(作业提纲)也应融入鉴定式报告的文本。案例考试——不同于家庭论文作业——在一开始是不设置提纲的,在行文中对结构的每个注释也都是多余的。如果在一个案例分析中存在**结构说明**(Aufbauhinweis),就是因为解题草稿未经深思熟虑,而导致该案例分析要么缺少了前后逻辑一致的解答,要么选择了一个不合适的结构。

57　如果案例考试的分数没有达到预期,那么原因有可能是缺乏**思维自律**(gedanklichen Disziplin),这表现在作业结构的逻辑断裂上(盲目答题):阅卷者经常无法从字面上了解答题者究竟在讨论什么问题。阅卷者必须在鉴定式报告的每个要点上都能明白"为什么答题者要在特定的部分考虑特定的因素。"[38] 就算答题者在案例讨论中抱怨他已经说过这个点或者那个点,也是无济于事的,因为案例需要的并不是思维碎片,而是严谨的结构和清晰的思路(→边码71)。

58　②**按照结构模板作答**(Umgang mit Aufbauschemata)。撰写解题草稿会体现出答题者在多大程度上知道如何运用结构提纲(草

---

[37] Diederichsen/Wagner, Die BGB-Klausur, 9. Aufl. 1998, S. 98.
[38] Lüke/Bähr, JuS 1964, 117 (119).

稿提纲)。在劳动法中,有大量图表式的对法律观点的汇总(例如,**梗概1**,→案例1边码4:判决程序的合法性审查)。就揭示法律领域的结构,助推对实质性解题观点的认识而言,这些图表是非常有帮助的。但是这种图表也可能会因为**结构主义**(Schematismus)——"盲目模仿结构"[39]——导致没有经验的人耗尽可以利用的答题时间(以及阅卷者的耐心)。解题的质量也取决于——主要通过忽略——是否偏离了最初的图表,正如威斯特法伦剧作家 *Christian Dietrich Grabbe* 所言:"已经被删除的,是不可能失败的!"

③**在对立观点中思考**(Denken in Gegensätzen)。在撰写作业提纲时,答题者还应进一步展现出,其是否掌握反面思考(对立理论)。这种"规则—例外"结构("虽然……但是……"句式思维)可以在具体案例中表述为:"该解雇通知虽然已经被送达(《民法典》第 130 条第 1 款),但是它缺少必要的书面形式(《民法典》第 623 条结合第 125 条、第 126 条第 1 款)。对形式瑕疵的主张依据诚实信用原则被排除(《民法典》第 242 条);但是依据《民法典》第 167 条第 1 款第 1 句,表意人的代理权存疑(等等)。"

这种**命题与对立命题**(These und Antithese)("观点与对立观点")贯穿了整个案例提纲:在存在肯定案例问题的法律规范的同时,同样存在其他与这些法律规范相反的规范。这种构建起一个思维结构又摧毁它的原则特别体现在**案例 2** 中(→边码 32 之后);原则上,撤销在合同签订时生效(《民法典》第 142 条第 1 款);瑕疵劳动关系学说是这一原则的例外,反之——在《民法典》第 142 条第 1 款撤回的情况下——根据法政策学的权衡,存在一个例外中的例外。

④**最终的结论检查**(Abschließende Ergebniskontrolle)。在撰

---

[39] *Ridder/Schmidt*, JuS 1966, 237 (240).

写正式的鉴定式报告之前,还需要依据解题草稿进行结论检查(解题计划的检查);解题思路将会被复盘并且以一种可信性审查的形式予以检查,看结论是否具有自洽性、是否与整体方案具有一致性。答题者还应将案件事实逐字逐句地再通读一遍,以弄清楚自己是否已经考虑到每种决定性情况。如果单个问题上的道岔可能导致整个案件事实通道的法律评价失败(也就是说解题走上了真正意义上的"绝路"),那么就必须非常小心谨慎地检查这个道岔。

3. 撰写鉴定式报告

62 撰写鉴定式报告——案例分析的第三阶段——既不应开始得太早,也不应开始得太晚。如果**太早开始**(zu früh begonnen),则会存在这样的风险,即在写鉴定式报告时才识别出与法律相关的重要观点,这对鉴定式报告的质量而言通常没有促进作用:如果在草拟鉴定式报告的最后阶段才判断出,《非全日制与固定期限法》第14条第2a款允许新成立的公司签订无正当理由的固定期限劳动合同,那么之前已经写过的关于固定期限原因的内容(《非全日制与固定期限法》第14条第1款)就没有任何必要了。[40] 如果**太晚开始**(zu spät begonnen),则经常会在撰写鉴定式报告的最后感到时间紧迫:答题者由于时间紧迫只能在试卷上写几个关键词,这通常是扣分的原因,因为案例考试要求的是一个详尽撰写的鉴定式报告。根据经验,应当留差不多**一半的考试时间**(Hälfte der vorgegebenen Zeit)来写鉴定式报告。除已经给出的建议之外,还需要注意以下规则:

(1)要点的形成

63 对鉴定式报告的质量而言,一个重要的标准——对于得分也一样——是**正确的要点形成**(richtige Schwerpunktbildung)。虽然

---

[40] *Junker* ArbR Rn. 435.

原则上这个观点被普遍认同[41],但是在具体案例中关于哪个要点是"正确的",答题者与阅卷者之间(有时,两个不同的阅卷者之间)往往相差甚远。在案例评论时,鲜少有一个话题能够像合理提炼要点的问题一样被激烈地讨论(包括是否有必要涉及特定的规则)。

形成这种意见交锋的原因在于,法律案例不是数学作业,它不是只有"一条"正确的解决路径。更确切地说,鉴定式报告的评分标准包含**主观的评分要素**(subjektives Bewertungselement):阅卷人有评判的裁量空间,这种自由裁量尤其会作用于"正确的"要点形成。因此,要点形成总会成为司法案例分析的讨论对象。它具有如下三个基本原则:

①**最大必要性原则**(Notwendigkeitsmaxime)。第一个基本原则是,鉴定式报告的撰写应当包含对于解答案例问题具有必要性的内容。[42] 在具体案件中,答案不取决于一个法律规定或者一个法律上有争议的问题,答题者将现有的法律知识写入鉴定式报告的意愿,必须置于必要性原则之后。如果答题者没有勇气放弃在案例分析过程中被证明为无关紧要的——借助司法解释和参考文献费力找出的——争议焦点,那么他在**家庭论文作业**(Hausarbeiten)中就违反了该原则。没有与案例关联(Fallbezug)的解析不仅不会被加分,反而会被扣分,同时经常也会被附上一个批注:这不是在写教科书。[43]

必要性原则通过**剔除不合适法律规范**(Aussonderung nicht passender Rechtsnormen)的要求予以补充:从结果来看,适当的请求权基础与无效性规范,即使其前提条件(构成要件)不满足,原

---

[41] 例如,参见:*Hanau/Kramer*, JuS 1994, 575 (579)。
[42] *Lüke/Bähr*, JuS 1964, 117 (119)。
[43] *Hanau/Kramer*, JuS 1994, 575 (579)。

则上也应考查(请求权基础完全原则);当一项规范的构成要件明显(明确)不能予以满足时,该原则存在例外。如果理性论证人一看就可以明确判断,并且用一句话就可以否定核心的构成要件,那么该规范的构成要件就明显无法予以满足。偶尔有人给出的建议——"提及相关条文并用一句话否定"是错误的,因为这违反了最大必要性原则。

67　　不加考虑地使用**解题模板**(Lösungsschemata),也会违反剔除不合适法律规范的要求(→边码 58):A. 如果在案件事实中,并没有给出严重残疾、母亲身份或者企业组织法上职务身份的提示,那么分析《社会法典》第九卷第 168 条(严重残疾)、《母亲保护法》第 17 条第 1 款第 1 项、第 2 项或者《解雇保护法》第 15 条第 1 款(企业职工委员会成员)[44]的**特殊解雇保护**(Sonderkündigungsschutz)就是没有必要的(并因此是错误的)。B. 在解答**案例 5**[**劳动者责任**(Arbeitnehmerhaftung)]时,除《民法典》第 280 条第 1 款和第 823 条第 1 款之外,不必提及《民法典》第 826 条(违反善良风俗的故意)和第 823 条第 2 款及《刑法典》第 303 条(侵害财产的故意)的请求权基础,因为从案件事实中可以毫不费力地得出,劳动者对损害的发生不存在故意。

68　　②**实质性原则**(Wesentlichkeitsprinzip)。第二个基本原则是:一个成功的案例考试具有如下特征,即不花费相同的笔墨论证所有的法律规范,而是将**讨论的重点**(Schwergewicht der Erörterung)放在实质性的案例问题上。[45] 当对案例的其他部分分析不完整,但针对核心问题作了深入讨论时,通常也会获得不错的分数。案例分析的质量体现在,答题者能够从非实质性内容中将实质性内容识别出来。本案例集将会展现出如何**在劳动法案例中**(in ar-

---

[44] *Junker* ArbR Rn. 349 的梗概。
[45] *Hanau/Kramer*, JuS 1994, 575 (579)指出,"在一般的法律讨论上花的时间太多,在具体案例的解析上花的时间太少"。

beitsrechtlichen Fällen)确定符合实际的要点。如果读者仔细钻研（本案例集的）每一个案例,就能够形成在劳动法的每个子领域中都合理确定要点的印象。

当从劳动法中提炼要点时,需要特别提示**三个常见的错误** (drei häufige Fehler):A.因为已经有了相应的详尽模板,**合法性**(Zulässigkeit)的论证范围经常陷于宽泛,尤其是解雇保护之诉。如果在例外情形下——如**案例**1中(→边码10之后)——合法性存在特殊问题,则答题者可以简要处理合法性论证。B.**劳动者身份**(Arbeitnehmereigenschaft)仅在极少的劳动法案例中存在问题(同样参见**案例**1)。在大多数情况下,劳动者身份根据案件事实已经很明确了(例如,"清洁工 Andrea Steinwachs"),所以简要论述就足够了。C.在大多数情况下,**劳动关系的成立**(Zustandekommen des Arbeitsverhältnisses)——合同的订立——在劳动法律案例当中也没有问题。如果在案件事实中说明了劳动合同已签订,案例分析就不需要耽误时间来论证合同的要约和承诺是否有效。

③**论证高度**(Argumentationshöhe)。第三个基本原则:对于案例分析质量起决定性作用的更多是理由而不是结果,即论证的质量。[46] 掌握法学方法论的基本知识是成功进行案例分析不可或缺的前提条件。这就涉及了识别法律的**事实论据**(Sachargumente)(例如,法规的保护目的、论证思路、实用性),避免**论证错误**(Argumentationsfehler)[例如,乞题/循环论证(Petitio principii)、错误前提、内部矛盾],以及掌握**法律解释**(Auslegung von Gesetzen)方法和**法律行为解释**(Auslegung von Rechtsgeschäften)(意思表示与合同)方法。

案例考试得分不佳的原因不仅在于具体的论证错误,也在于整体上缺乏**论证的可理解性**(Nachvollziehbarkeit der Argumenta-

---

[46] 关于法律论证的技术参见 *Möllers* Arbeitstechnik § 3 Rn. 13-35。

tion)(思路的瑕疵,→边码 57)。来看一个关于《企业组织法》第 111 条的考试例子:阅卷者突然遇到这样的语句,即"关于劳动斗争中闭厂的法律性质存在争议"(随后有大量的论述),但答题者却没有向他澄清,为什么在此处他需要知道所有这些内容。为了避免使阅卷者产生此类困惑,答题者必须确保自己的论述始终能够找到**连接点**(Anknüpfungspunkt)(挂钩),建立起正确的关联并且——符合必要性原则(→边码 65)——通过论证引导阅卷者。[47]

(2)鉴定式与判决式

72 一些案例分析导论指出,劳动法案例分析必须"始终遵循鉴定式"。上述想法是不正确的:任何案例分析的中心问题都更多在于,哪些问题更易于按照**判决式**(Urteilsstil)来解决,更复杂的**鉴定式**(Gutachtenstil)处于什么地位。仔细研究过本案例集的人会发现,很多考查要点都是在判决式而不是鉴定式中解析的。如果本案例集收录案例的每个法律问题都按照鉴定式来处理,那么将使本书的篇幅超出合理范围。通过对比鉴定式与判决式,可以解释为什么是这样的:

73 ①**鉴定式**(Gutachtenstil)。鉴定式方法构建了整体案例分析的框架。它适用于最重要的论证步骤。法官在判决中,在论述之前就已经给出了他得出的结论,随后进行详细论证,而鉴定式报告的撰写者必须逐步引导阅卷者得出最后的结论。这种方法——鉴定式——的有效运行,就像汽车的"四冲程"发动机一样:

74 A. **假设**(Hypothese):在第一"冲程",可以提出一个假设,设定一个可以回答鉴定式报告中问题的可能结果[**具体法律后果**(konkrete Rechtsfolge)]。该假设必须这样来表达,即它在内容上

---

[47] Ausf. Diederichsen/Wagner, Die BGB-Klausur, 9. Aufl. 1998, S. 133-138.

符合法律规定的(抽象)法律后果(→边码49)。**例如**,"警察 Horst Krause 也许有权请求勃兰登堡州政府向其支付 2018 年 2 月的工资。"

B. **法律规范**(Rechtsnorm):第二"冲程"涉及法律规范,法律规范包含着与被探究的具体法律后果相符合的**抽象法律后果**(abstrakte Rechtsfolge)。这也就形成一个审查程序,该程序将案件事实必须涵摄其下的法律规范作为前提条件(构成要件)。**例如**,"请求权基础可能是《民法典》第 611a 条第 2 款。因此,双方必须已经签订了劳动合同。"

C. **涵摄**(Subsumtion):第三"冲程"就是按照法律规范的构成要件进行案件事实的涵摄;案件事实与法律规范被关联起来。**例如**,涵摄可能——根据案件事实——被如此描述:"波茨坦警察局局长在勃兰登堡州政府的授权之下(《民法典》第 164 条第 1 款第 1 句)以自己的名义与 Horst Krause 签署了一份满足《民法典》第 611a 条第 1 款构成要件的以'劳动合同'为名的文件。"

D. **结论**(Ergebnis):作为第一"冲程"提出的假设之答案,是在第四个也是最后一个"冲程"中形成的结论。**例如**,"所以,警察 Horst Krause 有权请求勃兰登堡州政府向其支付 2018 年 2 月的工资"。就像通过"四冲程"程序工作的活塞发动机一样,循环往复进行,直到"鉴定发动机"停止(因为所有的问题都得到了解答)。

正确的涵摄(korrekte Subsumtion)本身就是一个话题,即(为了维持四冲程发动机中的)"第三个冲程"。在该案件事实要素被按照法律规范的构成要件进行归入的程序中,涉及一种逻辑思维图式,即所谓的**三段论式推理**(syllogistischen Schluss)。**例如**:a.受团体协议约束的是团体协议当事人的成员(大前提;前提)。b. Horst Krause 是团体协议当事人的成员(小前提;涵摄)。c. 所以 Horst Krause 受团体协议的约束(结论句;结论)。需要注意三**个基本原则**:a. 涵摄要以明确的概念为前提;因此它总是跟在规范解释之后(而不是反过来)。b. 涵摄永远要针对构成要件中的一个具体要素(例如,《团体协议法》第 3 条第 1 款中的"成员"),而不是整体构成要件(例如,《团体协议法》第 3 条第 1 款)。[48] c.答题者在任何情况下,都不应当以举例子的方式来回避涵摄。[49]

79　　鉴定式的"四冲程程序"非常耗费精力,以至于只能够解决鉴定式思维方式中**案例的实质性问题**(wesentlichen Probleme des Falles)。而这对判断者来说意义不是很大或者比较简单的问题则可以在判决式当中予以论述。**例如**(→边码 74 之后),鉴定式方法仅适用于案件问题,而并不适用于像警察局长关于勃兰登堡州的代理权是否有效这种子问题;这种子问题更多地在判决式中予以论述。如果人们一贯地使用鉴定式,那么在**整体—鉴定式报告**(Gesamt-Gutachtens)中就需要有大量的**个体—鉴定式报告**(Einzel-Gutachten)。但是这些个体—鉴定式报告会基于时间和空间的原因(更不要说读者的疲惫)仅能嵌入**实质性子问题**(wesentliche Teilfragen)中。据此,它们同时也是构建要点的要素。

80　　②**判决式**(Urteilsstil)。纯粹的判决式分为三个步骤:A. 告知**结论**(Ergebnis)("Horst Krause 能够请求勃兰登堡州向其支付 2018 年 2 月的工资")。B. 列出从中得出结果的**法律规范**(Rechtsnorm)("根据《民法典》第 611a 条第 2 款,他享有请求权")。C. 将案件事实**涵摄**(Subsumtion)到法律规范的构成要件中。("Horst Krause 与勃兰登堡州签订了一份劳动合同")。判决式的文体具有如下特征,即论据总是以明确的或者具有实际意义

---

[48]　因此,在前述举例中只需要按照"成员"来归纳总结,而不是按照"团体协议当事人"来归纳总结。

[49]　例如(!)如果有这样一个问题,即一个女生在她姑姑的书店里帮忙,应当被认定为劳动关系还是被认定为好意施惠行为,那么接下来案例的判断就不是依据(劳动)合同特征"受法律拘束意思"来进行案件事实的涵摄。

的"因为"(denn)或者"由于"(weil/da)这样的词引出。倘若判决式出现在鉴定式报告当中,那么使用这些词汇才是完全合法的。[50]

在判决式中,被处理的不是实质性问题而是**非实质性问题**(unwesentlichen Fragen)。它可以通过一种更为紧凑的形式出现。因此,判决式方法在一个鉴定式报告当中鲜少以其纯粹形式呈现,而大部分都以**缩短的形式**(verkürzten Form)呈现:要么只说明结果和法律规范(**例如**,"本劳动法院根据《劳动法院法》第2条第1款第3项a目享有管辖权"),要么就是补充一个简短的论据要素和/或涵摄要素。**例如**,"本劳动法院根据《劳动法院法》第2条第1款第3项a目享有事务管辖权,因为本案是基于劳动关系的民事权利争议"(论据要素),或者"本劳动法院根据《劳动法院法》第2条第1款第3项a目享有事务管辖权,因为巡警职员Horst Krause向他的雇主,即勃兰登堡州,请求支付2月的工资"(涵摄要素)。

③**补充提示**(Ergänzende Hinweise)。A. 鉴定式较为烦琐,并且有时需要论证多页才能得出答案,因此阅卷者一定会欣慰于答题者能够给出**阶段性结论和小结**(Zwischenergebnisse und Zusammenfassungen)。但是,对"阶段性结论"所着笔墨也不宜过多,否则阅卷者将感到过于小儿科,并且自己的理解力被低估。B. 在**多次审查**(Mehrfachprüfungen)中(**例如**,雇主针对多个企业职工委员会成员的不作为请求)必须——只要可能——避免重复,以便鉴定式报告的结构更紧凑。如果各个被请求人之间没有任何区别,那么请求只需要被审查一次即可。C. 对于**辅助鉴定式报告**(Hilfsgutachten)的范围到底需要多大,并没有统一的答案,除了如下规

---

[50] 如果一个法律顾问,在他的鉴定式报告中没有尽可能地使用"因为"或者"由于"等词汇,那么鉴定式报告通常是错误的。

则:如果仅由于程序法的道岔而无法充分完成题目的实质部分,那么通常情况下就会期待一份辅助鉴定式报告(→案例1边码5,→案例6边码5)

(3)外部形式与内部形式的意义

83 案例分析的**外部表现**(äußere Gestalt)的意义经常会被低估:"对于能明显体现出答题者书写认真且整洁的书面作业,谁会给一个不好的分数?但是对那些字迹潦草的作业,阅卷者就一点都不会手软。"[51]这同样适用于作业的**内部形式**(innere Form),尤其是语言表述是否清晰,这对评分的影响不可低估。即使有人认为,鉴定式报告又不必成为"语言艺术品"(为什么不必呢?),但是一种能够被理解并且在文风上没有争议的表达与真正掌握事实问题之间是密不可分的。

84 鉴定式报告的语言还应当更加具有客观性和实际性。感性("雇主证明自己是个吝啬鬼")和夸张("K嘲笑同事的行为简直罄竹难书")在一份鉴定式报告当中是没有立足之地的。贬低("……问题在于,一个火力发电厂厂主究竟能不能被视为'有头脑的雇主'")与不确切的("失败的")场景描述("……这个瑕疵本可以被弥补……")同样应当予以避免。

观点小结

85 1.劳动法中典型的案例分析任务,也是解决真实或虚构的案件事实中的具体法律问题。当人们知道存在劳动法案例的基本模型时,就会消除面对陌生案例问题的恐惧(→边码1之后)

2.民法领域中的案例任务与劳动法这一特殊领域中的案例任务有三个主要区别。第一个区别是,在学习(与见习和实习不

---

[51] *Diederichsen/Wagner*, Die BGB-Klausur, 9. Aufl. 1998, S. 121.

同)劳动法时,对诉讼法(程序法)的考量要比民法练习中的频繁得多(→边码3之后)。

3. 第二个区别是,在民法案例考试中,大量案例需要论证的是,特定当事人之间是否存在特定的请求("请求权案例考试")。而在劳动法中,这种考试类型相对比较少,因为在劳动法中经常被问到的是法律状况存续与否——尤其是解雇的有效性("效力性案例考试")(→边码7之后)。

4. 第三个区别在于集体劳动法。案例的重点到底涉及多少集体劳动法的内容,取决于所选择课程相关的考试规定。即便是集体劳动法,也有典型的案例场景(→边码18之后)。

5. 法学是一门结合了通过长期练习才能够获得的特殊思维方式("方法")和通过学习掌握的一些烂熟于心的规则(案例分析的"技巧")的学科。对这些规则的掌握为撰写符合科学要求的鉴定式报告提供了重要的帮助(→边码23)。

6. 得出法学案例的答案需要经过三个步骤:总结案件事实和问题、起草解题大纲,以及撰写鉴定式报告。前两个步骤共同构成了思维准备;它们与撰写作为案例答案的鉴定式报告同样重要(→边码24)。

7. 准确、客观和完整地总结案件事实构建了案例答案的基础。有压缩式的案件事实,其中每一个词都至关重要;也有详尽式的案件事实,其中也会包含没有任何法律意义的背景信息(→边码25之后)。

8. 与理解案件事实同样重要的是对某个(或多个)具体案件问题的总结。即使答题者对于案件事实中的其他法律问题很感兴趣,他也只能针对案例提出的问题作答。否则他所有的论述都是多余且错误的(→边码37之后)。

9. 案例分析的技巧也要求对辅助工具有所了解。在复杂的案件中,相关当事人之间的法律关系图示(人际关系图)和/或重要数据和事件的一览表(时间表)都是总结案件事实的重要工具(→边码44)。

10. 草拟解题大纲标志着案例分析进入第二个阶段。这是一个复杂的过程,在这个阶段需要解决案件问题,找到相关的法律规范——作为撰写鉴定式报告的"坚实"基础——并撰写解题的草稿(→边码45之后)。

11. 在劳动法中同样适用的是,每一个法律论证都必须追问法律后果。当答题者总结完案件事实并且明确案件问题后,他必须检索一个或多个适当的法律规范,从而能够在结论中——从法律后果的角度——正确回答案件的问题(→边码49之后)。

12. 案例解答分数的高低很大程度上取决于其结构的清晰程度。在案例分析第二阶段的尾声,必须具备实质内容丰富("坚实")且以解题大纲形式出现的分析结构,它的好坏直接决定了最终形成的鉴定式报告的质量(→边码55之后)。

13. 答题者应当在答题时间差不多还剩一半时,开始撰写鉴定式报告——案例分析的第三个阶段。如果开始得太早,就会面临在撰写鉴定式报告时才注意到重要法律要点的风险;如果开始得太晚,则有可能没有时间写鉴定式报告的最后一部分(→边码62)。

14. 每个案例分析的核心问题都是如何找到要点、哪些论证对象能够适用判决式,以及何时必须采用鉴定式方法。这些问题的答案只有一小部分是可以学习的,大部分情况下都需要答题者注入自己的知识和经验(→边码63之后)。

15. 案例分析的外部形式和语言清晰程度也是评分的重要考量因素。学生必须具备明确且文风严谨地表达自己的观点的能力;鉴定式报告的语言应具有客观性和真实性的特征(→边码83之后)。

第二部分

案　例

案例1　劳动者身份

Nach BAG 19. 11. 1997 – 5 AZR 653/96，BAGE 87，129 = AP Nr. 90 zu § 611 BGB Abhängigkeit = NZA 1998，364

相关主题：判决程序的合法性审查；通向劳动法院的法律途径，《劳动法院法》第2条第1款第3项b目；与劳动者行为相关的解雇，《解雇保护法》第1条第1款、第2款；警告

深入学习参见：*Junker* ArbR § 2 I（Rn. 90-104）

案件事实

受过专业培训的面包师 Heinz-Werner Kuntze（K）3年前在杜塞尔多夫市工商局注册成立了一家小型运输公司并购买了一辆二手大众运输车。德国巴尔的摩运输有限责任公司（B）是一家国际运输集团的子公司。B在杜塞尔多夫机场设有行政办公场所和一个货运站。B没有企业职工委员会。

B和K签订了一份由B起草的格式合同（以下简称"合同"），合同中K被称为"短途运输人"（以下简称"运输人"）与"承运人"（《商法典》第407条）。B在K的汽车车身上贴上了广为人知的公司标志（Logo）。B共有40个运输人，这些运输人统一穿戴由B提供的公司制服。

根据合同，运输人必须从周一到周五，在每天早上6点前到达货运站点，汽车内不得载有其他外来货物。每一个运输人根据运送卡从流动的传送带上领取自己所要运送的货物。他们必须

按照运送卡上的要求在特定的时间内(9点前、10点前或12点前)交付货物。

此外,运输人还会收到符合他们运送路线的取货任务,并且必须从11点至17点每小时进行电话报到,以确保能够按时到达客户那里取货。如果他们错过取货、没有送货或者没有按时送货,那么根据合同约定,责任人需要承担每件货物最高40欧元的违约金。

合同还约定,一个运输人每年最多可以享有20天不接受运送货物任务的权利。至少需要提前4周与B协商一致确定这一时间。运输人并不需要自己开车运送货物,而是可以指定其他人来做司机。在这种可能性之下,K和大部分运输人一样,可以什么都不用做。

根据合同约定,在合同履行期间,运输人不得自行或者通过第三方向B的客户收取货物运送的费用,也不得向B的客户推荐与B存在竞争关系的公司。合同的任何一方当事人均可以在没有任何理由的情况下,在每个季度结束前的6周内解除合同。

K在2月14日收到B发出的书面通知,要求于3月31日解除合同。在解除通知发出前,B收到一个重要客户的投诉,因为K直到下午才将一个本该上午9点送到的会议文件送达,以至于该客户在会议上无法使用该文件。K解释称,他在"极度紧张"的情况下没有注意到运送单。

前一年的12月,B就已经向K发出过一个书面"警告"。该"警告"指出,K多次未在早上6点前到达货运点,而且经常迟到1到2小时,这会使货物无法按时被送达。该书面通知还包含了B的预告通知,即如果再有此类事件的发生则会终止与K的合同关系。

K于3月7日向杜塞尔多夫劳动法院提起诉讼,要求确认K和B之间的劳动关系不因B于2月14日发出的解雇而归于消灭。K认为,他作为劳动者应当享有解雇保护。B要求法院驳回该起诉。B认为,劳动法院对此没有管辖权,因为当事人之间并不存在劳动关系,并且K的起诉事实上也是站不住脚的。B还进一步补充,K——毫无争议地——于2月28日向B的一名客户声称,B是一家"经营不善的公司"并且建议该客户最好换一家合作的运输公司。

劳动法院将会如何判决?

初步思考

  本案的核心问题是,解雇是否有效(**效力性案例考试**,→前言,边码15之后)。因为现在询问的是劳动法院如何判决,所以答案就需要由"诉的合法性"和"诉的有理由性"两部分构成。因为在本案当中仅需要依据《劳动法院法》第2条考虑管辖问题,所以在**合法性审查**(Zulässigkeitsprüfung)的框架下必须认识到,劳动法院是在判决程序中进行裁判的(《劳动法院法》第2条第5款、第46条之后)。从案件事实中可以获悉,**原告**(Kläger)的法律观点是,他应当享有作为劳动者的解雇保护。案件事实也告诉了我们**被告**(Beklagten)的法律观点,即劳动法院对此并没有管辖权,因为原告根本就不是劳动者。 1

  根据前述线索可以得出以下结论:基于没有理由而驳回诉请[**实体判决**(Sachurteil)]相较于基于不合法而驳回诉请[**程序判决**(Prozessurteil)],会产生更为广泛的法律后果:虽然无论是实体判决还是程序判决都会产生法律效力,但是如果原告再次起诉的时候避免了程序错误,那么法院就必须——与具有法律效力、被驳回起诉的实体判决不同——再次受理该案。[1] 2

---

[1] *Thomas/Putzo/Reichold* ZPO § 322 Rn. 3; *Zöller/Vollkommer* ZPO § 322 Rn. 1a.

3 　　因此,本案的解答必须首先从如下问题开始论述,即 K 是否**缺乏**劳动者身份(Arbeitnehmereigenschaft)已经排除了该诉的合法性或仅排除了其有理由性。进一步来看,制作一个包含审查要点的"清单"是十分有帮助的,在劳动法院的判决程序中,这份"清单"在诉的合法性审查中能够发挥重要的作用[2]:

4 　　**梗概1:判决程序中的合法性审查**

　　1. 事务管辖权(《劳动法院法》第2条、第3条)

　　2. 地域管辖权(《劳动法院法》第2条第5款、第46条第2款第1项;《民事诉讼法》第12条之后)

　　3. 当事人适格(《民事诉讼法》第50条;《劳动法院法》第10条)

　　4. 程序正当性(《民事诉讼法》第51条第1款、第52条)

　　5. 诉讼行为能力(《劳动法院法》第11条)

　　6. 依法起诉(《民事诉讼法》第253条、第256条)

5 　　如果承认诉的合法性,那么紧接着就可以开启诉的**有理由性审查**(Begründetheitsprüfung)。如果否认诉的合法性,那么诉的有理由性审查就必须在假设诉具有合法性的**辅助鉴定式报告**(Hilfsgutachten)框架下进行探讨。当解雇无效时,该诉就是成立的。劳动法上的**无效事由**(Unwirksamkeitsgründe)仅适用于劳动关系。若 K 的劳动者身份在有理由性审查中被否认,那么关于劳动者身份的讨论就必须被放在**辅助鉴定式报告**中(→前言,边码82);从而劳动法上的无效事由就应当被进行辅助性审查。下面的"清单"可以大概提供一个解题方向:

6 　　**梗概2:正常的雇主解雇的有效性**

　　1. 通知,形式(《民法典》第623条),代理,送达[3]

---

[2] Ausf. *Brox/Rüthers/Henssler* ArbR Rn. 1068ff.；*Dütz/Thüsing* ArbR Rn. 1028ff.；*Junker* ArbR Rn. 870-878.

[3] 梗概详情参见:*Junker* ArbR Rn. 330 (Übersicht 6.1)。

2. 除斥期间,《解雇保护法》第 4 条第 1 句结合第 7 条(主张解雇瑕疵的条件)

3. 企业职工委员会的参与(《企业组织法》第 102 条)

4. 特殊的无效事由[4]

5. 一般解雇保护(《解雇保护法》第 1 条至第 14 条)[5]

6. 遵守解雇通知期间(《民法典》第 622 条)

只要一看上面的梗概就可以清晰地发现,其中有两个审查要点是可以被提前划掉的:案件事实中并没有提到**企业职工委员会**(Betriebsrat)(审查要点 3);对于**特殊解雇保护**(besonderen Kündigungsschutz)(审查要点 4),一般情况下要有严重残疾(《社会法典》第九卷第 168 条),本案也没有给出这一线索。至于遵守**解雇通知期间**(Kündigungsfrist)(审查要点 6),只有在解雇没有基于前述原因(审查要点 1—5)归于无效时,才需要予以考虑。

最后——除了本案已有的初步思考,还要着眼于本案例集中的其他案例——还应当提及**案例 1**(与劳动者行为相关的解雇)**和案例 6**(与企业运行状况相关的解雇)的相似性:这两个案例都涉及公司(雇主)权利自由行使的界限。[6] 在**案例 1** 中,公司试图将"短途运输人"设定为商法意义上的独立承运人而非劳动者,以排除劳动法的适用。问题在于,雇主的这种设定从法律的角度是否能够达到其想要的效果["短途运输人"**不具备劳动者身份特征**(keine Arbeitnehmereigenschaft)]。在**案例 6** 中,雇主希望——不对企业的运行进行太多改变——通过关闭(部分)企业,来实现与企业运行状况相关的解雇。此时同样存在一个问题,即雇主的设定是否能够达到其预期的效果[**没有企业转让**(kein Betriebsübergang)并因此没有劳动关系的转让]。

---

[4] 梗概详情参见:*Junker ArbR* Rn. 330 (Übersicht 6.2)。
[5] 梗概详情参见:*Junker ArbR* Rn. 349 (Übersicht 6.3)。
[6] 关于"公司"和"雇主"概念的内涵参见:*Junker ArbR* Rn. 122。

解答

9 如果该诉是合法且有理由的,那么杜塞尔多夫劳动法院就可以同意 K 的诉讼申请并且支持该诉请。

(一)诉的合法性

10 当满足实体判决的条件时,该诉就是合法的。特别要回答的问题是,通向劳动法院的法律途径是否开放。

1. 劳动法院的事务管辖权(《劳动法院法》第 2 条第 1 款第 3 项 b 目)

11 通向劳动法院的法律途径——判定杜塞尔多夫劳动法院是否具有事务管辖权——可以以《劳动法院法》第 2 条第 1 款第 3 项 b 目为依据。该条规定了劳动法院对**劳动者与雇主**(Arbeitnehmern und Arbeitgebern)之间是否存在劳动关系这一与劳动事务有关的民事权利争议享有**专属管辖权**(ausschließliche Zuständigkeit)。[7] 为了能适用《劳动法院法》第 2 条第 1 款第 3 项 b 目的规定,原告所提起的解雇保护之诉所针对的解除必须是向《**劳动法院法》第 5 条第 1 款第 1 句意义上的劳动者提出的**。[8] 接下来的问题就是,通向劳动法院的法律途径是取决于 K 的劳动者身份已确定,还是依据《劳动法院法》第 2 条第 1 款第 3 项 b 目的规定,只需要 K 认为自己是劳动者就足够了。这取决于**诉讼的争议标的**(Streitgegenstand)。只有诉讼当事人才能确定争议标的。[9] 当事人的诉

---

[7] "劳动关系"和"劳动者"这两个概念具有相同的条件,因为只有当典型给付的提供者被定义为劳动者时,才存在劳动关系,具体参见:*Junker* ArbR Rn. 91。

[8] BAG 28.10.1993-2 AZB 12/93, AP Nr. 19 zu § 2 ArbGG 1979 = NZA 1994, 234 (235f.)。

[9] BAG 22.10.2014-10 AZB 46/14, AP Nr. 72 zu § 5 ArbGG 1979 = NZA 2016, 60 (Rn. 24)。

讼请求源于诉的申请结合诉的理由(《民事诉讼法》第253条第2款第2项)。

(1)同时具有非劳动法的法律基础

存在这样的一些案件,即根据原告的表达,其诉讼请求还可以建立在非劳动法的基础之上。这种情况指的是,诉讼请求**不是基于劳动关系,就是**基于自由的劳务关系(aut-aut-Fälle),或者原告的请求**既可以**依据劳动法的规定,**又可以**依据非劳动法的规定(et-et-Fälle)。在这些案例当中,只要原告声称自己是劳动者,就可以据此认定劳动法院有权裁决一项非本法律途径的请求("法律途径骗取")。据此,在这些案件中,已经在合法性框架内对原告的劳动者身份进行了判定。[10]

(2)仅有劳动法的法律基础

与此不同的是另外一些案件,其中原告的请求仅能够建立在劳动法基础上,以至于原告诉讼请求的成立与否取决于合法性的确认(sic-non-Fälle)。通过否定权利争议的合法性,也就对案件作出了裁判,因为该诉不仅是不合法的,也是无理由的:如果原告不是劳动者,那么他也就不能享有劳动法上的实体法律请求权。[11]支撑请求权的事实与支撑合法性的事实重合了。在该案中,劳动者身份是一种所谓**双重相关事实**(doppelrelevante Tatsache)。不存在对普通法院管辖权的干预;将权利争议移交给其他法律途径的法院从一开始就不需要被考虑。[12] 因此,在此类案件中,只要原告认为自己是劳动者,进入劳动法院的法律途径

---

[10] BAG 28.10.1993-2 AZB 12/93, AP Nr. 19 zu § 2 ArbGG 1979 = NZA 1994, 234 (232-242); Schwab/Weth/*Walker* ArbGG § 2 Rn. 240-244.

[11] BAG 24.4.1996-5 AZB 25/95, BAGE 83, 40 (49f.) = AP Nr. 1 zu § 2 ArbGG 1979 Zulässigkeitsprüfung m. Anm. *Hager* = NZA 1996, 1005.

[12] BAG 18.12.1996-5 AZB 25/96, BAGE 85, 46 (53f.) = AP Nr. 3 zu § 2 ArbGG 1979 Zulässigkeitsprüfung= NZA 1997, 509.

就足以建立。[13]

14 如果无效解雇的成立还基于不具有劳动者身份特征以外的原因,例如,解雇**违反公序良俗**(Sittenwidrigkeit)、解雇通知**没有送达**(fehlende Zugang)或者**瑕疵代理**(mangelnde Stellvertretung),那么在**解雇保护之诉**(Kündigungsschutzklage)中就不存在仅以劳动法作为请求权基础的案件。[14] 尽管如此,鉴定式报告也并不能仅基于产生这些无效事由的抽象可能性来撰写,而只能基于案件事实中是否存在不以劳动者身份为前提的无效事由进行审查。[15] 上述这些事由在本案中并没有明确体现。所以,本案涉及的是只有当 K 是劳动者时,才能成功的诉讼(sic-non-Fall)。因此,只要 K 认为自己是劳动者,就足以确认通向劳动法院的法律途径以及杜塞尔多夫劳动法院对本案的事务管辖权。

2. 地域管辖权(《劳动法院法》第 46 条第 2 款第 1 句,以及《民事诉讼法》第 12 条之后)

15 杜塞尔多夫劳动法院依据《劳动法院法》第 46 条第 2 款第 1 句,结合《民事诉讼法》第 12 条、第 17 条享有地域管辖权:B 可以作为有限责任公司向法院起诉和应诉(《有限责任公司法》第 13 条第 1 款)。在公司(Gesellschaft)以公司身份被诉时,其普通审判籍依其住所地确定(《民事诉讼法》第 17 条第 1 款第 1 句)。如果从案件事实中没有得出其他信息,公司处理事务的所在地就是该公司的住所地(《民事诉讼法》第 17 条第 1 款第 2 句)。B 的事

---

[13] BAG 22.10.2014-10 AZB 46/14, AP Nr. 72 zu § 5 ArbGG 1979=NZA 2016, 60 (Rn. 21).

[14] BAG 9.10.1996-5 AZB 18/96, AP Nr. 2 zu § 2 ArbGG 1979 Zulässigkeitsprüfung= NZA 1997, 175; Schwab/Weth/*Walker* ArbGG § 2 Rn. 236.

[15] 出现在案例练习答案中的由原告在诉讼程序中确定的诉讼标的,事实上总是没有争议的案件事实;没有理由显示,在有理由性论证中应当审查非劳动法的无效事由,所以为了实现鉴定式报告的目的,通常涉及的都是"sic-non-Fall";其他见解参见:*Greiner*, Jura 2014, 273 (276f.)。

务是在杜塞尔多夫处理的。

3. 其他实体判决的前提条件

B 是否为**适格的当事人**(Parteifähigkeit)应当根据《民事诉讼法》第 50 条结合《有限责任公司法》第 13 条第 1 款予以确定。B 的总经理将在法庭中代表公司(《有限责任公司法》第 35 条第 1 款)。根据《解雇保护法》第 4 条第 1 句的规定,**确认之诉**(Feststellungsklage)是正确的诉讼类型。确认利益(《民事诉讼法》第 256 条第 1 款)源于以下事实:如果没有及时通过确认之诉主张权利无效,那么解雇自始有效(《解雇保护法》第 7 条)。因为实体判决的前提条件得到满足,所以该诉是合法的。

（二）诉的有理由性

如果作为争议标的的解雇是无效的,那么该诉就是有理由的。根据解雇通知的**一般要求**(allgemeinen Anforderungen),解雇必须由具有解雇权的人以书面形式(《民法典》第 623 条)发出,并且送达至受领人。劳动者也可以不考虑《解雇保护法》第 4 条第 1 句结合第 7 条的**诉讼要求**(ohne Beachtung des Klageerfordernisses),主张形式、代理权限或者送达的瑕疵。[16] 但是,案件事实并没有给出存在上述瑕疵的线索(→边码 14)。

例如,因为严重残疾而针对 K 的**特殊解雇保护**(besonderen Kündigungsschutz),在本案中同样不存在相关线索(→边码 7)。但该解雇却可能依据《解雇保护法》第 1 条第 1 款,按照**一般解雇保护**(allgemeinen Kündigungsschutz)的规定被认定为无效。在这种情况下,K 和 B 之间就必须存在劳动关系(《解雇保护法》第 1 条第 1 款,→边码 19 之后),并且必须满足《解雇保护法》第 1 条第 1 款、第 23 条第 1 款中的其他适用条件(→边码 32),没有出现

---

[16] *Dütz/Thüsing* ArbR Rn. 360a; *Junker* ArbR Rn. 332; *Löwisch/Caspers/Klumpp* ArbR Rn. 765; *Preis* ArbR I Rn. 2578; *MüKoBGB/Hergenröder* KSchG § 4 Rn. 11, 13.

《解雇保护法》第 4 条第 1 句结合第 7 条中关于有效性的拟制(→边码 33),并且该解雇不具有社会正当性(《解雇保护法》第 1 条第 2 款第 1 句,→边码 34 之后)。

1. 存在劳动关系(《解雇保护法》第 1 条第 1 款)

19   只有**向劳动者**发出解雇表示时,才能够根据《解雇保护法》第 1 条及之后的规定适用一般解雇保护的规则(《解雇保护法》第 1 条第 1 款)。与早期的司法判例一致[17],在 2017 年 1 月 1 日之后,劳动者在制定法中被定义为:在劳动合同中基于人格依附性向另一方当事人给付受指示约束,由他人决定的劳动的人(《民法典》第 611a 条第 1 款第 1 句)。受指示约束,由他人决定以及人格依附性是给付**非自主性劳务**(unselbständiger Dienste)(或者"非自主性劳动")的标志,这三个特征以下列方式联系在一起:人格依附性的程度——以及他人决定性的程度——主要在**受指示约束性**(Weisungsgebundenheit)中体现。[18]

20   合同一方当事人的**指示权**(Weisungsrech)作为受雇人人格依附性和他人决定性的标准,依据法律可以涉及工作的内容、执行、时间和地点等(《民法典》第 611a 条第 1 款第 2 句)。自由的劳务提供者或者承包商的法律关系和劳动关系之间的区别主要在于**工作**(Tätigkeit)的类型以及**工作时间**(Arbeitszeit)的规则[19]:自

---

[17] BAG 19. 11. 1997-5 AZR 653/96, BAGE 87, 129 (135); BAG 20. 1. 2000-5 AZR 61/99, APNr. 37 zu § 611 BGB Rundfunk = NZA 2001, 551 (unter I); BAG 15. 2. 2012-10 AZR 301/10, AP Nr. 123 zu § 611 BGB Abhängigkeit = NZA 2012, 731 (Rn. 13); BAG 25. 9. 2013-10 AZR 282/12, AP Nr. 126 zu § 611 BGB Abhängigkeit = NZA 2013, 1348 (Rn. 16).

[18] BAG 19. 11. 1997-5 AZR 653/96, BAGE 87, 129 (135); BAG 15. 2. 2012-10 AZR 111/11, AP Nr. 122 zu § 611 BGB Abhängigkeit = NZA 2012, 733 (Rn. 14); ErfK/Preis BGB § 611a Rn. 32; *Junker* ArbR Rn. 96.

[19] BAG 15. 2. 2012-10 AZR 301/10, AP Nr. 123 zu § 611 BGB Abhängigkeit = NZA 2012, 731 (Rn. 13); BAG 25. 9. 2013-10 AZR 282/12, BAGE 146, 97 = AP Nr. 126 zu § 611 BGB Abhängigkeit = NZA 2013, 1348 (Rn. 16) = SAE 2014, 59 m. Anm. *Nölke*.

雇者,指的是能够实质性地安排自己的工作并且决定自己工作时间的人(《商法典》第 84 条第 1 款第 2 句)。反之,则是受指示约束进而非自主的人(《民法典》第 611a 条第 1 款第 3 句)。

(1)工作时间与休假规定

工作是一种在时间中进行的给付。因此,自雇的重要标志就是从业人员能够实质自由支配自己的工作时间(《商法典》第 84 条第 1 款第 2 句);《民法典》第 611a 条第 1 款第 3 句);与此相反,持续处于备勤状态(Dinestbereitschaft)则是依附性的强有力指针。[20]

K 在运送货物时有义务遵守确定的**时间安排**(Terminvorgabe),仅这一点并不是存在劳动关系的决定性因素:即便是在劳务合同和承揽合同当中,也可以由劳务接受者或者发包人确定完成工作的时间,并不能就此认定存在工作时间上的指示依附性,而这恰恰是劳动关系的标志性特点。[21] 但是在本案当中,预定的工作开始时间结合需要遵守的**报告时间**(Meldezeit)使得 B 能够每天从 6 点到 17 点完全控制 K 的工作。这种严格的时间规划可以说明,B 认为 K 持续处于备勤状态。[22]

这一看法还可以据此得到补强,即 K 只有经与 B 协商——必须至少提前四周——才可以决定每年(最多)**20 天**不再负有接受货物运输任务义务的**假期**。从实践后果来看,该合同设定与遵守法定最低休假(《联邦休息休假法》第 3 条第 1 款、第 7 条第 1 款第 1 句)的休假规则相符合。与之相反,如果是独立承运人,他们通常可以自主决定在特定的时间是否承接托运人的

21

22

23

---

[20] BAG 22. 8. 2001-5 AZR 502/99, AP Nr. 109 zu § 611 BGB Abhängigkeit = NZA 2003, 662(664);BAG 15. 2. 2012-10 AZR 111/11, AP Nr. 122 zu § 611 BGB Abhängigkeit=NZA 2012, 733(Rn. 40).

[21] BAG 27. 3. 1991-5 AZR 194/90, AP Nr. 53 zu § 611 BGB Abhängigkeit=NZA 1991, 933(934);BAG 19. 11. 1997-5 AZR 653/96, BAGE 87, 129(139).

[22] BAG 19. 11. 1997-5 AZR 653/96, BAGE 87, 129(139).

运输委托。[23]

(2)工作的安排

24 《商法典》第 84 条第 1 款第 2 句和《民法典》第 611a 条第 1 款第 3 句提出的第二个标准就是自主或非自主地设定自己的工作内容。遵循此前的司法判例,立法者强调人格依附性的程度应根据不同的工作种类来确定(《民法典》第 611a 条第 1 款第 4 句):有些工作既可以在劳动关系的框架下,又可以在自由劳务合同或者承揽合同的框架下完成给付,而有些定期的工作只能在劳动关系的框架下完成给付。[24] K 的工作属于第一种情况:既有独立的货物承运人,又有劳动法上受到指示约束的货物承运人。

25 合同并没有禁止 K 自己承接或者承接第三方的货运订单,只要这些订单不是来自 B 的客户即可。但是,由于在 12 点之前的时间窗口内运送货物的**时间需求**(zeitlichen Inanspruchnahme)和从 11 点到 17 点每小时的**货物揽收**(Entgegennahme von Abholaufträgen)义务,在考虑需要充足休息时间的前提下,K 再为另外一个托运人工作的现实可能性微乎其微。因此,K 并没有足够的空间来设定自己的工作内容。[25] 根据合同的规定,K 在早晨到达货运站时不得在他的车上载有外来货物,这更加说明 K 无法自行确定自己的工作内容。

---

[23] BAG 30. 11. 1994-5 AZR 704/93, BAGE 78, 343 (353) = AP Nr. 74 zu § 611 BGB Abhängigkeit = NZA 1995, 622; BAG 19. 11. 1997-5 AZR 653/96, BAGE 87, 129 (140).

[24] BAG 16. 7. 1997-5 AZR 312/96, BAGE 86, 170 (174f.) = AP Nr. 4 zu § 611 BGB Zeitungsausträger = NZA 1998, 368; BAG 17. 4. 2013-10 AZR 272/12, BAGE 145, 26 = AP Nr. 125 zu § 611 BGB Abhängigkeit = NZA 2013, 903 (Rn. 16).

[25] 本案的案件事实是按照以下判决编写的:BAG 19. 11. 1997-5 AZR 653/96, BAGE 87, 129 (140)。

(3)整体的价值判断

同样与先前的司法判例一致[26],立法者规定,确认是否存在劳动合同,需要对所有情况进行整体判断(《民法典》第611a条第1款第5句):劳动者概念在德国法上是一个没有确定内容的**类型式的概念**(typologischer Begriff),是通过一系列开放的标准构成的。[27] 在本案中,因为K不是必须自行驾驶货车,而是可以指定他人来做司机,所以有可能认定不存在劳动关系。**亲自履行**(Leistung in Person)义务(参见《民法典》第613条第1句)是劳动关系的典型特征,而通过第三方完成劳动给付的权利是与劳动关系不一致的。[28]

如果——如本案中——亲自履行给付义务是通常情况,使用其他司机是少见的例外情形,并且没有实质改变整体工作,则仅K有权让**第三方履行**(Leistung durch Dritte)其根据合同承担的义务,在对所有情况进行整体判断的框架下就不是非常重要的标准。在这种情况下,允许通过第三方提供给付的可能性,只是在进行整体判断时需要考虑的众多因素之一。[29]

K注册了一家小型运输公司并且用自己的货车完成运送工作,也有可能与劳动关系不相匹配。**工商业登记**(Anmeldung eines Gewerbes)具有公法性质;就像合同关系的税务处理和社会保险处理一样,这种登记行为对于当事人之间的私法关系同样没有太

---

[26] BAG 16.3.1972-5 AZR 460/71, AP Nr. 10 zu § 611 BGB Lehrer, Dozenten (Bl. 3) = RdA 1972, 255 (Ls.); BAG 29.8.2012-10 AZR 499/11, BAGE 143, 77 = AP Nr. 124 zu § 611 BGB Abhängigkeit = NZA 2012, 1433 (Rn. 15).

[27] BAG 11.8.2015-9 AZR 98/14, NZA-RR 2016, 288 (Rn. 22); *Waltermann* ArbR Rn. 57; *Zöllner/Loritz/Hergenröder* ArbR § 5 Rn. 42ff.; a. A. ErfK/*Preis* BGB § 611a Rn. 53.

[28] BAG 20.1.2010-5 AZR 99/09, AP Nr. 119 zu § 611 BGB Abhängigkeit = DB 2010, 788 (Rn. 15).

[29] BAG 19.11.1997-5 AZR 653/96, BAGE 87, 129 (138).

大的影响。[30] **使用自己的运输工具**(Einsatz des eigenen Fahrzeugs)对于区分劳动关系和自由劳务关系并没有起决定性作用：不可以基于劳动义务人因为提供劳动工具承担了超过典型劳动者义务之外的义务、责任和风险，而论证其独立性。[31]

29 起决定性作用的更多是，自己运输工具的使用为 K 提供了实质性的自由安排自己工作的可能性。根据上述分析，情况并非如此(→边码 21 之后)。最后，基于**司机和车辆外观**(Erscheinungsbild von Fahrer und Fahrzeug)(K 的公司制服、车身上的公司标志)的合同条款，也能够认定这是由他人决定的工作。

(4)实际的工作内容

30 K 的劳动者身份最终也有可能被否认，因为双方签订的格式合同将 K 定义为"承运人"(《商法典》第 407 条)。商法意义上的承运人指的是承担货物运输义务的**工商业公司**(gewerblicher Unternehmer)(《商法典》第 407 条第 3 款)。虽然在法律上承运人处于合同相对人明确的指示权(《商法典》第 418 条、第 421 条第 1 款)之下，但是根据《商法典》的规定，承运人是**独立的工商业经营者**(selbständiger Gewerbetreibender)而非劳动者。如果当事人所给的合同名称具有决定性，则 B 和 K 之间的合同关系就不能认定为劳动关系。

31 但是，根据司法判例，实际工作内容决定工作的法律性质：如果**合同约定**(vertraglichen Vereinbarungen)的内容与实际履行的内容不一致，那么后者就具有决定性。[32] 这一司法判例在

---

[30] BAG 30.11.1984-7 AZR 511/83, BAGE 47, 275 (279f.) = AP Nr. 43 zu § 611 BGB Lehrer, Dozenten=NZA 1985, 250; Junker ArbR Rn. 100.

[31] BAG 19.11.1997-5 AZR 653/96, BAGE 87, 129 (142f.).

[32] BAG 12.9.1996-5 AZR 1066/94, BAGE 84, 108 (113)= AP Nr. 1 zu § 611 BGB Freier Mitarbeiter=NZA 1997, 194; BAG 26.5.1999-5 AZR 469/98, AP Nr. 104 zu § 611 BGB Abhängigkeit=NZA 1999, 983 (984).

2017 年 1 月 1 日成为法律：当合同关系的**实际履行**（tatsächliche Durchführung）表明是按照劳动关系来开展的，那么合同的名称是什么并不重要（**《民法典》第 611a 条第 1 款第 6 句**）。本案属于后者：K 是劳动者（《民法典》第 611a 条第 1 款第 1 句）。

2. 其他适用前提（《解雇保护法》第 1 条第 1 款、第 23 条第 1 款）

当 B 有 10 名以上劳动者时，就开启了适用《解雇保护法》第 1 条后规定的**企业范围**（betriebliche Anwendungsbereich）之门（《解雇保护法》第 23 条第 1 款第 2 句、第 3 句）。根据案件事实给出的关于 B 的经营活动规模信息就可以认为，仅管理部门的劳动者数量就已经超过了法律规定的阈值。也就是说，除 K 以外，是否还有其他"短途运输人"被定义为劳动者已是无关紧要的了。《解雇保护法》第 1 条中**人**的适用范围（persönliche Anwendungsbereich）条件是，K 在 B 企业的劳动关系连续 6 个月没有中断（等待时间，《解雇保护法》第 1 条第 1 款）。K 已经在 B 公司工作了大约 3 年。因此可以适用《解雇保护法》第 1 条之后的一般解雇保护条款。

3. 及时起诉（《解雇保护法》第 4 条第 1 句结合第 7 条）

K 必须在收到书面解雇通知后 3 周的除斥期间内向劳动法院提起解雇保护之诉，以确认解雇无效（《解雇保护法》第 4 条第 1 句）；否则，解雇将自始有效（《解雇保护法》第 7 条）。2 月 14 日书面通知的送达，视为解雇通知已经送达 K。因为当年 2 月有 28 天（案件事实当中没有说明），所以 3 周期限的最后一天是 3 月 7 日（《民法典》第 187 条第 1 款、第 188 条第 2 款）。因此，K 在 3 月 7 日这一天向杜塞尔多夫劳动法院提起解雇保护之诉，符合《解雇保护法》第 4 条第 1 句中 3 周的期限规定（《民事诉讼法》第 166 条、第 167 条）。《解雇保护法》第 7 条中的有效性假定不会出现。

4. 解雇的社会正当性（《解雇保护法》第 1 条第 2 款第 1 句）

根据《解雇保护法》第 1 条第 1 款的规定，如果针对劳动者的解雇不具有社会正当性,那么该劳动关系的解除就是无效的。具有社会正当性的事由取决于 K 的行为(《解雇保护法》第 1 条第 2 款第 1 句)。

(1)劳动者行为中的事由

35　　劳动者行为中的事由首先是违约行为,违约行为可能存在于合同给付领域、信赖领域或者违反企业规章制度领域。[33] 从案件事实中可以提取出很多关于 K 的行为事件,这些都可以作为解雇的事由。

①前一年中多次迟到

36　　与劳动者行为相关的解雇事由可能是,K 在前一年的 12 月多次没有在 6 点到达货运点,而是迟到了 1 至 2 个小时。多次迟到构成**违约**(Vertragsverletzung)并且原则上("行为本身")足以证成劳动者行为导致的解除,无须再证明其行为影响了企业的正常运行。[34] 但是 12 月 K 已经收到了**警告**(Abmahnung),警告指出了 K 的迟到行为并且威胁他如果继续迟到就终止合同。如果雇主先是基于义务违反作出警告,那么之后就不能再以同一义务违反为由发出解雇通知;如果没有反对默示放弃解雇的特殊情况,那么,雇主发出警告就意味着其已经放弃了以同样的理由进行解雇的权利。[35] 这些特殊情况在本案中并没有出现。因此,K 在前一年中多次迟到的行为并不能构成解雇的正当事由。

---

[33] vHHL/*Krause* KSchG § 1 Rn. 489; MüKoBGB/*Hergenröder* KSchG § 1 Rn. 191.

[34] BAG 13. 3. 1987-7 AZR 601/85, AP Nr. 18 zu § 1 KSchG 1969 Verhaltensbedingte Kündigung=NZA 1987, 518 (519); BAG 17. 1. 1991-2 AZR 375/90, BAGE 67, 75 =AP Nr. 25 zu § 1 KSchG 1969 Verhaltensbedingte Kündigung=NZA 1991, 557 (559).

[35] BAG 6. 3. 2003-2 AZR 128/02, AP Nr. 30 zu § 611 BGB Abmahnung=NZA 2003, 1388 (1389); BAG 13. 12. 2007-6 AZR 145/04, BAGE 125, 208=AP Nr. 83 zu § 1 KSchG 1969 m. Anm. *Gotthardt* = NZA 2008, 403 (Rn. 24); vHHL/*Krause* KSchG § 1 Rn. 539; KR/*Fischermeier* BGB § 626 Rn. 294.

②延迟送达会议资料

2月延迟送达会议资料的行为,也有可能构成《解雇保护法》第1条第2款第1句规定的与劳动者行为相关的解雇事由。K负有将分配给他的货物在特定时间内送达接收人的**合同义务**(vertragliche Pflicht)。显然,K延迟送达会议资料,导致接收人无法使用该会议资料的行为违反了合同约定。如果存在过错并且双方当事人未曾排除因该瑕疵行为的解除,那么该违约行为"本身"就构成与劳动者行为相关的解雇事由。

A. 由于违反义务而进行的与劳动者行为相关的解雇原则上以劳动者存在**过错**(Verschulden)为前提条件。[36] K应当存在故意与疏忽大意(《民法典》第276条第1款第1句)。疏忽大意指的是,他在运输过程中没有尽到应尽的注意义务(《民法典》第276条第2款)。准时运送货物对于一个经营短途运输业务的雇主来说具有非常重要的意义。从这个角度来说,K必须注意到其工作的这项要点。没有注意运输单的行为,属于可以避免的违反客观注意义务的行为。因此,K有过失地违反了其他合同义务。

B. K未按时运送货物也有可能排除解雇事由,因为在本案中,合同约定了最高40欧元的**违约金**(Vertragsstrafe)。这种情况下,违约金的约定必须是有效的并且能够被理解为是对解雇的排除。以格式合同方式订立的劳动合同中的违约金条款必须在考虑劳动法特殊性的基础上(《民法典》第310条第4款第2句)进行内容控制(《民法典》第307条、第309条第6句)。[37] 如果合

---

[36] BAG 3.11.2011-2 AZR 748/10, AP Nr. 65 zu § 1 KSchG 1969 Verhaltensbedingte Kündigung=NZA 2012, 607 (Rn. 20); *Junker* ArbR Rn. 368.

[37] BAG 4.3.2004-8 AZR 196/03, BAGE 110, 8 (19)= AP Nr. 3 zu § 309 BGB =NZA 2004, 727; BAG 25.5.2005-5 AZR 572/04, BAGE 115, 19 (32)= AP Nr. 1 zu § 310 BGB=NZA 2005, 1111; BAG 23.1.2014-8 AZR 130/13, AP Nr. 5 zu § 309 BGB= NZA 2014, 777 (Rn. 16ff.); ausf. *Junker* ArbR Rn. 218-220.

同约定无论如何都不能解释为对解雇的排除,那么 B 和 K 之间的具体约定是否禁得起内容控制就可以不用考虑了。

40 　　警示性的违约金旨在促使劳动者实施符合合同的行为,进而能够确保雇主获得最低的损害赔偿。[38] 违约金约定原则上不具有超越此的意义:劳动者不能认为,一个被处以违约金的行为就不能成为解雇事由。因此,违约金约定即使在特定案件中有效,也不妨碍将被处以违约金的行为作为解雇事由。[39] 这样一来,延迟送达会议资料这一行为"本身"就已经足以构成《解雇保护法》第 1 条第 2 款第 1 句意义上的与劳动者行为相关的解雇事由。

　　③向客户发表不当言论

41 　　最后,还需要考虑 K 对客户说的话是否构成与劳动者行为相关的解雇事由。K 告诉客户,B 是一家"经营不善的企业",并且让客户最好再找一家运输公司。劳动者向雇主的客户发表的**有损经营的言论**(Geschäftsschädigende Äußerungen)足以支撑与劳动者行为相关的解雇。但是,K 是在收到解雇通知之后才说了上面这些有问题的话。解雇的合法性应当根据解雇通知**送达之时**(Zeitpunkt des Zugangs)的状况来判断。解雇送达之后才产生的解雇事由,不能被纳入解雇的正当性的考量中。[40] 因此,K 在 2 月 28 日所说的话不能作为 2 月 14 日解雇的事由。

　　④小结

42 　　只有延迟送达会议资料这一行为"本身"构成 2 月 14 日与劳动者行为相关的解雇事由。

---

　　[38] Palandt/*Grüneberg* BGB § 339 Rn. 1; PWW/*Stürner* BGB Vor § 339 Rn. 1; *Hromadka*, NJW 2002, 2523(2528); *Reichold*, ZTR 2002, 202(207); *Singer*, RdA 2003, 194(202).

　　[39] 非正常解雇参见: KR/*Fischermeier* BGB § 626 Rn. 72。

　　[40] BAG 19.11.1997-5 AZR 653/96, BAGE 87, 129(143)。

(2)警告的要求

根据作为整个解雇法基础的比例原则,通常情况下在作出与劳动者行为相关的解雇之前必须先发出**警告**(Abmahnung)。通过警告,雇主表达了对劳动者瑕疵行为的不满,敦促劳动者未来实施符合合同的行为,并且明确告知劳动者重复的瑕疵行为将会导致进一步的劳动法律后果。[41] 需要考虑的是,B 在前一年 12 月向 K 作出的不准时到岗的警告,是否满足警告的条件。警告的事由与解雇的事由必须具有**相似性**(Gleichartigkeit)。[42] 12 月的警告针对的是 K 多次晚到货运点的行为;而作为解除原因的义务违反则指的是 K 忘记履行向接收人准时送达货物的义务。迟到涉及的是**范围**(Umfang),而不完全给付涉及的是主给付义务的**内容**(Inhalt),因此义务违反的相似性应被否定。所以,此处并没有与解雇事由具有相似性的警告事由。

只有在例外情形下没有必要发出警告时,2 月因不完全给付而作出与行为相关的解雇才符合比例原则。根据《民法典》第 314 条第 2 款第 2 句、第 323 条第 2 款的规定,当劳动者不能或者不愿意改变他的行为,或者信任关系由于严重违反义务无法恢复时,就可以认为警告**可有可无**(Entbehrlichkeit)。[43] 对此,没有线索表明,K 未来不能或者不愿意实施遵守合同的行为。一次延迟运送也并不属于致使 K 和 B 的信任关系到了无可挽回地步的严重违反义务。K 只能被认定为轻微疏忽大意,所以更加不属于严

43

44

---

[41] BAG 23.6.2009-2 AZR 283/08, AP Nr. 5 zu § 1 KSchG 1969 Abmahnung = DB 2009, 2052 (Rn. 21f.); *Hromadka/Maschmann* ArbR I § 6 Rn. 157, 157a; MüKoBGB/*Henssler* § 626 Rn. 94.

[42] BAG 13.12.2007-2 AZR 818/06, AP Nr. 64 zu § 4 KSchG 1969=NZA 2008, 579 (Rn. 41f.); APS/*Kiel* KSchG § 1 Rn. 425; DDZ/*Deinert* BGB § 314 Rn. 85.

[43] BAG 9.6.2011-2 AZR 381/10, AP Nr. 234 zu § 626 BGB=NZA 2011, 1027 (Rn. 17ff.); BAG25.10.2012-2 AZR 495/11, AP Nr. 239 zu § 626 BGB=NZA 2013, 319 (Rn. 16).

重违反义务。

45 　　因此,警告并不是可有可无的。B 公司的解雇行为违反了比例原则(最后手段原则)。根据《解雇保护法》第 1 条第 2 款第 1 句的规定,劳动关系的解除不具有社会正当性。依据《解雇保护法》第 1 条第 1 款的规定,该解雇不发生法律效力。

(三) 结论

46 　　K 的解雇保护之诉是合法并且有理由的。杜塞尔多夫劳动法院应当受理该诉并且依据 K 的请求进行判决。

案例 2　雇主的询问权

Nach BAG 20. 5. 1999－2 AZR 320/98，AP Nr. 50 zu § 123 BGB＝NZA 1999, 975

相关主题：基于恶意欺诈的撤销；公共事务部门的招聘；有瑕疵的劳动关系；患病期间劳动报酬的继续支付

深入学习参见：Junker ArbR § 3 I（Rn. 145－154）

案件事实

2月，Horst Krause（K）向勃兰登堡州（B）中级警务执行事务处申请基于私法性质的劳动合同的巡警（巡逻警察）岗位。K 如实告知，他因为前一年酒后驾驶被吊销驾照 8 个月并被处以罚金。4月，K 试驾了一辆由他自己修复，但是既没有行驶证又没有上保险的山地车。在此过程中，他损坏了一块农田的秧苗并且占用了公共道路。

在 K 通过波茨坦市警察学校的选拔考试后，从 5 月 10 日开始，如果在他入职前针对他启动了刑事调查程序，则他有义务向 B 报告。6 月 12 日，K 由于 4 月的行为而收到"指控通知"并被传讯接受警察的调查。K 委托一名刑事诉讼律师于 6 月 30 日参与"调查程序"。7 月 1 日，K 与 B 签订了劳动合同并于当天入职。K 在执行公务时需要驾驶一辆机动车。

7 月中旬，K 收到一份关于损坏财物和违反《机动车持有人强制保险法》的处罚决定，要求他缴纳每天 25 欧元共 120 天份额的罚金。该处罚决定具有法律效力。10月14日,B获悉4月发生的事情以及由此而展开的刑事调查程序。

10月31日晚,K在车库进行焊接作业时致使汽油泄漏引发火灾;由于在火灾中受伤,K整个11月都无法工作。11月30日晚,K收到B的书面通知,要求基于恶意欺诈撤销劳动合同。原本于11月30日应当支付给K的11月工资不再予以支付。K问,他是否有权请求支付11月的工资?

初步思考

1 与**案例1**(短途运输者)不同,本案并不需要回答起诉是否成功,而只需要一个实体法律的意见。因此,无须探讨**诉的合法性**(Zulässigkeit einer Klage)。在诉的有理由性审查框架下,被探究的是请求权是否存在的问题[**请求权案例考试**(Anspruchsklausur),→导论,边码9、11之后]。因此,本案的切入点应当是思考"谁可以向谁依据什么请求什么?"。除了"依据什么"这个问题,其他问题都已经在案件事实的最后有了回答:K向B要求支付他11月的工资。

2 "依据什么"是**请求权基础**(Anspruchsgrundlage)的问题。因为K在11月并没有工作,所以他请求的是**无劳动的报酬**(Lohn ohne Arbeit)。[1] K由于生病无法工作,所以请求权基础应当是劳动合同(《民法典》第611a条第2款)结合《工资继续支付法》第3条第1款第1句(患病期间的工资继续支付):主流观点认为《工资继续支付法》第3条第1款第1句并不是请求权基础,而是

---

[1] 关于"无劳动的报酬"可能依据的请求权基础的梗概参见: *Junker* ArbR Rn. 258ff., 271ff.; *Hromadka/Maschmann* ArbR I § 8 Rn. 59-185。

维持工资请求权的辅助条款(《民法典》第 611a 条第 2 款)。[2]
以下梗概列举了关于"无劳动的报酬"最重要的几项请求权基础:

梗概 3:"无劳动的报酬"(重要规则)
- 母亲保护,《母亲保护法》第 18 条之后
- 父母育儿假,《联邦父母津贴与育儿假法》第 15 条
- 休息休假,《联邦休息休假法》第 1 条
- 法定节日,《工资继续支付法》第 2 条
- 雇主的受领延迟,《民法典》第 615 条第 1 句、第 2 句
- 人身阻却事由,《民法典》第 616 条
- 劳动者生病,《工资继续支付法》第 3 条第 1 款第 1 句
- 雇主的经营风险,《民法典》第 615 条第 3 句

3

由于本案涉及多个时间点,有必要在开始进一步思考之前制作一个**时间表**(Zeittabelle)(→导论,边码 44)。该时间表并不是案例解析的组成部分,而只是旨在帮助答题者更快地组织答案,本案的时间表如下所示:

4

时间表

前一年	吊销驾照并处罚金(酒后驾驶)	5
2 月	求职;说明前一年的事件	
4 月	损害财物,违反《机动车持有人强制保险法》	
5 月 10 日	产生报告义务	
6 月 12 日	"指控通知"	
6 月 30 日	"刑事调查程序"的诉讼代理权	
7 月 1 日	签订劳动合同,入职	
7 月中旬	处罚决定(法律效力)	

---

[2] *Brox/Rüthers/Henssler* ArbR Rn. 368; *Dütz/Thüsing* ArbR Rn. 222b; HWK/*Schliemann* EFZG § 3 Rn. 5; MüKoBGB/*Müller-Glöge* EFZG § 3 Rn. 3.

10月14日	B获悉刑事调查程序
自11月1日起	K受伤无法工作
11月30日	B发出的撤销声明送达

6 进一步思考可以发现**案例任务的核心问题**(Kernproblem der Aufgabe):B于11月30日发出的撤销劳动合同的通知是否有效?撤销——如同解除(例如,《民法典》第314条、第626条)、撤回(《民法典》第346条)或者抵销(《民法典》第387条)一样——是一种**形成权**(Gestaltungsrecht),是雇主通过作出意思表示来行使的。[3] 形成权的权利人能够单独——无须他人参与(例如,合同相对人)——影响已经存在的法律状况。权利人需要有形成权事由并且作出权利形成的意思表示(形成权意思表示),此外——每一个形成权都——必须在法定期间内行使并且不能存在阻却事由。

7 因此,意思表示的撤销需要有**四层审查结构**(vierstufiges Prüfungsschema),撤销的前提条件是:存在撤销事由(《民法典》第119条之后、第123条)、撤销权利人在撤销期间内(《民法典》第121条、第124条)作出撤销意思表示(《民法典》第143条第1款)并且没有阻却事由介入——例如,《民法典》第144条第1款规定的对可撤销法律行为的认可。[4]

8 在撤销案件中,问题的重点通常是**撤销事由**(Anfechtungsgrund)。在处理具体法律案件的时候,应当在查明《民法典》第119条规定的**因错误而可撤销**(Irrtumsanfechtung)的事由之前查明《民法典》第123条第1款第1种情况规定的**因欺诈而可撤销**(Täuschungsanfechtung)的事由,这是因为,因欺诈而可撤销具有

---

[3] Jauernig/*Mansel* BGB § 143 Rn. 2; Palandt/*Ellenberger* BGB § 143 Rn. 1.
[4] *Junker* ArbR Rn. 190-192.

较长的撤销期间——比较《民法典》第124条第1款(1年)与《民法典》第121条第1款第1句(毫不迟延地),并且撤销人没有损害赔偿义务。《民法典》第123条第1款第1种情况规定的因欺诈而可撤销,在劳动关系中通常取决于雇主是否能够要求求职者在被录用之前释明特定的事实——在本案中指的是启动刑事调查程序一事。司法判例区分了三种雇主的释明要求[5]:

梗概4:雇主的询问权

总体来说,雇主正当的、公平的且值得保护的利益比劳动者的利益更重要。具体而言:

1. 一般性允许的问题(尤其是与资质和工作能力相关的问题)

例如,培训、工作经历、最后从事的工作

2. 有限制允许的问题

例如,前科、未决的刑事诉讼程序或刑事调查程序

3. 一般不允许的问题

例如,怀孕[6]、对于当前工作没有任何影响的严重残疾(没有"不受工作影响的询问权")[7]

解答

K有可能依据7月1日签订的**劳动合同**(Arbeitsvertrag)(《民法典》第611a条第2款)结合《工资继续支付法》第3条第1款第1句的规定,享有要求B向其支付11月工资的请求权。虽然在这

---

[5] Junker ArbR Rn. 151-153.

[6] EuGH 3.2.2000-C-207/98, Slg. 2000, I-569-Mahlburg; EuGH 4.10.2001-C-109/00, Slg. 2001, I-6993-Tele Danmark; BAG 6.2.2003-2 AZR 621/01, AP Nr. 21 zu § 611a BGB a. F. m. Anm. *Kamanabrou* (Bl. 2 R)=NZA 2003, 848.

[7] ErfK/*Preis* BGB § 611a Rn. 274a; *Hromadka/Maschmann* ArbR I § 5 Rn. 47; offengelassen in BAG 7.7.2011-2 AZR 396/10, AP Nr. 70 zu § 123 BGB=NZA 2012, 34 (Rn. 17).

段时间内 K 没有工作("无劳动的报酬"),但是《工资继续支付法》第 3 条第 1 条第 1 句规定在其列举的前提下,维持了《民法典》第 611a 条第 2 款中的工资请求权。享有权利的是"劳动者"(《工作继续支付法》第 3 条第 1 款第 1 句)。在此,适用上述**维持工资请求权**(Aufrechterhaltung des Vergütungsanspruchs)的前提条件是,K 和 B 在 11 月期间依然存在劳动关系。如果 B 以自己的名义于 11 月 30 日向 K 作出的撤销劳动合同的意思表示已经生效(→边码 11 之后),并且根据《民法典》第 142 条第 1 款的规定,该撤销溯及 11 月 1 日就已经发生效力(→边码 31 之后),那么就无法满足上述维持工资请求权的条件。

(一)撤销的条件

11　撤销生效的前提是存在撤销事由,B 在撤销期间内作出撤销的意思表示,并且没有撤销的阻却事由。

1. 撤销事由(《民法典》第 123 条第 1 款第 1 种情况)

12　由于 K 在 7 月 1 日入职之前没有将针对其启动刑事调查程序的情况告知 B,对于 B 来说,他可能创设了恶意欺诈的撤销事由(《民法典》第 123 条第 1 款第 1 种情况)。因此,K 必须已经实施了致使 B 作出旨在签订合同的意思表示(→边码 23)的欺诈行为(→边码 13 之后),并且从 K 的角度而言,他是故意的(→边码 24)。

(1)非法欺诈

13　K 是否已经实施了欺诈行为,取决于《民法典》第 123 条第 1 款意义上的欺诈条件是否满足。虽然在《民法典》第 123 条第 1 款第 1 种情况(欺诈)中没有出现"违法"一词,但是欺诈的非法性(违法性)是《民法典》第 123 条第 1 款不言自明的构成要件:根据《民法典》的立法理由,立法者的出发点是,恶意欺诈总归是违法的。[8] 当求职者掩盖、歪曲或者隐瞒事实,致使雇主产生、加重

---

[8] Nachw. bei MüKoBGB/*Armbrüster* § 123 Rn. 18.

或者维持不正确的想法(错误)时,就构成**欺诈**(Täuschung)。[9]当求职者对于该事实具有报告义务(明示义务)时,如果求职者隐瞒事实(不作为的欺诈),就应当确认欺诈的**违法性**(Rechtswidrigkeit)。[10]

事实(Tatsache)是,已经针对 K 启动了基于其损害财物和违反《机动车持有人强制保险法》的刑事调查程序;刑事调查程序最晚于 6 月 12 日通过传唤开启(《刑事诉讼法》第 163a 条第 1 款)。如果 K 对于该事实负有报告义务,那么他在 7 月 1 日签订劳动合同时隐瞒该事实的行为就构成**违法欺诈**(rechtswidrige Täuschung)。K 从 5 月 10 日开始到入职前——本案中,入职的日期与签订劳动合同的日期正好是同一天——有义务向 B 报告刑事调查程序的事实。问题在于,是否据此产生了 K 有效且具有法律约束力的释明义务。

①对于正在进行中的刑事调查程序的询问

K 承担报告义务的前提条件是,B 从 5 月 10 日开始有权利询问 K 关于正在进行中的刑事调查程序:如果 B 对于正在进行中的刑事调查程序没有询问权,那么 K 就没有义务在从 5 月 10 日至入职这段时间内公开将要进行的刑事调查程序。[11] 换句话说,如果询问**刑事调查程序**(Ermittlungsverfahren)在任何情况下都是合法的(→边码 16 之后),那么雇主就应当有权对相应的**前科**(Vorstrafe)进行询问(→边码 19 之后)。[12]

14

15

---

[9] BAG 5.10.1995-2 AZR 923/94, BAGE 81, 120 (123) = AP Nr. 40 zu § 123 BGB = NZA 1996, 371; BAG 7.7.2011-2 AZR 396/10, AP Nr. 70 zu § 123 BGB = NZA 2012, 34 (Rn. 16); BAG 6.9.2012-2 AZR 270/11, AP Nr. 72 zu § 123 BGB = NZA 2013, 1087 (Rn. 24).

[10] Palandt/*Ellenberger* BGB § 123 Rn. 5; MüKoBGB/*Armbrüster* § 123 Rn. 13.

[11] 以下判决的思路与本案的思路是相同的:BAG 20.5.1999-2 AZR 320/98, NZA 1999, 975 (976 sub dd)。

[12] ErfK/*Preis* BGB § 611a Rn. 281; HWK/*Thüsing* BGB § 123 Rn. 13.

16   A. 一般情况下,在求职者信息自主权、一般人格权和职业自由的利益范畴内,针对求职者的**雇主问题**(Arbeitgeberfragen),仅在雇主享有正当的、公平的且值得保护的利益时,才是合法的。[13] 比较特殊的是**询问前科**(Frage nach Vorstrafen),这些问题已经明显入侵了求职者的个人领域。只有当求职者工作岗位的类型确实需要他有无前科的信息时,雇主才能够在录用前询问求职者关于前科的问题。在此,是否能询问前科,不取决于雇主主观上认为哪些前科和工作岗位看上去是相关的,而是取决于客观的标准。[14]

17   a. **工作岗位的类型**(Art des Arbeitsplatzes)要求必须询问求职者是否有前科。在公共道路上驾驶没有缴纳强制保险的汽车(《机动车持有人强制保险法》第 6 条第 1 款)属于狭义上的交通犯罪行为;驾驶该汽车造成财物损害的(《刑法典》第 303 条第 1 款)构成广义上的交通犯罪行为。**机动车驾驶员**(Kraftfahrer)应当被询问交通法上的前科。[15] 对于一个(被雇用的)**警察**(Polizisten)来说,与普通机动车驾驶员相比并无不同,他在执行公务时必须驾驶汽车;作为一个巡警,通常他的大部分工作时间都是坐在转向盘后面操纵汽车,这一情况足以证成 B 对报告交通法上的前科,享有正当的、公平的且值得保护的利益。

18   b. **《联邦中央登记法》**(Bundeszentralregistergesetz)规定,如果某人所受的刑事处罚不应记录在品行证书中或者应当从品行证书中涂销(《联邦中央登记法》第 51 条、第 53 条),那么他就应当

---

[13] BAG 11.11.1993-2 AZR 467/93, BAGE 75, 77 (81) = AP Nr. 38 zu § 123 BGB = NZA 1994, 407 = EzA § 123 BGB Nr. 40 m. Anm. *Rieble*; BAG 15.11.2012-6 AZR 339/11, BAGE 143, 343 = AP Nr. 69 zu § 138 BGB = NZA 2013, 429 (Rn. 23).

[14] BAG 5.12.1957-1 AZR 594/56, BAGE 5, 159 (163) = AP Nr. 2 zu § 123 BGB = NJW 1958, 516; BAG 20.5.1999-2 AZR 320/98, NZA 1999, 975 (976 sub bb).

[15] *Hromadka/Maschmann* ArbR I § 5 Rn. 52; *Milthaler*, Das Fragerecht des Arbeitgebers nach den Vorstrafen des Bewerbers, 2005, S. 192.

被视为没有前科。该规定传递出的价值判断,可以限制雇主的询问权。[16] 被处以不超过 90 天份额的罚金不会被记录在品行证书中(《联邦中央登记法》第 32 条第 2 款)。本案中,K 因为自己的行为涉及刑事调查程序,被处以总计 120 天份额罚金的刑事处罚(《刑事诉讼法》第 407 条)。因此,《联邦中央登记法》并没有排除雇主询问前科的权利。

B. 报告正在进行的**刑事调查程序**(Ermittlungsverfahren)的义务可能会依据《欧洲人权公约》第 6 条第 2 款规定的基本原则予以免除,根据该公约,每个人在法律认定其有罪之前都应当被视为无罪。但是,**无罪推定**(Unschuldsvermutung)只直接约束对(刑事)追诉能否成立作出裁决的法官。由此并不能得出这样的结论:正在遭受刑事调查程序的事实对当事人不可以产生任何不利影响。[17] 只要刑事调查程序足以使得雇主怀疑求职者对于即将从事的工作无法胜任,那么雇主就有权询问正在进行中的刑事调查程序。[18] 本案中,对于 K 能否胜任警察执法工作的怀疑可能来自两方面的考量:

a. 在**公共部门**(öffentlichen Dienst)招聘中,《基本法》第 12 条第 1 款中关于自由选择工作岗位的基本权利被《基本法》第 33 条第 2 款予以补充。根据该条的规定,担任公职时起决定性作用的是能力、资格以及是否具备专业水平。公职的概念不仅包括公务员,还包括公务人员中的劳工(Arbeiter)和职员(Angestellte)。[19]

---

[16] BAG 15.1.1970-2 AZR 64/69, AP Nr. 7 zu § 1 KSchG Verhaltensbedingte Kündigung; HWK/*Thüsing* BGB § 123 Rn. 12.

[17] BAG 20.5.1999-2 AZR 320/98, NZA 1999, 975 (976 sub cc); BAG 6.9. 2012-2 AZR 270/11, AP Nr. 72 zu § 123 BGB=NZA 2013, 1087 (Rn. 24).

[18] BAG 20.5.1999-2 AZR 320/98, NZA 1999, 975 (976 sub cc); BAG 27.7. 2005-7 AZR 508/04, BAGE 115, 296 (303)= AP Nr. 63 zu Art. 33 II GG = NZA 2005, 1243.

[19] BVerwG 11.2.1981-BVerwG 6 P 44.79, BVerwGE 61, 325 (330).

《基本法》第 33 条第 2 款意义上的胜任仅仅指的是对于所申请的职位在身体、心理和品行方面满足要求即可。不仅是对公务员的招聘,而且对于从事警察执法工作的职员招聘,B 也有权对求职者的个人能力和品行提出很高的要求。在公共道路上驾驶没有保险的汽车并且故意损毁农田足以使得雇主 B 怀疑 K 从事警察执法工作的能力。

21　　b. 另外一个支持询问 K 正在进行的刑事调查程序具有合法性的论点是,K 有在前一年酒后驾驶的**相关前科**(einschlägige Vorstrafe)。如果 B 在 K 有前科的情况下原则上已经同意录用其从事警察执法工作,那么必须允许 B 询问以下问题:K 是否至少在从求职到签订劳动合同这段时间内是遵纪守法的,或者 K 是否因类似的犯罪行为正再次接受刑事调查。[20] 因此,自 5 月 10 日起,K 负有必须报告正在进行中的刑事调查程序的类型的义务。

　　②对于未来刑事调查程序的询问

22　　想要判定 K 构成违法欺诈,仅要求 K 从 5 月 10 日开始承担对正在进行的刑事调查程序的报告义务还不够。除此之外,K 还必须就未来可能进行的刑事调查程序承担明示义务。只要雇主有权就正在进行的刑事调查程序询问求职者,那么在一段比较长的求职过程中,雇主要求求职者承担披露其未来可能接受刑事调查的义务也是合法的。[21] 这种披露义务,对求职者的利益而言,不如雇主在比较长的求职过程中再次询问正在进行中的刑事调查程序的利益重要。所以对于劳动者来说,公开之后启动的刑事调查程序是可以合理期待的。因此,本案中 K 的行为构成对 B 的违法欺诈,因为他在入职前并没有说明自己正在接受刑事调查的

---

[20] 本案按照以下判决编写,该判决中与本案一致:BAG 20. 5. 1999-2 AZR 320/98, NZA 1999, 975 (976 sub ee);ebenso *Reichold*, EWiR 1999, 1039 (1040)。

[21] BAG 20. 5. 1999-2 AZR 320/98, NZA 1999, 975 (976 sub dd)。

事实。

(2)欺诈的因果关系

B 招聘部门的公务人员必须由于受到违法欺诈才向 K 作出了与其签订劳动合同的意思表示(《民法典》第 123 条第 1 款)。当欺诈是导致行为人作出意思表示的共同原因(mitursächlich)时,因果关系也已经存在了。[22] 符合生活经验的是,如果 B 知道 K 因为新的严重违法行为而进入刑事调查程序,就不会录用其从事警察执法工作。因此,B 的公务人员签订合同的意思表示与 K 的欺诈之间存在因果关系。

(3)求职者的故意(恶意)

根据《民法典》第 123 条第 1 款第 1 种情况的措辞,欺诈必须是"恶意"的。当 K 有意识地或者至少默认地隐瞒了对雇主决定录用重要的事实时,就出现了恶意。构成"恶意"需要存在(有条件的)故意;不要求具有特殊的"算计"。[23] 只需要考虑的是,K 在 7 月 1 日入职之前是否知道他自己正在接受刑事调查。因为在签订劳动合同之前,K 已经就"刑事调查程序"委托了一名律师,所以可以推定 K 对此事知情。[24]

2. 撤销的意思表示(《民法典》第 143 条第 1 款、第 2 款)

作为形成权的行使,撤销需要意思表示(《民法典》第 143 条第 1 款),在撤销旨在缔结合同的意思表示的情况下,该意思表示须向合同相对人作出(《民法典》第 143 条第 2 款)。B 于 11 月 30 日向 K 作出了撤销的表示;因此可以推断,B 在作出意思表示之

---

[22] BAG 11.11.1993-2 AZR 467/93, BAGE 75, 77 (84) = AP Nr. 38 zu § 123 BGB = NZA 1994, 407; BAG 20.5.1999-2 AZR 320/98, NZA 1999, 975 (976f.); BAG 7.7.2011-2 AZR 396/10, AP Nr. 70 zu § 123 BGB = NZA 2012, 34 (Rn. 16f.).

[23] HWK/*Thüsing* BGB § 123 Rn. 2; MüKoBGB/*Armbrüster* § 123 Rn. 17; Palandt/*Ellenberger* BGB § 123 Rn. 11.

[24] 本案按照以下判决编写,该判决中与本案一致:BAG 20.5.1999-2 AZR 320/98, NZA 1999, 975 (977)。

时是被合法代理的。

3. 撤销期间(《民法典》第124条第1款)

26　　根据《民法典》第123条的规定,撤销必须在1年之内完成(《民法典》第124条第1款);上述1年的撤销期间从撤销权人发现欺诈时起算(《民法典》第124条第2款第1句)。B在10月14日知道了K的欺诈行为,所以于11月30日送达K的意思表示遵守了《民法典》第124条第1款、第2款第1句规定的撤销期间。

4. 没有撤销的阻却事由

27　　最后,不应存在阻却撤销成立的事由。不仅当撤销权人对撤销的合同予以确认时,撤销可以被排除(《民法典》第144条第1款),而且如果撤销权的行使违反诚实信用原则,撤销也可以被排除(《民法典》第242条)。[25]

(1) 利益衡量

28　　假如在撤销劳动关系时——像《民法典》第626条第1款规定的非正常解雇那样——需要进行广泛的、基于诚实信用(《民法典》第242条)的利益衡量,并且K对劳动关系存续的利益比B的利益更重要,那么撤销权可能就会被排除。**撤销**(Anfechtung)的作用,是改正意思表示的瑕疵并且排除瑕疵意思表示的约束,在有瑕疵意思表示的情况下,意思表示人所承载的不再是自由的自我决定。相反,**解除**(Kündigung)的作用是合同一方当事人在不想再继续维持合同关系时,能够从持续性债权债务关系中解脱出来。从两者不同的功能可以看出,利益衡量的要求不能应用于撤销。[26]

---

[25] Palandt/*Ellenberger* BGB § 143 Rn. 1.
[26] BAG 28.5.1998-2 AZR 549/97, AP Nr. 46 zu § 123 BGB=NZA 1998, 1052; BAG 20.5.1999-2 AZR 320/98, NZA 1999, 975 (977 sub II 2).

(2) 丧失意义

普遍认为,如果对于撤销权人来说,随着时间的流逝,因为其法律状况不再受到恶意欺诈影响,撤销事由已丧失了意义,那么持续性债权债务关系的撤销基于诚实信用原则(《民法典》第242条)是可以被排除的。[27] 这种观点考虑的情况是,对于持续性债权债务关系,撤销事由可能由于后续的发展在一定程度上丧失了意义,劳动关系的终结已不再具有正当性。

然而,判定是否丧失意义也需要有严格的标准:恶意欺诈的本质在于,真相通常在很久之后才大白于天下。如果要宽泛地适用《民法典》第242条,则必须以存在特别"狡猾的"——能长期守口如瓶的——欺诈者为前提。在本案中并没有特殊的状况表明,在K完成4个月的工作之后,B的利益将不会再遭到损害。撤销不因《民法典》第242条被排除。因此,《民法典》第123条第1款第1种情况下的撤销条件成立。

(二)撤销的法律后果

只有在11月30日发出的撤销通知能够自11月1日起消除劳动关系的情况下,K对11月工资的支付请求权才会消灭。因而需要解决的问题就是,B发出的撤销通知是否能够产生上述法律后果。

1. 基本原则:溯及力(《民法典》第142条第1款)

根据《民法典》第142条第1款的规定,撤销的法律后果是劳动合同**自始无效**(von Anfang an nichtig)。被有效撤销的劳动合同,根据《民法典》第142条第1款的规定,原则上是具有溯及既往效力地(自始"ex tunc")被消灭掉。[28] 如果本案坚守这一基本

---

[27] BAG 12.2.1970-2 AZR 184/69, BAGE 22, 278(281f.)= AP Nr. 17 zu § 123 BGB=NJW 1970, 1565; BAG 20.5.1999-2 AZR 320/98, NZA 1999, 975(977 sub II 1).

[28] BAG 3.12.1998-2 AZR 754/97, BAGE 90, 251(254f.)= AP Nr. 49 zu § 123 BGB=NZA 1999, 584.

原则,那么作为工资支付请求权法律基础的劳动合同从7月1日起就已经被消灭了。

2. 例外:有瑕疵的劳动关系

33 　　与《民法典》第142条第1款的规定相反,司法判例认为,对**已经履行的**(in Vollzug gesetzt)劳动关系的撤销只能面向未来产生效力(即时"ex nunc")。该瑕疵(不是"事实"[29])劳动关系说通过不当得利返还与劳动者保护之间的紧张关系得以确立;作为**一种持续性债权债务关系**(Dauerschuldverhältnis),劳动合同会带来大量义务、给付和法律地位,这是不可逆转的。[30] 虽然劳动者有可能依据《民法典》第812条之后的条款对过往的给付享有请求权,但是,雇主也可能主张劳动给付对其没有任何经济价值——例如,在劳动者刚刚入职阶段所给付的劳动——且雇主并未因此获益(《民法典》第818条第3款)。此外,劳动者的利益返还请求权——不像劳动报酬的情况——不享有扣押保护(《民事诉讼法》第850c条)。在此,入职已经实际履行的劳动合同**对于过往**(für die Vergangenheit)来说就应当被视为没有瑕疵;撤销**对于未来**(für die Zukunft)——从12月1日起——生效,因此,根据瑕疵劳动关系说,K对11月的工资仍然享有请求权。

3. 瑕疵劳动关系说的例外

34 　　然而,瑕疵劳动关系说也有可能存在例外,即K自11月1日起由于受伤无法继续工作。联邦劳动法院早些时候曾经判定,只

---

[29] "事实劳动关系"的概念是容易被误解的,因为这一概念造成了一种假象,即劳动关系只有通过实际的("事实的")劳动给付才能够实现。此处的共识是,总是需要签订劳动合同的,即使是被妨碍("有瑕疵")的合同缔结。参见:Hanau/Adomeit ArbR Rn. 639; Zöllner/Loritz/Hergenröder ArbR § 5 Rn. 3。

[30] BAG 5.12.1957-1 AZR 594/56, BAGE 5, 159 (161) = AP Nr. 2 zu § 123 BGB = NJW 1958, 516; BAG 20.2.1986-2 AZR 244/85, BAGE 51, 167 = AP Nr. 31 zu § 123 BGB m. Anm. Coester = NZA 1986, 739; Kamanabrou ArbR Rn. 795; Zöllner/Loritz/Hergenröder ArbR § 14 Rn. 40.

有当劳动关系**不再发挥作用时**(außer Funktion gesetz)才满足例外的构成要件。这种情况下,撤销应当自劳动关系不再发挥作用时起生效。而"不再发挥作用"的条件仅在以下情况中才能够得到满足,即意志介入劳动关系中的情况,例如,通过解除,而不是——与合同当事人意志无关的——给付交换因为劳动者受伤而中断的情况。[31] 早期司法判例中的观点来自劳动者保护的思想。

但是,"不再发挥作用"的标志并不是很清楚且没有法律依据。更好的是,最新的司法判例着眼于瑕疵劳动关系说的意义和目的:**溯及力的问题**(Probleme der Rückabwicklung)在劳动者受伤无法工作期间是不会产生的,因为此时并没有劳动给付使得雇主的财产增加,从而使雇主承担溯及既往的补偿义务。如果劳动者以恶意欺诈的手段骗取劳动合同的签订,那么在任何情况下都无须再考虑以下**劳动者保护**(Arbeitnehmerschutz)的观点:如果合同相对人的撤销仅对未来产生效力,那么即使劳动者在雇主作出撤销的意思表示之前就已经不再工作了,恶意欺诈人也可能会获得不合理的利益。[32] 因此,11 月 30 日作出的撤销意思表示应当自 K 由于受伤无法工作时生效,即**自 11 月 1 日起**生效。

4. 结论:无请求权

11 月 30 日作出的撤销劳动合同的意思表示自 11 月 1 日起生效。K 因而对 11 月的工资不享有支付请求权。

---

[31] BAG 16. 9. 1982-2 AZR 228/80, BAGE 41, 54 (66) = AP Nr. 24 zu § 123 BGB = NJW 1984, 446; zustimmend und diese Ansicht nach wie vor für richtig haltend HWK/*Thüsing* BGB § 119 Rn. 17; *Zöllner/Loritz/Hergenröder* ArbR § 14 Rn. 30.

[32] BAG 3. 12. 1998-2 AZR 754/97, BAGE 90, 251 (257f.) = AP Nr. 49 zu § 123 BGB = NZA 1999, 584; zustimmend AR/*Löwisch* BGB § 142 Rn. 2; ErfK/*Preis* BGB § 611a Rn. 369; Erman/*Edenfeld* BGB § 611 Rn. 267; *Waltermann* ArbR Rn. 173.

案例3 雇主的指示权

Nach BAG 7. 12. 2000-6 AZR 444/99，AP Nr. 61 zu § 611 BGB Direktionsrecht=NZA 2001，780

相关主题：劳动合同的解释；企业惯例的条件；作为指示权界限的团体协议标准；企业职工委员会的共同决策

深入学习参见：*Junker ArbR* § 4 I（Rn. 200-220）

案件事实

Andreas Kupferberg（K）是波鸿市公共服务有限责任公司（B）的检票员。根据劳动合同第2条，劳动关系适用联邦公共服务基本团体协议（以下简称"团体协议"）。根据该团体协议第15条的约定，K的工作的起止时间以"到达或离开约定的工作地点时为准，对于流动的工作地点则以合同约定的各个工作地点或者集合地点时为准"。该团体协议第2条约定参照"短途运输企业中从事运营和交通工作的职员"的团体协议特殊约定。据此，工作地点指的是交通工具或者指定的停车点。

和其他检票员一样，K每天的工作都是从到达距离他住所最近的公交车站或火车站开始的，他在那里上车并且同时作为个人检票员开始*进行检票工作。K在合同约定的集合地点和同事们

---

* 也就是说，K此时并不是以普通乘客的身份使用交通工具到达工作地点，而是从他一上车就已经开始工作了。——译者注

碰面，之后他会和同事们一起检查乘客的车票。反过来，工作结束前也有相应的流程：检票员在一个居中点解散，然后各自回家，并在距离自己住所最近的公交车站或火车站下车，结束每天的检票工作。这种工作习惯并不是书面确定的，而是由上级主管或者其他同事在录用时或者录用后口头告诉每个检票员的。

10月27日，B的经理经企业职工委员会同意后向检票员发出指令，自下一年度的1月1日起，每天工作的起止时间均从到达或离开B的企业场所开始计算，并且从工作开始到工作结束只能以小组为单位进行检票。原因是共同检票不仅可以保障检票员的安全，还可以提升检票的力度，从而通过这种方式获得更高的收益。通过同时在企业场所开始工作的方式，还可以进一步缩短现在小组成员通常不能同时到达约定集合地点的等待时间。

K认为10月27日的通知是无效的：如果工作开始的时间不再是从距离其住所最近的公交车站或火车站开始计算，而是要从到达企业场所才开始计算，那么他每天离开家的时间就延长了大约1小时。这意味着，在团体协议约定的每周40个工作小时和每周5个工作日之外，他每周离开家的时间就被延长了5/40，即12.5%。K认为，根据企业经营的惯常做法，B在雇用他的时候已经以合同方式向他允诺，每天的工作起止时间可以从到达或离开距离其住所最近的车站时开始计算。即使不从其合同中的允诺出发，通过这一实践的常年操作，也可以认为他的工作内容已经被具体化为这一惯例了。

B的法务部门主管问：

1. K在下一年度开始时，是否必须遵守10月27日发出的指令？

2. 如果按照规定被通知的企业职工委员会此前曾明确反对过B发出的指令，那么——假设从其他所有角度来看该指令均有效——10月27日的指令是否还可能有效？

初步思考

1 和**案例 2**(警察执法工作)一样,本案的类型也属于**请求权案例考试**(Anspruchsklausur)(→导论,边码 9、边码 11 之后)。**案例 2 的问题是劳动者**对工资**的请求权**(Anspruch des Arbeitnehmers),而本案涉及的是**雇主对劳动者给付的请求权**(Anspruch des Arbeitgebers)。但是,**问题 1** 涉及的不是劳动者"是否"有给付义务,而是"如何"履行给付义务,即劳动给付的方式。[1]

2 如果劳动给付方式没有在**劳动合同**(Arbeitsvertrag)中确定下来,那么就应当通过雇主**指示权**(Weisungsrechts)(指令权)的行使予以确定。本案的问题在于,劳动者是否必须遵守雇主的"指令"。这取决于是否涉及法律意义上的指示。如果答案是肯定的,那么就应当建立雇主指示有效性的审查结构,这种审查结构大概如下梗概所示:

梗概 5:雇主的指示权

3 1. 权利基础:劳动合同结合《经营条例》第 106 条
2. 由指示权利人行使
3. 指示的效力(指示权的界限)
(1)违反上位法律渊源(尤其是法律、团体协议或企业协议)
(2)违反企业职工委员会的参与权(尤其是《企业组织法》第 87 条第 1 款第 1 项至第 3 项和《企业组织法》第 99 条第 2 款、第 3 款)
(3)违反劳动合同的规定,例如,关于工作的类型
(4)公平裁量的行使限制(《经营条例》第 106 条结合《民法典》第 315 条)

---

[1] Einführend: *Junker* ArbR Rn. 204ff.; *Kamanabrou* ArbR Rn. 463ff.; *Krause* ArbR § 9 Rn. 5ff.; *Löwisch/Caspers/Klumpp* ArbR Rn. 212f.; *Reichold* ArbR § 9 Rn. 2f.; *Waltermann* ArbR Rn. 55, 101, 176.

在解答**问题1**("原始案例")时应当注意,争议的指令是"经企业职工委员会同意后"发出的。**问题2**("变形")偏离了上述预先设定,即按照规定被通知的**企业职工委员会**(Betriebsrat)明确否决了该指令。因为所有案件事实中只有这一个条件发生了变化,所以在撰写解题草稿时就可以充分预见,解答问题2时无须像解答问题1一样花费那么多时间和精力。在解答问题2时,企业职工委员会的参与权会起到非常重要的作用。

梗概6:企业职工委员会的参与(重要规则)

1. 社会事务(《企业组织法》第87条至第89条)

(1)《企业组织法》第87条第1款第1项至第3项规定的"真正的"共同决定权

(2)《企业组织法》第88条规定的自愿参与

2. 人事事务(《企业组织法》第92条至第105条)

(1)招聘、分组、调组或调岗的拒绝同意权(《企业组织法》第99条第2款、第3款)

(2)解雇时企业职工委员会的听证权与异议权(《企业组织法》第102条)

3. 经济事务(《企业组织法》第106条至第113条)

(1)企业重大变动的知情权和咨询权(《企业组织法》第111条)

(2)社会计划"真正的"共同决定权(《企业组织法》第112条、第112a条)

解答

问题1

如果10月27日的指令具有权利基础并且是有效的,那么K就必须遵守指令的要求并且从下一年度开始以到达或离开企业场所的时间为标准计算工作的起止时间。

（一）指令的权利基础

7 指令可能涉及的是指示,其权利基础是雇主的指示权(指令权)。指示权是**形成权**(Gestaltungsrecht),也是无须明确约定即属于劳动合同的实质性内容(《经营条例》第 106 条第 1 句、第 2 句)。它是劳动关系的重要组成部分,因为劳动者依据劳动合同有义务从事受指示约束的工作。[2] 基于劳动关系的性质,雇主的权利、给付义务和行为义务在劳动合同中仅仅是框架性的规定,具体内容应当依据时间、类型和地点进行规定。[3] 指示权的**权利基础**(Rechtsgrundlage)是劳动合同结合《经营条例》第 106 条第 1 句、第 2 句:该条款并没有创设"法定的指示权"[4],而是以合同性指示权为先决条件。[5]

8 本案中,因为 B 作为法人并不能自己行使指示权(《有限责任公司法》第 13 条第 1 款),所以 B 只能通过**有代理权的机关**(vertretungsberechtigten Organe)(或者其他具有代理权限的自然人)来行使。有代理权的——也就是有指示权的——是总经理(《有限责任公司法》第 35 条第 1 款)。10 月 27 日发出的指令,进一步来看,还必须表现为一种**概念性的指示**(begrifflich eine Weisung)。B

---

[2] BAG 23.1.1992-6 AZR 87/90, AP Nr. 39 zu § 611 BGB Direktionsrecht = NZA 1992, 795 (796f.); BAG 2.11.2016-10 AZR 596/15, BAGE 157, 153 = AP Nr. 31 zu § 106 GewO m. Anm. *Kolbe* = NZA 2017, 183 (Rn. 23); AR/*Kolbe* GewO § 106 Rn. 3; Staudinger/*Rieble* (2015) BGB § 315 Rn. 186.

[3] BAG 27.3.1980-2 AZR 506/78, BAGE 33, 71 (75) = AP Nr. 26 zu § 611 BGB Direktionsrecht = AuR 1980, 311; BAG 23.6.1993-5 AZR 337/92, AP Nr. 42 zu § 611 BGB Direktionsrecht = NZA 1993, 1127 (1128).

[4] So noch BAG 16.3.2010-3 AZR 31/09, AP Nr. 8 zu § 106 GewO = NZA 2010, 1028 (Rn. 26).

[5] AR/*Kolbe* GewO § 106 Rn. 3; MHdB ArbR/*Reichold* § 36 Rn. 20; Staudinger/*Rieble* (2015) BGB § 315 Rn. 186; *Hanau/Adomeit* ArbR Rn. 68; *Kamanabrou* ArbR Rn. 464; wohl auch BAG 18.10.2017-10 AZR 330/16, NZA 2017, 1452 (Rn. 60ff.).

的总经理在这一天通过单方意思表示确定了K(和其他检票员)在接下来的一年中应当计算工作起止时间的地点。因为该指令很明显是以B的形成权为出发点的,所以该指令从接收者的角度(《民法典》第133条、第157条)来说仅能够作如下解释,即总经理意图行使B的指示权。

(二)指令的法律效力

10月27日的指示只有在合法有效的前提下,才能够对K产生约束力。只有当总经理遵守**指示权的界限**(Grenzen des Weisungsrechts)时,该指示才合法有效。指示权的界限源于上位法律渊源、企业职工委员会的参与权、作为劳动关系权利基础的劳动合同,以及依据公平裁量原则行使指示权的规定(**《经营条例》**第106条第1句)。

1. 违反团体协议

对于劳动合同——以及指示权——来说,上位法律渊源包括法律规定、团体协议和企业协议。[6] 雇主的指示可能会违反"可适用的团体协议的规定"(《经营条例》第106条第1句)。当B和K均受到团体协议约束时(《团体协议法》第3条第1款),根据《团体协议法》第4条第1款第1句的规定,团体协议和补充的特殊协议在B和K的劳动关系中具有**规范效力**(normative Geltung)。此外,团体协议的效力还源于劳动合同的**参引条款**(Bezugnahmeklausel)。[7] 因此,指示不得违反团体协议的规定。

车票检验员(检票员)要一直在不同车辆中进行工作,因而根据团体协议第15条结合特殊协议,属于在不固定工作场所完成工作。所以,团体协议第15条结合特殊协议的约定,使得雇主有权规定计算工作起止时间为到达或离开交通工具或集合地点时。

---

[6] 概要参见:Junker ArbR Rn. 62ff.;Hromadka/Maschmann ArbR I § 2 Rn. 67。
[7] 参引条款的作用,参见:Junker ArbR Rn. 538;Waltermann ArbR Rn. 621。

因此，B 有权将其企业场所确定为检票员开始和结束工作的"集合地点"。该指示没有违反团体协议的规定。

2. 企业职工委员会的参与权

12　　企业组织（法）的任务是，通过企业职工委员会的参与来限制雇主的单方形成权。在此，企业职工委员会的参与权构成对雇主单方指示权的限制。本案中，企业职工委员会对 10 月 27 日指令中的措施明确表示了同意。企业职工委员会的**同意**（Einwilligung）（事前同意，《民法典》第 183 条第 1 句）在企业职工委员会享有狭义参与决定权（如《企业组织法》第 87 条）或者享有拒绝同意权（如《企业组织法》第 99 条第 2 款至第 4 款）的情况下，都是足够的。[8] 企业职工委员会是否享有**参与作用权**（Mitwirkungsrechte），在此不需要再进行论证；假如存在上述权利，企业职工委员会也已经按照规定共同参与了。

3. 劳动合同的约定

13　　劳动合同不仅构成指示权的权利基础，也构成指示权的重要界限：劳动合同中的约定，不得通过单方指令被变更（《经营条例》第 106 条第 1 句）；劳动合同的变更只能通过变更协议或者变更解除才能实现。[9] 所以问题是，直至 12 月 31 日仍然存在的检票员每天开始和结束工作的惯例，是否构成 K 和 B 劳动合同的内容。这可以通过双方当事人在签订劳动合同时的口头约定（→边码 14 之后），通过在多年实践中 K 的劳动合同义务具体化的情况（→边码 17 之后）或者通过 B 在经营过程中存在的企业惯例（→边码 20 之后）来判定。

（1）当事人的口头协议

14　　即使 K 和 B 之间签订的**劳动合同**（Arbeitsvertrag）关于工作开

---

[8] GK-BetrVG/*Raab* § 99 Rn. 212; Richardi/*Thüsing* BetrVG § 99 Rn. 181.
[9] ErfK/*Preis* GewO § 106 Rn. 5; *Hromadka*, NZA 2012, 233（234）; *Kamanabrou* ArbR Rn. 469; *Krause* ArbR § 9 Rn. 3.

始和结束的内容没有包含通过团体协议第 15 条结合特殊协议所得出的规则,K 和 B 也可以通过**口头协议**(mündliche Vereinbarung)的方式约定该规则。只有当劳动合同包含所谓的双重书面形式条款时,书面签订的劳动合同效力才会排除后续口头协议的效力。[10] 案件事实中并没有相关的线索。

在此有疑问的是,作为"理性的意思表示接收人"(《民法典》第 133 条、第 157 条),K 在被录用时是否应将对企业惯例的提示理解为,当时对检票员来说有效的规则已经成为合同的组成部分。如果当时有效规则的提示是由 K 的**同事**(Arbeitskollegen)作出的,K 从一开始就不能推断出雇主 B 具有相应的受到法律约束的意愿。但是,即使提示是由**上司**(Vorgesetzten)作出的,K 也不能据此认为,在录用时有效的惯例独立于其劳动关系中的各个经营规则,未来将毫不改变且一直发生效力。具有如此效果的意思表示是不能由上司就这样随便作出的。需要有更加明确和充分的证据来证明雇主具有相应的受法律约束的意愿。[11]

因此,在录用 K 时对有效经营规则的口头提示,并不能被解释为 B 和 K 之间缔结相应单个合同条款的要约。

(2)在时间推移中被具体化

只有框架性的——通过参引团体协议的规定——关于工作开始和工作结束的劳动合同约定可以**基于时间的推移**(durch Zeitablauf)被具体化为实际应用的经营规则,该经营规则就成了检票员劳动合同的内容。如果除时间推移之外还有其他**特殊情形**(besondere Umstände)能够表明,劳动者未来不会通过其他方式

---

[10] BAG 24.6.2003-9 AZR 302/02, BAGE 106, 345 (350f.) = AP Nr. 63 zu § 242 BGB Betriebliche Übung = NZA 2003, 1145; BAG 20.5.2008-9 AZR 382/07, AP Nr. 35 zu § 307 BGB = NZA 2008, 1233 (Rn. 27).

[11] 本案按照以下判决编写,该判决中与本案一致:BAG 7.12.2000-6 AZR 444/99, NZA 2001, 780 (781).

再被任用,那么对工作条件规定得比较宽泛的劳动合同会随着时间的推移被具体化。[12]

18 尽管一些**文献**(Literatur)主张,在上述情况下应当通过保持迄今为止的实践做法来保护劳动者的信赖利益[13],而**司法判例**(Rechtsprechung)却认为这种情况构成默示的合同变更(《民法典》第311条第1款)。[14] 但从结果上看,这种差异并没有产生什么影响,因为无论是学者还是法院,对于基于时间推移和特殊情形而对劳动合同的具体化都持谨慎态度。

19 本案中,有争议的规则虽然实际上已经被适用了很多年。但是除时间的推移之外,**没有其他特殊情形**(keine besonderen Umstände)表明,存在默示的合同变更。因此,没有出现通过多年应用的规则对 K 的劳动合同义务的具体化。

(3)企业惯例的形成

20 多年实际应用的规则也有可能被确定为企业惯例。企业惯例指的是雇主**定期重复**(regelmäßige Wiederholung)的特定行为,劳动者可以从该行为中推断自己能够长期地获得某种给付或者加利。[15] 与劳动合同义务具体化的情况类似(→边码 17 之后),一些**文献**认为企业惯例的教义学起点是信赖利益构成要件[16],而**司法判例**(Rechtsprechung)则拟制了一个被劳动者默示接受的

---

[12] BAG 7.12.2000-6 AZR 444/99, NZA 2001, 780 (781); BAG 17.8.2011-10 AZR 202/10, AP Nr. 14 zu § 106 GewO=NZA 2012, 265 (Rn. 19).

[13] *Birk*, Die arbeitsrechtliche Leitungsmacht, 1973, S. 248; *Söllner*, Einseitige Leistungsbestimmung im Arbeitsrecht, 1966, S. 36.

[14] BAG 12.8.1959-2 AZR 75/59, BAGE 8, 91 (98)=AP Nr. 1 zu § 305 BGB= AuR 1960, 155; BAG 13.6.2012-10 AZR 296/11, AP Nr. 15 zu § 106 GewO = NZA 2012, 1154 (Rn. 24).

[15] BAG 7.12.2000-6 AZR 444/99, NZA 2001, 780 (781); BAG 21.1.2009-10 AZR 219/08, BAGE 129, 167=AP Nr. 42 zu § 307 BGB=NZA 2009, 310 (Rn. 13); *Hromadka/Maschmann* I § 5 Rn. 180; HWK/*Thüsing* BGB § 611 Rn. 228.

[16] "信赖责任理论"参见:*Hromadka*, NZA 1984, 241 (244); *Joost*, RdA 1989, 7 (11f.)。

雇主意思表示(《民法典》第151条)。[17]

企业惯例与基于时间推移和特殊情形的劳动合同义务具体化的区别在于,企业惯例并不针对所有可能的劳动合同规则,而仅针对**给付或者加利**(Leistungen oder Vergünstigungen)。[18] 主流观点认为两者的另外一个区别是,形成企业惯例的雇主行为,必须涉及**大多数劳动者**(Mehrzahl von Arbeitnehmern)[19],而合同性的给付义务具体化仅针对具体合同来审查。第二个区别对本案没有什么影响,因为K与其他检票员没有什么不同。

①给付或加利

根据对企业惯例的传统理解,直至12月31日有效的规则必须涉及的是雇主一方的给付提供或加利。[20] 根据B经营中迄今为止的实践,检票员可以从距离自己住所最近的公交车站或火车站开始以及结束他们的工作,那么——如果劳动者不在企业场所附近居住——相较于从企业场所开始计算工作开始和结束时间,前者的在途时间明显减少,而这部分在途时间不属于被支付报酬的工作时间。就这一点而言,迄今为止的实践做法是一种加利。[21]

②对雇主的约束力

企业惯例的形成还需要满足如下条件,即劳动者能够根据当前的实践推知,自己将会长期被提供该利益。对此具有决定性的

---

[17] "合同理论"参见:BAG 1.3.1972-4 AZR 200/71, AP Nr. 11 zu § 242 BGB Betriebliche Übung = NJW 1972, 1248 (1248f.); BAG 16.4.1997-10 AZR 705/96, AP Nr. 53 zu § 242 BGB Betriebliche Übung = NZA 1998, 823 (824)。

[18] 关于 BAG 18.3.2009-10 AZR 281/08, BAGE 130, 21 = AP Nr. 83 zu § 242 BGB Betriebliche Übung m. Anm. *Maties* = NZA 2009, 601 (Rn. 16ff.)。

[19] AR/*Kamanabrou* BGB § 611 Rn. 45; *Picker*, Die betriebliche Übung, 2011, S. 21.

[20] BAG 7.12.2000-6 AZR 444/99, NZA 2001, 780 (781)。

[21] 在以下判决中该问题并未解决:BAG 7.12.2000-6 AZR 444/99, NZA 2001, 780 (781)。

是,劳动者在考虑诚实信用原则(《民法典》第 242 条)及相关情况的前提下,是否能够从雇主的表示行为中推知受法律约束的意愿。[22] 仅仅因为 B 没有改变直至 12 月 31 日适用了多年的规则,检票员并不能推断出,B 想要承担长期维持该规则的义务并且放弃在未来行使指示权。要得出这一点还需要其他在本案中并未出现的情况来佐证。[23]

(4)小结

24　　因为企业惯例的前提条件也没有被满足,所以目前的实践做法并不能构成劳动合同的规则。10 月 27 日的指令并不违背 B 和 K 之间的劳动合同。

4. 公平裁量原则(《经营条例》第 106 条第 1 句、第 3 句)

25　　作为通过形成权对企业管理权的行使——在《经营条例》第 106 条第 1 句规定的界限内(→边码 9),指示不是随意行使的,而是处于雇主的公平裁量之下(《经营条例》第 106 条第 1 句、第 3 句);指示只有在合乎公平性的前提下,才能对劳动者产生约束力(《民法典》第 315 条第 3 款第 1 句)。如果雇主的指示超出公平裁量的界限,那么劳动者——不是暂时——完全不受该指示的约束。[24] 在权衡个案的实际情况并且充分考虑双方利益的情况下,给付确定才符合公平裁量原则。[25]

────────

[22]　本案按照以下判决编写,该判决中与本案一致:BAG 7.12.2000-6 AZR 444/99, NZA 2001, 780 (781)。

[23]　本案按照以下判决编写,该判决中与本案一致:BAG 7.12.2000-6 AZR 444/99, NZA 2001, 780 (781)。

[24]　BAG 18.10.2017-10 AZR 330/16, NZA 2017, 1452 (Rn. 58, 70f.); zustimmend AR/*Kolbe* § 106 GewO Rn. 63; MüKoBGB/*Würdinger* § 315 Rn. 67; Staudinger/*Rieble* (2015) BGB § 315 Rn. 418; *Preis/Rupprecht*, NZA 2017, 1353 (1357); a. A. noch BAG 22.2.2012-5 AZR 249/11, BAGE 141, 34 = AP Nr. 127 zu § 315 BGB = NZA 2012, 858 (Rn. 24); aufgegeben durch BAG 14.9.2017-5 AS 7/17, NZA 2017, 1452 (Rn. 2)。

[25]　BAG 25.10.1989-2 AZR 633/88, AP Nr. 36 zu § 611 BGB Direktionsrecht = NZA 1990, 561; BAG 23.9.2004-6 AZR 567/03, BAGE 112, 80 = AP Nr. 64 zu § 611 BGB Direktionsrecht = NZA 2004, 359 (361)。

(1) 共同利益

B 和 K 的共同利益在于,新规定更加能够保障**检票员的安全** (Sicherheit der Kontrollschaffner)。考虑到交通运输中数量不断增加的暴力事件,保障检票员们的安全是非常重要的事情;危险距离他们并不远,比如一些被抓住的"逃票人"出于面子会对检票员动粗,或者通过暴力方式逃离。实践中旁观者(路人、乘客)对于公共交通工具上的暴力事件通常都漠不关心,因此由多个检票员组成的检票小组就能够进一步确保每个检票员的安全。在其他检票员——与乘客不同——通常具有处理顽抗"逃票人"的经验时,尤其如此。提升安全保障并不仅仅是 K 的利益,也是 B 的利益。根据《民法典》第 618 条第 1 款的规定,雇主负有在最大限度内保障劳动者安全的义务[26],如果出现工伤事故,雇主必须根据《工资继续支付法》第 3 条第 1 款的规定继续支付工资。

(2) 雇主的利益

雇主 B 的利益在于提升**检票的力度**(Intensität der Kontrollen),以提升检票工作的效率——通过提升"查明率"以威慑潜在的逃票人——从而实现整体**运费提升**(höhere Beförderungsentgelte)的目标。由多个检票员同时检票的力度肯定要大于个人检票:尽管每个检票员在共同检票时所检查的乘客没有个人检票时多,但是,如果一辆车上有多个检票员共同检票,那么就会减少乘客逃票的概率。[27] 未来在集合点等待每个检票员到达的时间缩短也**能够改善收益状况**(Verbesserung der Erlössituation),因为检票员的工作时间会被更有效率地利用。总的来说,对于 B,该指令实现的是其经济利益。这种经济利益也会间接地作用于检票员:改善公司的收益情况,从而进一步保障工作岗位的稳定。

26

27

---

[26] 基于雇主照顾义务的追偿权根据《民法典》第 618 条第 1 款的明文规定是没有必要的:*Junker* ArbR Rn. 264;*Erman/Belling/Riesenhuber* BGB § 618 Rn. 1。

[27] 论证参见:BAG 7.12.2000-6 AZR 444/99, NZA 2001, 780 (782)。

(3) 劳动者的利益

28　　K 与其他检票员一样具有尽可能缩短**去往工作地点**（每天工作开始和结束的地点）**的在途时间**（Wegezeiten zum Arbeitsplatz）的利益。一方面，每周增加 5 小时的通勤时间相对于现在的情况而言明显不利，因此 K 对于该新规定的批评是可以理解的。但另一方面，在一个像波鸿这样的大城市中，每天 1 小时的通勤时间是很正常的。[28] 在雇主将原来距离他们住所比较近的工作场所（例如，一间办公室）搬到一个不方便的地方时（例如，由于租赁合同到期），劳动者也通常不得不接受。

29　　在此背景下，迄今为止的经营规则给 K 带来的方便不能排除 B 更经济地安排检票员工作的利益，此外，共同安全利益也支持新规则。鉴于合同当事人的共同利益和 B 的经济利益，取消现在对于 K 来说有利的工作起止时间规定，以及检票员必须花费劳动者通常的通勤时间，对于 K 来说都是可以预期的。[29] 因此，10 月 27 日的指令符合公平裁量原则。

（三）结论

30　　10 月 27 日的指令是具有法律效力的指示。K 必须遵守该指令的规定并从 1 月 1 日起在企业场所的所在地开始和结束工作。

问题 2

31　　如果企业职工委员会没有相关的"否决权"（→边码 32 之后），或者——即使企业职工委员会有否决权——否决对于 B 发出指令的效力没有任何影响，那么 B 在 10 月 27 日发出的指示在

---

[28] 以下判决认为这个数量对劳动者来说"通常可以预期"：BAG 7. 12. 2000-6 AZR 444/99，NZA 2001，780（782）。

[29] 详细内容参见以下判决编写，本案按照该判决编写：BAG 7. 12. 2000-6 AZR 444/99，NZA 2001，780（782）。

企业职工委员会明确否决的情况下可能依然有效(→边码42)。

(一)企业职工委员会的同意权

当且仅当企业职工委员会享有否决权时,其对B针对所有检票员发出指示的否决才将导致该指示失效。该权利源于《企业组织法》,企业职工委员会在社会事务、人事事务和经济事务中的参与程度是不同的。

32

1. 经济事务(《企业组织法》第111条)

根据《企业组织法》第111条第1句结合第3句第4项、第5项的规定,在通常具有20名以上具有选举权的劳动者的公司,企业职工委员会对企业组织结构的根本变更和全新工作方式的推行享有参与权。这些措施的上位概念是**企业变更**(Betriebsänderung)。可以假设B有20名以上具有选举权的劳动者。如果雇主采取的措施符合企业变更的构成要件,那么雇主就必须尝试与企业职工委员会就"是否""何时"以及"如何"采取措施进行利益平衡,并且为此在不得已的情况下主动向调解机构求助(《企业组织法》第112条第1款至第3款)。

33

虽然人们对雇主没有履行《企业组织法》第111条、第112条第1款至第3款的义务时,企业职工委员会对《企业组织法》第111条意义上企业变更的执行是否享有不作为请求权存在争议[30],但没有争议的是,不通知、不咨询以及不向调解机构申诉并不影响雇主为执行企业变更所采取措施的**效力**(Wirksamkeit)。[31] 因此就无须探究10月27日指令的内容是否符合《企业组织法》第111条第1句结合第3句第4项、第5项的构成要件了;即使满足前述构成要件的其中一项,企业职工委员会的

34

---

[30] 支持观点参见:*Kohte*, FS Richardi, 2007, S. 601ff.; *Zabel*, AuR 2008, 173; 反对观点参见:GK-BetrVG/*Oetker* § 111 Rn. 277, 279; *Walker*, ZfA 2004, 501 (527); *Junker*, NZA Beilage 1/2012, S. 8 (10)。

[31] GK-BetrVG/*Oetker* § 111 Rn. 185; Richardi/*Annuß* BetrVG § 111 Rn. 164。

否决也不会影响针对检票员的指示的效力。

2. 人事个别措施(《企业组织法》第 99 条)

35 根据《企业组织法》第 99 条第 1 款第 1 句的规定,在通常具有 20 名以上享有选举权的劳动者的公司,每次调整**劳动者岗位**(Versetzung eines Arbeitnehmers)时都应当报告企业职工委员会;企业职工委员会有权根据特定事由拒绝同意调岗(《企业组织法》第 99 条第 2 款)。否决 10 月 27 日的措施可以被解释为**拒绝同意**(Verweigerung der Zustimmung)。如果没有满足《企业组织法》第 99 条第 1 款第 1 句的条件,那么企业职工委员会是否具有决定性的否决事由也就无关紧要了。所以问题在于,10 月 27 日的指令是否意味着《企业组织法》第 99 条第 1 款第 1 句意义上的调岗。根据《企业组织法》第 95 条第 3 款第 1 句的定义,调岗指的是分配到另外一个工作领域;该工作领域无论是空间上还是功能上都是可以被区分开来的。[32]

36 在本案中,改变的不是**工作的内容**(Inhalt der Aufgabe)——功能意义上的"工作领域",而是检票员的**工作地点**(Ort der Arbeit),工作起止时间不再从到达或离开某一个车站开始计算,而是从到达或离开 B 的企业场所开始计算。检票员根据其工作的特点,通常不是一直在一个固定的工作场所(空间意义上),而是在不固定的**车辆**(Fahrzeugen)上工作。在这种情况下,确定每个工作场所(车辆),根据《**企业组织法**》**第 95 条第 3 款第 2 句**的规定,不得视为调岗。这样一来,重新确定开始和结束工作的地点(工作场所)也不符合调岗的构成要件。企业职工委员会不享有《企业组织法》第 99 条第 1 款第 1 句和第 2 款规定的拒绝同意权。

---

[32] BAG 2. 4. 1996-1 AZR 743/95, AP Nr. 34 zu § 95 BetrVG 1972=NZA 1997, 112(Autoverkäufer); BAG 26. 10. 2004-1 ABR 45/03, NZA 2005, 535(536)(Staplerfahrer); Richardi/*Thüsing* BetrVG § 99 Rn. 100.

3. 社会事务(《企业组织法》第 87 条)

在符合《企业组织法》第 87 条第 1 款的构成要件时,企业职工委员会享有共同决定权。企业职工委员会可以通过否决雇主满足上述构成要件之一的措施来行使共同决定权。[33] 这样一来,雇主就不可以采取相应的措施,而是——当雇主并不愿放弃该措施时——需要由调解机构来裁定(《企业组织法》第 87 条第 2 款)。因此需要探究,是否符合《企业组织法》第 87 条第 1 款规定的构成要件之一。

(1)企业秩序(《企业组织法》第 87 条第 1 款第 1 项)

根据《企业组织法》第 87 条第 1 款第 1 项的规定,企业职工委员会对涉及企业秩序和劳动者在企业中的行为问题具有共同决定权。"企业秩序"与"劳动者行为"这两个构成要件之间并没有严格的区分,因为企业秩序本身针对的就是劳动者的特定行为。[34] 司法裁判进一步区分了必须共同决定的秩序行为与无须共同决定的给付行为,也被称为"劳动行为":必须共同决定的**秩序行为**(Ordnungsverhalten)指的是,超出劳动义务的具体化并且建构劳动者在企业中共同生活与合作氛围的所有措施。无须同决定的**给付行为**(Leistungsverhalten)[**劳动行为**(Arbeitsverhalten)]指的是,根据其客观规制目的,对劳动者的劳动给付进行具体化和控制的措施。[35] 本案中指令的具体内容是,未来在 B 的企业场所开始和结束工作,这涉及的是劳动者主给付义务的履

---

[33] ErfK/*Kania* BetrVG § 87 Rn. 3; Richardi/*Richardi* BetrVG § 87 Rn. 53, 54.

[34] ErfK/*Kania* BetrVG § 87 Rn. 18; Richardi/*Richardi* BetrVG § 87 Rn. 175, 177.

[35] BAG 28. 5. 2002-1 ABR 32/01, BAGE 101, 216 (223) = AP Nr. 39 zu § 87 BetrVG 1972 Ordnung des Betriebes = NZA 2003, 166-Ethikregeln (als Schwerpunktbereichsklausur behandelt von *Franzen*, Jura 2005, 715); BAG 7. 2. 2012-1 ABR 63/10, BAGE 140, 343 = AP Nr. 42 zu § 87 BetrVG 1972 Ordnung des Betriebes = NZA 2012, 685 (Rn. 17)-Parkplatznutzung.

行,因此属于无须共同决策的给付行为(工作行为)。不存在《企业组织法》第 87 条第 1 款第 1 项规定的参与决定权。

(2)小组工作(《企业组织法》第 87 条第 1 款第 13 项)

39　　企业职工委员会还有可能依据《企业组织法》第 87 条第 1 款第 13 项享有共同决定权。在此,雇主的指令必须涉及关于执行小组工作的基本原则。根据《企业组织法》第 87 条第 1 款第 13 项的定义,**小组工作的构成要件**(Tatbestand der Gruppenarbeit)是,一组劳动者在企业的工作流程框架下实质上自我负责完成交付给他们总体任务。当小组自行组织每一个工作步骤,即计划、操作和分配时,小组就属于自我负责。[36] 检票员们承担的是一项雇主交付给他们的总体任务,他们可以自主选择具体的公交车或火车进行检票,也可以自行决定相互之间如何分配检票任务。因此,前述行为属于《企业组织法》第 87 条第 1 款第 13 项意义上的小组工作。

40　　雇主的指令必须以**执行小组工作的基本原则**(Grundsätze über die Durchführung)为对象。根据《企业组织法》第 87 条第 1 款第 13 项的规定,并不是小组工作的所有细节都必须共同决定,而仅仅是**原则方面**(Grundsätzlich)需要共同决定,否则小组的自我负责就会被排除,同时也就无法符合共同决定构成要件的实质前提。[37] 从法律文本看,只有小组工作的**执行**(Durchführung)才有共同决定的义务("如何"),并不是小组工作的引入、取消或者扩充("是否")。[38] 上述案件并不关乎小组工作的方式,而是涉及小组工作时间的延长,这部分时间原本属于个体控制。因

---

[36] DKKW/*Klebe* BetrVG § 87 Rn. 304; Richardi/*Richardi* BetrVG § 87 Rn. 953.

[37] GK-BetrVG/*Wiese/Gutzeit* § 87 Rn. 1085; *Kamanabrou* ArbR Rn. 2723.

[38] HWK/*Clemenz* BetrVG § 87 Rn. 216; Richardi/*Richardi* BetrVG § 87 Rn. 954.

此,该指令并不符合《企业组织法》第 87 条第 1 款第 13 项的构成要件。

(3)工作开始与工作结束(《企业组织法》第 87 条第 1 款第 2 项)

根据《企业组织法》第 87 条第 1 款第 2 项的规定,企业职工委员会对每日工作时间的开始和结束享有共同决定权。《企业组织法》第 87 条第 1 款第 2 项意义上的每日工作时间指的是,劳动者必须履行合同中约定的劳动义务的时间;它开始和相应地结束于工作岗位。[39] 因此必须共同决定的问题是,如何确定工作开始和结束的时间点,如何确定到达或离开它作为每日工作时间开始和结束的地点。[40] 在此,根据《企业组织法》第 87 条第 1 款第 2 项的规定,企业职工委员会对 10 月 27 日指令的内容享有共同决定权。

(二)缺少同意的法律后果

因为满足《企业组织法》第 87 条第 1 款第 2 项中共同决定权的构成要件,所以接下来的问题是,企业职工委员会的否决是否会导致 B 于 10 月 27 日发出的指示无效。《企业组织法》第 87 条第 1 款的构成要件赋予了雇主和企业职工委员会**平等的决定权**(gleichberechtigten Entscheidung):根据法律的思路,仅在雇主事先与企业职工委员会达成一致或者通过调解机构的裁决达成合意的情况下,才可以执行《企业组织法》第 87 条第 1 款中的措施(《企业组织法》第 87 条第 2 款)。由此可知,由雇主单方采取的

---

[39] BAG 14.11.2006-1 ABR 5/06, BAGE 120, 162 = AP Nr. 121 zu § 87 BetrVG 1972 Arbeitszeit = NZA 2007, 458(Rn. 27)-Bankfiliale; BAG 12.11.2013-1 ABR 59/12, AP Nr. 131 zu § 87 BetrVG 1972 Arbeitszeit = NZA 2014, 557(Rn. 20)-S-Bahn Hannover; HWK/*Clemenz* BetrVG § 87 Rn. 69; GK-BetrVG/*Wiese/Gutzeit* § 87 Rn. 311.

[40] LAG Nürnberg 21.5.1990-7 TaBV 59/89, LAGE § 87 BetrVG Arbeitszeit Nr. 20.

给劳动者带来负担的措施是无效的[**有效要件理论**(Theorie der Wirksamkeitsvoraussetzung)]。[41]

(三)结论

43　　10月27日的指令符合《企业组织法》第87条第1款第2项中共同决定的构成要件。如果企业职工委员会否决了该指令,那么该指令无效并且劳动者无须遵守。

---

[41] BAG 26.4.1988-3 AZR 168/86, BAGE 58, 156 (165) = AP Nr. 16 zu § 87 BetrVG 1972 Altersversorgung = NZA 1989, 216 - Ruhegeldanspruch; BAG 11.6.2002 - 1 AZR 390/01, BAGE 101, 288 (295f.) = AP Nr. 113 zu BetrVG § 871972 Lohngestaltung = NZA 2003, 75 - Vergütungssystem; BAG 22.6.2010 - 1 AZR 853/08, BAGE 135, 13 = AP Nr. 136 zu § 87 BetrVG 1972 Lohngestaltung = NZA 2010, 1243 (Rn. 42) - Monatszuwendung; GK-BetrVG/*Wiese* § 87 Rn. 98; *Reichold*, FS Konzen, 2006, S. 763 (766).

案例 4　培训费用的返还

Nach BAG 6.5.1998-5 AZR 535/97, BAGE 88, 340=AP Nr. 28 zu § 611 BGB Ausbildungsbeihilfe=NZA 1999, 77

相关主题:劳动合同的一般交易条款审查,《民法典》第 305 条至第 310 条;与运营状况相关的解雇,《解雇保护法》第 1 条第 1 款、第 2 款;意思表示的解释,《民法典》第 133 条、第 157 条

深入学习参见:Junker ArbR § 4 III (Rn. 227-256)

案件事实

Kiesewetter 旅游服务有限责任公司(K)经营着一家公共汽车公司并且定期雇用着十余名劳动者。这家公司承接了不伦瑞克市的校车运输业务。去年 1 月 1 日,该企业招录了失业的售货员 Benno Bunse(B)作为校车司机并与其签订了劳动合同。合同约定 B 应当从去年的 4 月 1 日开始工作。在从合同订立到工作开始前的 3 个月内,B 要考取 2 类驾照和客运执照。K 支付 6300 欧元的培训费用。这段时间内 B 没有津贴。劳动合同由 K 预先拟定并在 K 的公司范围内广泛使用,劳动合同第 9 条约定,如果终止劳动关系,那么劳动者应当返还由 K 支付的培训费用,第一年返还三分之二,第二年返还三分之一。

今年 5 月 23 日,K 书面解除了劳动关系。解雇通知这样写道:"很遗憾地通知您,由于工作量不足,我们将于 7 月 13 日与您解除劳动关系。自 7 月 13 日起,双方当事人基于本劳动关系的

权利和义务全部消除。"7月14日至8月24日是下萨克森州的暑假。K以往都会在假期开始时解雇所有校车的工作人员,然后在假期结束时重新雇用他们。B没有接受K在7月初就已经发出的于8月25日重新录用的要约,因为在这期间他已经找到了一份从9月1日开始上班的售货员工作。K援引劳动合同第9条,辅以不当得利的规定,要求B返还三分之一的培训费用(2100欧元)。

变形:如果B为了去做售货员于7月1日自行提出解除劳动关系,那么K对于上述培训费用的返还是否还具有请求权?

初步思考

1 　　本案的类型属于**请求权案例考试**(Anspruchsklausur)(→导论,边码9、11之后),与前面两个案例相同:在**案例2**中应当判决的是**劳动者**要求雇主履行主给付义务的**请求权**(Anspruch des Arbeitnehmers)——工资支付义务,**案例3**处理的是以要求劳动者履行**主给付义务**(Hauptleistungspflicht)为内容的**雇主请求权**(Anspruch des Arbeitgebers)(给付劳动的方式)。现在的**案例4**是关于雇主要求劳动者履行**从给付义务**(Nebenleistungspflicht)的请求权。

2 　　虽然**案件事实**(Sachverhalt)以非常简单的方式构成并且背景信息也不是很丰富,但**时间表**(Zeittabelle)(→导论,边码44)还是很有帮助的,如下图所示:

时间表:

3 　　去年:

1月1日	劳动合同K-B(第9条:费用返还)
之后	B的培训(花费6300欧元)
4月1日	B作为校车司机开始工作

今年：

5月23日	K通知将于7月13日单方解除劳动合同
7月初	K发出自8月25日起重新雇用的要约
7月14日	假期开始
8月24日	假期结束
9月1日	B担任售货员

案件问题(Fallfrage)表述得很准确，所以初步思考后可以马上着手分析**请求权基础**(Anspruchsgrundlage)，这首先可以在劳动合同第9条中找到。基于(劳动)合同条款的请求权，只有在该条款有效且其前提条件被满足的情况下才能够成立。这两个要求之间并没有什么逻辑上的先后顺序[1]：联邦劳动法院在作为本案原型的判决中首先审查的是**前提条件**(Voraussetzungen)，然后是返还费用保留的**有效性**(Wirksamkeit)。[2] 该审查结构的合理性在于，虽然返还请求权效力是案件的核心问题，但是条款的前提条件能够相对容易地确定。

4

案件事实为论证**返还条款的效力**(Wirksamkeit der Rück-zahlungsklausel)提供了一个不容忽视的线索：该合同文本的特点是，"由K预先拟定并且在K的公司范围内广泛使用的"劳动合同。[3] 这一表述说明，可以适用《民法典》第305条至第

5

---

[1] 如果对于请求权只有一个条件能够被确定，并且假设只有此前另外一个条件也被确定了，第二个请求权条件的逻辑优先顺位才有可能存在，那么另外一个条件就具有逻辑上的优先性。

[2] BAG 6.5.1998-5 AZR 535/97, BAGE 88, 340 (341, 342).

[3] 在原始案例中(BAG 6.5.1998-5 AZR 535/97, BAGE 88, 340)没有这样精确的表述，虽然也有可能是原告预先起草并在原告的公司范围内广泛使用的劳动合同，但是当时这样的表述并没有必要，因为直到2001年12月31日，还在适用《一般交易条款法》第23条第1款，而当时的《一般交易条款法》——《民法典》第305条至第310条的前身——还没有适用于劳动法领域的合同。

310条,并且条款内容审查的重点应当依据**一般交易条款**(AGB)的规定。对一般交易条款审查的结构模式可以简化如下：

梗概7：一般交易条款审查(基本结构)

1. 存在一般交易条款(《民法典》第305条第1款)

(1)预先拟定的合同条件

(2)由使用人提供(例外：《民法典》第310条第3款第1项)

(3)适用于大量合同(例外：《民法典》第310条第3款第2项)

2. 引入合同之中

(1)《民法典》第305条第2款、第3款不适用于劳动法(《民法典》第310条第4款第2句)

(2)个别约定优先(《民法典》第305b条)

(3)没有意外条款(《民法典》第305c条第1款)

3. 内容审查前的解释

(1)一般解释规则

(2)不清晰(解释)规则(《民法典》第305c条第2款)

4. 一般交易条款的内容审查

(1)《民法典》第307条第3款、第310条第4款第3项的可适用性

(2)无评价可能性的条款禁止(《民法典》第309条)

(3)有评价可能性的条款禁止(《民法典》第308条)

(4)《民法典》第307条第1款、第2款的一般条款(《民法典》第310条第3款第3项)

5. 透明性审查(《民法典》第307条第1款第2句)

此外,还必须注意《民法典》第310条第4款第2句的内容：对《民法典》第305条至第310条的适用应适当考虑**劳动法的特殊**

性（Besonderheiten des Arbeitsrechts）。[4] 因此，在案例分析的框架下需要解决的问题是：A. 是否存在与民事法律评价叠加或排除民事法律评价的劳动法特殊性？如果存在，那么——B. 这种劳动法的特殊性在具体案件中是否被适当考虑？[5] 另外，劳动者是否能够被视为《民法典》第13条意义上的消费者，对《民法典》第310条第3款——在审查结构中被提及三次——的可适用性也有很重要的作用。被联邦劳动法院承认的**劳动者的消费者身份**（Verbrauchereigenschaft des Arbeitnehmers）[6]在案例解析中，只有在适用《民法典》第310条第3款时才会涉及。

解答

第一部分：基础案例

一、劳动合同第9条的请求权

K 可能根据劳动合同第9条的返还条款享有要求 B 支付 2100 欧元的请求权。为此，必须存在返还条款的前提（→边码9之后），该债权不得因合同约定的撤销而消失（→边码16之后），并且返还条款必须经得起效力审查（→边码18之后）。

8

---

[4] Siehe dazu BAG 4. 3. 2004-8 AZR 196/03, BAGE 110, 8 (19) = AP Nr. 3 zu § 309 BGB = NZA 2004, 727 (Vertragsstrafenabrede); BAG 12. 1. 2005-5 AZR 364/04, BAGE 113, 140 (144) = AP Nr. 1 zu § 308 BGB = NZA 2005, 465 (Änderungsvorbehalt); BAG 20. 5. 2008-9 AZR 382/07, AP Nr. 35 zu § 307 BGB = NZA 2008, 1233 (Schriftformklausel).

[5] AR/*Löwisch* BGB § 310 Rn. 10, 11; ErfK/*Preis* BGB §§ 305-310 Rn. 51-102.

[6] BAG 25. 5. 2005-5 AZR 572/04, BAGE 115, 19 (29) = AP Nr. 1 zu § 310 BGB = NZA 2005, 1112; BAG 19. 5. 2010-5 AZR 253/09, AP Nr. 13 zu § 310 BGB = NZA 2010, 939(Rn. 23).

(一) 返还条款的前提

9 　　劳动合同第 9 条中返还三分之一培训费用请求权成立的条件是，**劳动关系在成立后——当年的 1 月 1 日至 12 月 31 日——的第二年终止了**(Beendigung des Arbeitsverhältnisses im zweiten Jahr)。那么问题就在于，5 月 23 日发出的于 7 月 13 日生效的解雇通知是否满足这一条件。

1. 终止的有效性

10 　　如果合同条款以终止有效为前提，而 K 和 B 之间的劳动关系并没有被有效终止，那么就不符合"劳动关系终止"这一构成要件。虽然劳动合同第 9 条没有对劳动关系的**终止**(Beendigung)作进一步补充，但是合同条款的解释(《民法典》第 133 条、第 157 条)说明，双方当事人将终止**有效**(Wirksamkeit)设置为了显而易见的前提，因此无须再作特别的说明：返还条款设置的目的是，将受到资助接受培训的劳动者在一定的时间段内留在企业，同时避免竞争者窃取雇主资助培训的成果。[7] 因此，只有当劳动关系的终止有效时，才需要考虑当事人返还请求权的意愿。否则，雇主对接受培训的劳动者享有劳动给付的请求权。

11 　　有疑问的是，**5 月 23 日的解雇**(Kündigung vom 23.5.)是否有效终止了劳动关系。尽管解雇并不因 K 错过了法定的**解雇通知期日**(Kündigungstermin)(每个日历月的第 15 日或月末，《民法典》第 622 条第 1 款)而不发生效力。一个不符合法律规定通知期日(本案中：7 月 13 日)的解雇，如果在《解雇保护法》第 4 条第 1 句规定的 3 周内被主张无效，那么它就转换成下一个法定通知期日的解雇，在本案中就是 7 月 15 日；但如果它没有被主张无效或者没有被及时主张无效，那么根据《解雇保护法》第 7 条的规

---

[7] ErfK/*Preis* BGB §§ 305-310 Rn. 94；HWK/*Gotthardt/Roloff* BGB Anh. §§ 305-310 Rn. 44；*Preis* Arbeitsvertrag/*Stoffels* Ⅱ A 120 Rn. 3.

定,它将根据所表达的期日发生效力(7月13日)。[8]

但是,对解雇有效性的质疑可能是因为B享有解雇保护(《解雇保护法》第1条第1款,第23条第1款第2句、第3句),与经营状况相关的解雇的前提是,不仅是暂时的,而且是**持续的工作岗位的减少**(dauerhaften Wegfall des Arbeitsplatzes)。[9] 上述前提可能不会成立,因为在6周的暑假之后又会重新出现雇用需求。但是,对解雇有效性的质疑也可能源于解雇本身。K在收到书面解雇通知的3周内**没有提起解雇保护之诉**(keine Kündigungsschutzklage),所以解雇自始有效(《解雇保护法》第4条第1句结合第7条)。因此,K和B之间劳动关系的终止是有效的。

12

2. 提出解除的人

如果从劳动合同第9条的条款中能够推断出,只有由劳动者B解除合同才能够引发返还义务,而非雇主K解除,那么"劳动关系终止"的构成要件就不成立。

13

(1)一般解释规则(《民法典》第133条、第157条)

条款的字面含义(Wortlaut der Klausel)很明确,包含了劳动关系终止的各种情形,合同的哪一方当事人进行的或引起的终止在所不问。在本案的案件事实中没有对合意进行如下**限制解释**(einschränkende Auslegung)的线索,即只有劳动者发出的解除通知才能够引发返还义务。[10] 因此,根据一般解释原则,劳动关系

14

---

[8] BAG 1.9.2010-5 AZR 700/09, BAGE 135, 255 = AP Nr. 71 zu § 4 KSchG 1969 = NZA 2010, 1409; BAG 15.5.2013-5 AZR 130/12, AP Nr. 131 zu § 615 BGB = NZA 2013, 1076 (Rn. 15).

[9] BAG 17.6.1999-2 AZR 141/99, BAGE 92, 71 (74) = AP Nr. 101 zu § 1 KSchG 1969 Betriebs-bedingte Kündigung = NZA 1999, 1098; BAG 31.7.2014-2 AZR 422/13, BAGE 149, 18 = AP Nr. 206 zu § 1 KSchG 1969 Betriebsbedingte Kündigung = NZA 2015, 101 (Rn. 231); MüKoBGB/*Hergenröder* KSchG § 1 Rn. 290.

[10] 本案按照以下判决编写,该判决中与本案一致:BAG 6.5.1998-5 AZR 535/97, BAGE 88, 340 (342)。

(有效,→边码 10)终止的每种形式都能够引发返还义务。

(2)不确定性规则的适用(《民法典》第 305c 条第 2 款)

15　　虽然一般解释规则在《民法典》第 305 条至第 310 条这一适用范围内被《民法典》第 305c 条第 2 款的不确定性规则予以补充,但是该条的前提是,在穷尽现有解释方法后,仍然存在**不容忽视的疑义**(ein nicht behebbarer Zweifel)并且**至少有两种解释**(mindestens zwei Auslegungen)在法律上是可以成立的。[11] 由于这种不确定性并不存在,劳动合同第 9 条的解释就不取决于该合同条款是否符合《民法典》第 305 条至第 310 条的规定。本案中,该合同条款从构成要件来看也包含了由 K 通过单方解除终止劳动关系的情况。所以,满足返还条款的前提。

(二)返还请求权的取消

16　　根据劳动合同第 9 条的约定,K 的返还请求权也可能由于 5 月 23 日的书面解雇通知而灭失,因为根据该解雇通知,自 7 月 13 日起"基于本劳动关系的权利和义务全部消灭"。虽然债权人**单方放弃**(einseitiger Verzicht)债权是不可能的[12],但是根据《民法典》第 397 条第 1 款的规定,若债权人与债务人之间订立了**双方免除合同**(zweiseitiger Erlassvertrag),债务关系消灭。从自 7 月 13 日"双方当事人基于本劳动关系的权利和义务全部消灭"这样的表述中,可以看出 K 有签订《民法典》第 397 条第 1 款意义上的免除合同的要约。因为该关于返还义务的要约只会给 B 带来好处,所以根据《民法典》第 151 条第 1 句的规定,可以认为 B 对该要约作出了承诺。

---

[11] BAG 19. 3. 2014-10 AZR 622/13, BAGE 147, 322 = AP Nr. 113 zu § 315 BGB = NZA 2014, 596 (Rn. 29); BAG 21. 1. 2015-10 AZR 84/14, BAGE 150, 286 = AP Nr. 8 zu § 92 HGB = NZA 2015, 871 (Rn. 26).

[12] RG 12. 11. 1909-VII 29/09, RGZ 72, 168 (171); RG 23. 6. 1926-V 478/25, RGZ 114, 155 (158); BGH 4. 12. 1986-III ZR 51/85, NJW 1987, 3203; PWW/*Pfeiffer* BGB § 397 Rn. 10; MüKoBGB/*Schlüter* § 397 Rn. 1; Staudinger/*Rieble* (2017) BGB § 397 Rn. 1.

5月23日发出的书面解雇通知是否应当按照上述意义解释,取决于B作为书面通知的"客观一般接收人",是否能够将该通知理解为签订免除合同的要约[**规范解释**(normative Auslegung),《民法典》第133条、第157条]。免除合同会产生比较广泛的法律后果,因此必须按照严格的标准进行解释,即要约必须被没有异议地解释。[13] K在解雇通知中使用的措辞并不罕见。它的意义在于,强调解除者的终止意愿并且说明解除的法律后果。因此,只有当返还义务明确被提及时,才能够将K选择的措辞理解为免除返还义务的要约。但是本案并不是这种情况。5月23日的通知并没有包含签订免除合同的要约。所以,劳动合同第9条的返还义务并没有消灭。

17

(三)返还条款的效力

因为返还条款的前提被满足了(→边码9之后),并且K没有免除B的返还债务(→边码16之后),所以K的返还请求权就取决于返还条款是否经得起有效性审查。需要考虑的是,特别法上的禁止(→边码19之后),依据《民法典》第138条第1款、第242条(→边码21之后)的内容审查和依据《民法典》第307条第1款的内容审查(→边码23之后)。

18

1. 法定禁止(《职业教育法》第12条第1款第1句、第2款第1项)

根据《职业教育法》第12条第1款第1句的规定,限制学习者在其职业教育关系结束后从事其职业活动的协议无效。本条特别适用于学习者为职业教育支付赔偿金的义务(《职业教育法》第12条第2款第1项)。但是,根据该法定禁止条款的内容及其在法律体系中的位置,本禁止条款仅包含《职业教育法》第1条第

19

---

[13] RG 20.9.1927-VII 155/27, RGZ 118, 63 (66); BGH 15.1.2002-X ZR 91/00, NJW 2002, 1044 (1046); MüKoBGB/*Schlüter* § 397 Rn. 3; Palandt/*Grüneberg* BGB § 397 Rn. 6; Staudinger/*Rieble* (2017) BGB § 397 Rn. 117.

3款意义上的职业教育,即在全日制义务教育结束后的第一次培训或者《职业教育法》第1条第3款第1句意义上有序组织的培训过程中的第二次培训;其前提是,学习者在接受职业教育期间已经入职一家企业并且为该企业工作。[14] 考取驾照和客运执照并不构成这个意义上的职业教育。当事人是否将前述措施解释为"培训",对法定分类来说没有任何意义。[15] 因此,《职业教育法》第12条第1款第1句、第2款第1项在此处不得直接适用。

20　　因此,只能考虑该禁止协议的**类推适用**(analoge Anwendung)了。《职业教育法》第12条考虑的是《职业教育法》第1条第3款意义上学习者的特殊保护需求。相反,未来的雇主没有动机资助一个失业的求职者去考取驾照和客运执照。如果雇主依然承担了这部分费用,那么其实现未来约束的利益原则上是合法的。《职业教育法》第12条第1款第1句、第2款第1项的禁止协议是对职业进修或者专业培训的一种类推适用,但对本案的情况无法适用。[16] 所以,返还条款并不违反特别法上的禁止规则。

2. 根据《民法典》第138条第1款、第242条的无效性

21　　长久以来,司法实践都在《民法典》第138条第1款、第242条的框架下进行被称为"法官的内容控制"的返还条款审查。返还请求必须——联邦劳动法院也这么认为——从一个理性第三人的角度来看,与**雇主**合理和值得支持的利益相当;对**劳动者**来说,与此相应的费用返还义务也是根据诚实信用原则可以被期待的。[17] 根据

---

[14] BAG 21.11.2001-5 AZR 158/00, BAGE 100, 13 (17) = AP Nr. 31 zu § 611 BGB Ausbildungsbeihilfe = NZA 2002, 551.

[15] ErfK/*Schlachter* BBiG § 1 Rn. 4; HWK/*Hergenröder* BBiG § 1 Rn. 3.

[16] BAG 20.2.1975-5 AZR 240/74, AP Nr. 2 zu § 611 BGB Ausbildungsbeihilfe = RdA 1975, 268; BAG 21.8.2012-3 AZR 698/10, AP Nr. 46 zu § 611 BGB Ausbildungsbeihilfe = NZA 2012, 1428 (Rn. 39ff.); Preis Arbeitsvertrag/*Stoffels* II A 120 Rn. 14.

[17] BAG 6.9.1995-5 AZR 241/94, AP Nr. 23 zu § 611 BGB Ausbildungsbeihilfe = NZA 1996, 314 (315); BAG 6.5.1998-5 AZR 535/97, BAGE 88, 340 (342f.).

《民法典》第138条第1款、第242条,对返还条款的控制不是一种单纯的**法律控制**(Rechtskontrolle),而是——如根据《民法典》第315条——一种**合理性控制**(Billigkeitskontrolle):补偿义务的可期待性需要在考虑个案中所有背景信息的情况下予以探究。[18]

当内容控制针对的并不是个别约定的返还条款,而是**预先拟定的返还条款**(vorformulierter Rückzahlungsklauseln)时,该裁判会被《民法典》第305条至第310条的特殊条款(Spezialvorschriften der §§ 305-310 BGB)排除。如同可以从《民法典》第310条第4款第2句中得出的那样,关于一般交易条款的规定(《民法典》第305条至310条)也可以适用于劳动合同中预先拟定的条款。并且如果适用《民法典》第305条之后的控制规定,那么就不必再考虑依据《民法典》第138条第1款、第242条使返还协议无效。[19]

3. 根据《民法典》第307条第1款第1句无效

根据《民法典》第307条第1款的规定,如果一般交易条款(AGB)中的内容违反诚实信用原则,不适当地造成使用者的合同相对人遭受不利益,则一般交易条款无效。劳动合同第9条依据本条无效需要符合下列条件,即返还条款作为《民法典》第305条第1款第1句意义上预先拟定的合同条件被引入劳动合同,并且其通过解释而确定的内容对B造成了不适当的不利益。

(1) 一般交易条款法的可适用性

如果属于《民法典》第310条第3款第1项、第2项规定的例外情形,那么在符合《民法典》第305条第1款的前提条件(Voraussetzungen des § 305 I BGB)时,可以适用《民法典》第305

---

[18] BAG 6.5.1998-5 AZR 535/97, BAGE 88, 340 (343); BAG 21.11.2001-5 AZR 158/00, BAGE 100, 13 (23)= AP Nr. 31 zu § 611 BGB Ausbildungsbeihilfe = NZA 2002, 551.

[19] BAG 19.1.2011-3 AZR 621/08, BAGE 137, 1 = AP Nr. 44 zu § 611 BGB Ausbildungsbeihilfe m. Anm. Hanau=NZA 2012, 85 (Rn. 27 ff.); ErfK/*Preis* BGB §§ 305-310 Rn. 3 ff.; Preis Arbeitsvertrag/*Stoffels* II A 120 Rn. 18.

条至第310条。它必须涉及的是使用者所提出的为了签订大量合同而预先拟定的合同条件(《民法典》第305条第1款第1句)。K和B之间的劳动合同,就是由K已经拟定好并在其公司范围内广泛使用的条款构成的。这些条款作为合同文本的组成部分(《民法典》第305条第1款第2句)被引入K和B之间的合同当中。因此,《民法典》第305条至第310条可以适用。

(2)合同条件的解释

25　　在论证返还条款的效力之前,必须先确定它的内容。对此,优先适用《民法典》第133条、第157条的一般解释规则,补充适用《民法典》第305c条第2款的不确定性规则。[20] 正如已经确定的那样(→边码10之后),劳动合同第9条以**终止的有效**(Wirksamkeit der Beendigung)为前提;它不根据终止的事由来区分,特别是也包含了由雇主作出的解除。约束期限最多2年,返还义务的数额范围会从第一年到第二年递减。

(3)不适当的不利益(《民法典》第307条第1款、第2款)

26　　如果返还条款符合《民法典》第307条第1款第1句的特别适用条件和实质条件,那么该条款无效。根据《民法典》第307条第3款第1句的规定,**《民法典》第307条第1款、第2款**(§307 I, II BGB)仅适用于偏离法律条文或者补充法律条文的合同条款。返还培训费用条款建立了一种法律没有规定的**从给付义务**(Nebenleistungspflicht),并且补充了劳动者根据法律所承担的从义务。[21] 所以,《民法典》第307条第1款第1句的内容审查可以适用。

27　　K和B之间约定的返还条款必须违反诚实信用原则并给B

---

[20] BAG 20.1.2010-10 AZR 914/08, AP Nr. 12 zu § 305c BGB=NZA 2010, 445 (Rn. 17).

[21] BAG 13.12.2011-3 AZR 791/09, AP Nr. 45 zu § 611 BGB Ausbildungsbeihilfe=NZA 2012, 738 (Rn. 14).

造成了不适当的不利益(《民法典》第 307 条第 1 款第 1 句)。不适当是指任何对法律承认的劳动者利益的损害,这种利益既不能通过雇主合理和值得认可的利益正当化,也不能通过相同的利益来补偿。[22] 司法判例区分了协议原则上的允许性("是否")和内容的界限("如何")。[23]

①条款原则上的允许性

返还条款原则上的允许性在《民法典》第 307 条第 1 款第 1 句的框架下——与以前的法律一样——也产生于利益衡量,在利益衡量的过程中,基本权利保护的法律地位必须纳入其中。[24] **雇主**资助自己的劳动者进行继续教育的**利益**(Interesse des Arbeitgebers)在于,将劳动者获得的技能尽可能长久地为企业所用。这一原则上正当的利益使得雇主有权要求与劳动者签订还款协议作为资助劳动者的补偿。[25] 如果劳动者通过培训获得了具有经济价值的职业利益,那么**劳动者**没有成本负担的自由选择和更换岗位的**利益**(Interesse des Arbeitnehmers)必须让位于雇主的这种正当利益。[26]

2 类驾照(Führerschein der Klasse 2)是一种劳动者能够在很多职业中使用的资格证明,并且这种资格证明具有必要性。**客运**

---

[22] BAG 4. 3. 2004-8 AZR 196/03, BAGE 110, 8 = AP Nr. 3 zu § 309 BGB m. Anm. *von Koppenfels*/*Spies* = NZA 2004, 727 (732) unter Hinweis auf BGH 3. 11. 1999-VIII ZR 269/98, BGHZ 143, 104 (113) = NJW 2000, 1110.

[23] BAG 19. 1. 2011-3 AZR 621/08, BAGE 137, 1 = AP Nr. 44 zu § 611 BGB Ausbildungsbeihilfe = NZA 2012, 85; ErfK/*Preis* BGB § § 305-310 Rn. 91.

[24] BAG 21. 8. 2012-3 AZR 698/10, AP Nr. 46 zu § 611 BGB Ausbildungsbeihilfe = NZA 2012, 1428 (Rn. 15 ff.).

[25] BAG 24. 6. 2004-6 AZR 383/03, BAGE 111, 157 = AP Nr. 34 zu § 611 BGB Ausbildungsbeihilfe = NZA 2004, 1035 (1036); BAG 11. 4. 2006-9 AZR 610/05, BAGE 118, 36 = AP Nr. 16 zu § 307 BGB = NZA 2006, 1042 (Rn. 24).

[26] BAG 14. 1. 2009-3 AZR 900/07, BAGE 129, 121 = AP Nr. 41 zu § 611 BGB Ausbildungsbeihilfe = NZA 2009, 660 (Rn. 18); *Hergenröder*, FS Hadding, 2004, S. 81 (98).

执照(Personenbeförderungsschein)允许劳动者在经营性乘客运输中驾驶公交车,为劳动者扩展了职业领域,意味着一种具有经济价值的职业利益。因此,关于雇主相应花费的返还条款,原则上并没有给劳动者带来《民法典》第 307 条第 1 款第 1 句意义上不适当的不利益。

②返还条款的内容界限

30　　接下来的问题是,劳动合同第 9 条返还义务的具体设置是否符合《民法典》第 307 条第 1 款第 1 句中的内容控制要求。此处的顾虑在于 2 年**约束期间的衡量**(Bemessung der Bindungsfrist),以及根据该条款**雇主解除**(Arbeitgeberkündigung)也能引发返还义务的情况。

31　　A. 返还条款有可能会给劳动者带来《民法典》第 307 条第 1 款第 1 句中的不适当的不利益,因为该条款预先拟定了一个不适当的长期**约束期间**(Bindungsdauer)。根据司法判例的观点,适当的约束期间并不取决于**费用**(Kosten),而是取决于继续教育的**长度**(Dauer):继续教育长度和约束长度必须保持适当的比例。[27] 不超过 1 个月的继续教育对于劳动者的合理约束通常不应超过 6 个月,不超过 2 个月的继续教育长度的约束长度通常不得超过 1 年,3 至 4 个月的继续教育最长的约束长度不得超过 2 年。[28] 本案中,机动车驾驶员的继续教育需要持续 3 个月。根据司法判例的标准,3 个月的继续教育长度对应 2 年的约束长度是适当的。更不用说,继续教育——本案中可以成为机动车驾

---

〔27〕 BAG 21.11.2001-5 AZR 158/00, BAGE 100, 13 (20)= AP Nr. 31 zu § 611 BGB Ausbildungsbeihilfe=NZA 2002, 551; BAG 18.3.2014-9 AZR 545/12, AP Nr. 49 zu § 611 BGB Ausbildungsbeihilfe=NZA 2014, 957 (Rn. 18).

〔28〕 BAG 15.12.1993-5 AZR 279/93, BAGE 75, 215 (224)= AP Nr. 17 zu § 611 BGB Ausbildungsbeihilfe=NZA 1994, 835; BAG 6.9.1995-5 AZR 241/94, AP Nr. 23 zu § 611 BGB Ausbildungsbeihilfe m. Anm. von Hoyningen-Huene=NZA 1996, 314 (316); BAG 5.12.2002-6 AZR 539/01, AP Nr. 32 zu § 611 BGB Ausbildungsbeihilfe=NZA 2003, 559 (560).

驶员——可以给劳动者在不同职业中带来显著的优势。[29]

B. 给劳动者带来不适当的不利益的原因还可能在于,返还条款——没有任何限制的——包含了劳动关系**终止**(Beendigung)的所有构成要件。对劳动者职业自由的限制(《基本法》第 12 条第 1 款)仅能通过雇主的如下利益被正当化,即劳动者基于雇主的资助获得的技能可以长期被企业使用。故此,如果劳动者可以通过自己对企业的忠诚对抗返还义务,那么返还条款才能够成为一个恰当的规则整体。如果**雇主**的解雇事由不来自劳动者的领域——如劳动者违反合同的行为——那么只能由雇主自己来承担培训的费用投入。如果雇主不准备或者没有能力为企业培养劳动者的技能,那么费用分担的基础就消失了:由于投资事后打水漂而产生的费用损失,原则上就应当由雇主承担。[30]

32

当**劳动者**基于雇主领域的原因解除劳动关系时,存在着同样的利益状况:在雇主诱发的劳动者终止劳动关系的案件中,如果劳动者还必须返还培训或进修的费用,那就是《民法典》第 307 条第 1 款第 1 句意义上的不适当。[31] 这不取决于是谁提出了解除,而取决于解除事由来自谁的领域。如果返还条款没有为终止劳动关系的事由来自**雇主领域**(Sphäre des Arbeitgebers)这种情况设置例外,那么如劳动合同第 9 条这样的返还条款就会造成劳动者不适当的不利益。因为返还条款没有规定上述例外情形,因此其

33

---

[29] BAG 4.1.2009-3 AZR 900/07, BAGE 129, 121 = AP Nr. 41 zu § 611 BGB Ausbildungsbeihilfe = NZA 2009, 666 (Rn. 18).

[30] BAG 6.5.1998-5 AZR 535/97, BAGE88, 340 (342f.); BAG 24.6.2004-6 AZR 383/03, BAGE 111, 157 = AP Nr. 34 zu § 611 BGB Ausbildungsbeihilfe = NZA 2004, 1035 (1036); BAG 18.3.2014-9 AZR 545/12, AP Nr. 49 zu § 611 BGB Ausbildungsbeihilfe = NZA 2014, 957 (Rn. 18).

[31] BAG 13.12.2011-3 AZR 791/09, AP Nr. 45 zu § 611 BGB Ausbildungsbeihilfe = NZA 2012, 738 (Rn. 15 ff.); BAG 28.5.2013-3 AZR 103/12, AP Nr. 47 zu § 611 BGB Ausbildungsbeihilfe = NZA 2013, 1419 (Rn. 17).

违反了《民法典》第 307 条第 1 款第 1 句的规定。

③个体情况的考虑

34 在消费者合同中,根据《民法典》第 310 条第 3 款第 3 项(§ 310 III Nr. 3 BGB)的规定,判定是否存在不适当的不利益(《民法典》第 307 条第 1 款第 1 句)时,还需要考虑合同签订时的其他情况。司法判例认为劳动者是《民法典》第 13 条意义上的**消费者**(Verbraucher);劳动合同是《民法典》第 310 条第 3 款第 3 项的**消费者合同**(Verbrauchervertrag)。[32]《民法典》第 310 条第 3 款第 3 项中的相关情况包括:影响谈判力量的个人特征、合同签订状态的特殊性,以及一般交易条款使用者的合同相对人的非典型特殊利益。[33]

35 相关情况的考虑既可以将一个按照一般和抽象的观察认为有效的条款认定为**无效**(Unwirksamkeit),又可以——像本案中遇到的问题一样——将根据典型的内容控制认为无效的条款认定为**有效**(Wirksamkeit)。[34] 本案中的特殊情况是,B 在签订合同时处于失业状态,K 在发出解雇通知之后已经向 B 发出了暑假之后再次招录他为校车司机的新要约。

36 虽然失业(Arbeitslosigkeit)属于《民法典》第 310 条第 3 款第 3 项意义上合同签订状态时的特殊情况,但是这一情况并不必然导致内容控制的放松,而是使求职者变成需要特殊保护的人。**再次雇用要约**(Wiedereinstellungsangebot)无论如何也不能评价为对 K 是有利的:劳动者必须能够自主决定,是否接受或者拒绝再次

---

[32] BAG 25.5.2005-5 AZR 572/04, BAGE 115, 19 (28) = AP Nr. 1 zu § 310 BGB = NZA 2005, 1111; BAG 19.5.2010-5 AZR 253/09, AP Nr. 13 zu § 310 BGB = NZA 2010, 939 (Rn. 23).

[33] BAG 21.8.2012-3 AZR 698/10, AP Nr. 46 zu § 611 BGB Ausbildungsbeihilfe = NZA 2012, 1428 (Rn. 27).

[34] BAG 31.8.2005-5 AZR 545/04, BAGE 115, 372 = AP Nr. 8 zu § 6 ArbZG m. Anm. *Krause* = NZA 2006, 324 (Rn. 46).

录用的要约;返还义务将会限制劳动者的缔约自由。所以,基于企业运营状况解除劳动合同的雇主,想通过为劳动者提供再次录用的机会,无法避免该返还条款的不适当性。[35] 最终,B 的失业状态以及 K 的再次雇用要约,都无法排除《民法典》第 307 条第 1 款第 1 句意义上的不适当的不利益。

二、基于不当得利的请求权

37 源于《民法典》第 812 条第 1 款第 1 句第 1 种情况、第 818 条第 2 款(§§ 812 I 1 Alt. 1, 818 II BGB)的请求权成立的前提是,B 没有法定事由而获得了由 K 给付的继续教育。接受继续教育的基础是劳动合同的约定,根据合同的约定,B 应当在劳动关系存续的前 3 个月接受由 K 支付的培训并获得驾照。而根据《民法典》第 306 条第 1 款的规定,返还条款的无效(《民法典》第 307 条第 1 款第 1 句)并不会直接导致继续教育协议以及与其密切相关的费用规则无效;《民法典》第 306 条第 3 款意义上不可期待的苛责在本案中也无从谈起。权利基础丧失(《民法典》第 812 条第 1 款第 1 句第 1 种情况、第 818 条第 2 款)在本案中也没出现;只是返还条款无效,而不是继续教育协议无效。[36]

38 《民法典》第 812 条第 1 款第 1 句第 1 种情况、第 818 条第 2 款(目的丧失)的请求权不成立,因为通过法律行为的内容想要达到的结果(获得公交车司机的资格)是合同性约束的客体,也即继续教育协议。通常来说,处置不适当条款这一内容控制的意义是与不当得利请求权对立的(辅助论点):当条款的使用者通过不当

---

[35] BAG 6.5.1998-5 AZR 535/97, BAGE 88, 340 (344).

[36] BAG 21.8.2012-3 AZR 698/10, AP Nr. 46 zu § 611 BGB Ausbildungsbeihilfe =NZA 2012, 1428 (Rn. 33 ff.); BAG 6.8.2013-9 AZR 442/12, AP Nr. 48 zu § 611 BGB Ausbildungsbeihilfe=NZA 2013, 1361 (Rn. 23).

得利法上的请求权实现不公平的目的时,内容控制的意义就落空了。[37]

三、结论(基础案例)

39　　劳动合同第 9 条的返还条款依据《民法典》第 307 条第 1 款第 1 句的规定无效。K 也没有要求 B 偿还三分之一培训费用(2100 欧元)的不当得利请求权。

第二部分:变形

40　　在根据《民法典》第 307 条第 1 款第 1 句的规定对返还条款进行内容控制的框架中,B 于 7 月 1 日自行解除劳动合同的情形会对其产生影响。

一、返还条款的内容控制

41　　给劳动者造成了《民法典》第 307 条第 1 款第 1 句意义上的不适当的不利益(→边码 33)是通过返还条款也包含来自**雇主领域**的终止构成要件而证成的。在变形案例中,劳动关系终止的事由来自**劳动者领域**,因此在变形案例中没有必要考虑证成无效的合同条款瑕疵。

二、缩减以维持效力的禁止

42　　在此存疑的是,是否至少在解除事由源于劳动者领域的情况下,劳动合同第 9 条是有效的?虽然之前根据《民法典》第 138 条

---

[37] BAG 6.8.2013-9 AZR 442/12, AP Nr. 48 zu § 611 BGB Ausbildungsbeihilfe = NZA 2013, 1361 (Rn. 23); BAG 28.5.2013-3 AZR 103/12, AP Nr. 47 zu § 611 BGB Ausbildungsbeihilfe = NZA 2013, 1419 (Rn. 23 ff.).

第 1 款和第 242 条对条款进行控制的司法判例,在被容许的界限内维持返还条款的效力[38],但是在根据《民法典》第 307 条至第 309 条进行内容审查时,适用缩减以维持效力的禁止。[39] 如果合同条款在被容许的框架内被维持有效,则对条款使用者来说,预先拟定的风险就大大降低了。这种给条款使用者的合同相对人增加负担式的风险转移与劳动者保护相违背,所以劳动法的特殊性(《民法典》第 310 条第 4 款第 2 句)与缩减以维持效力的禁止并不对立,反而支持了这一禁止。[40]

三、结论(变形)

因此,劳动合同第 9 条的返还条款并不能被缩减为容许的内容,故在变形案例中,K 也没有要求 B 补偿培训费用的请求权。

---

[38] BAG 11.4.1984-5 AZR 430/82, AP Nr. 8 zu § 611 BGB Ausbildungsbeihilfe = NZA 1984, 288 (289).

[39] BAG 13.12.2011-3 AZR 791/09, AP Nr. 45 zu § 611 BGB Ausbildungsbeihilfe = NZA 2012, 738 (Rn. 29 ff.).

[40] BAG 23.9.2010-8 AZR 897/08, AP Nr. 48 zu § 307 BGB = NZA 2011, 89 (Rn. 41); ErfK/Preis BGB § § 305-310 Rn. 99; *Kamanabrou* ArbR Rn. 406; *Waltermann* ArbR Rn. 114.

案例 5　劳动者责任

Nach BAG 18.4.2002 - 8 AZR 348/01, BAGE 101, 107 = AP Nr. 122 zu § 611 BGB Haftung des Arbeitnehmers = NZA 2003, 37

相关主题：判决程序中的合法性审查；职业教育合同，《职业教育法》第 10 条第 1 款；工伤事故的损害赔偿，《社会法典》第七卷第 104 条、第 105 条。

深入学习参见：*Junker* ArbR § 5 IV（Rn. 294-319）

案件事实

17 岁的 Bruno Berghammer（B）就职于考夫帕克股份公司（K），目前在"考夫帕克（Kaufpark）埃尔福特"以零售商学徒工的身份工作。B 目前处于第二个培训年度，接受职业教育期间的工资是每月 600 欧元。在接受职业教育的过程中，B 也需要在仓库里工作，那里有一辆供接受过职业教育的同事运送货物使用的叉车。B 既没有机动车驾驶执照，又没有接受过操作叉车的指导。"考夫帕克埃尔福特"的经理明确禁止学徒工驾驶叉车。

一天上午，B 在仓库中正好无事可做，他发现在属于企业区域的空地上有许多载有包装好且预先组装好的自行车的货架。他决定用企业的叉车把这些货架运送到仓库里。在开出仓库的时候，B 将叉车上高度危险的叉子撞向了仓库平时不怎么开的铁门。他损坏了两个齿轮和大门的牵引装置。售货员 Daniela Dietrich（D）结束工作回家正好走到大门口，她被破碎的金属碎片伤到了左上臂。之前没有被损坏过的大门必须花费 6900 欧元才能被修复。

1. 在 K 向 B 要求支付修复费用无果的情况下，K 向埃尔福特劳动法院提起诉讼，要求判决 B 向 K 支付 6900 欧元。劳动法院将会如何裁决？

2. 受伤导致 D 的左上臂留下了伤疤，于是 D 同样也向劳动法院申请，要求 B 向其支付 2000 欧元的精神损害抚慰金。劳动法院将如何裁决？

初步思考

本案的事实引发了两个复杂的问题：劳动者给**雇主**（Arbeitgeber）造成**财产损失**（Sachschaden）的责任（问题 1），劳动者给**同事**（Arbeitskollegin）造成**人身损害**（Personenschaden）的责任（问题 2）。每个问题问的都是法院的裁决。无论是雇主提起的诉讼（问题 1），还是同事提起的诉讼（问题 2），都需要审查其**合法性**（Zulässigkeit）。 1

诉的有理由性（Begründetheit）取决于，雇主（问题 1）和同事（问题 2）是否享有**损害赔偿请求权**（Schadensersatzanspruch）。因此，本案的类型是**请求权案例考试**（Anspruchsklausur）（→导论，边码 9、11 之后）。首先要检索相关的请求权基础（→导论，边码 67）。其次要在该请求权基础上，对案件事实进行暂时涵摄。这两个问题的核心构成联邦劳动法院发展出的劳动者责任限制原则[1]（问题 1），以及依据《社会法典》第七卷第 104 条、第 105 条， 2

---

［1］ Junker ArbR Rn. 294 ff.；Kamanabrou ArbR Rn. 1165 ff.；Preis ArbR I Rn. 2376-2397.

发生工伤事故时的优先权(问题2)。[2]

3 那么,问题1(原始案例)的答案差不多可以按照如下提纲展开:

一、诉的合法性

二、诉的有理由性

1. 因违反义务产生的损害赔偿(《民法典》第280条第1款)

(1)《民法典》第280条第1款的前提条件

(2)劳动者责任的限制

(3)责任限制的范围

2. 基于侵权行为的损害赔偿(《民法典》第823条第1款)

三、结论

解答

问题1:对雇主的责任(原始案例)

4 如果要求支付6900欧元的请求权是合法的并且是有理由的,那么埃尔福特劳动法院就可以受理该诉。

(一)诉的合法性

5 K要求B支付6900欧元的损害赔偿之诉必须是合法的。

1. 事务管辖权

6 通往劳动法院的法律途径——同时还有埃尔福特劳动法院的事务管辖权——可能源于《劳动法院法》第2条第1款第3项a目、d目的规定。B作为学徒工是《劳动法院法》第5条第1款第1句意义上的劳动者。如果雇主的请求权可以基于**合同基础**(ver-

---

[2] *Junker* ArbR Rn. 314 ff.; *Kamanabrou* ArbR Rn. 1219 ff.; *Preis* ArbR I Rn. 2407-2421.

tragliche Grundlage)(违反义务,《民法典》第 280 条)获得支持,那么关于损坏铁门的损害赔偿争议就是《劳动法院法》第 2 条第 1 款第 3 项 a 目意义上的基于劳动关系产生的民事权利争议。[3]雇主何时以及在什么范围内可以引用**侵权基础**(deliktische Grundlage),应当依据《劳动法院法》第 2 条第 1 款第 3 项 d 目中劳动法院事务管辖权的规定。如果侵权行为的根源在于劳动关系的特殊性质以及特有的冲突点和共同点,那么侵权行为与劳动关系(职业教育关系)之间存在必要的联系。[4] 本案中,这种联系来自 B 仅仅是劳动者(学徒工),但是却操纵了企业的叉车。劳动法院有权在**判决程序**(Urteilsverfahren)中对申请进行裁决(《劳动法院法》第 2 条第 5 款)。

2. 地域管辖权

如果案件涉及的是合同的请求权,那么埃尔福特劳动法院的地域管辖权源于《劳动法院法》第 46 条第 2 款第 1 句结合《民事诉讼法》第 29 条第 1 款[**劳动合同的履行地**(Erfüllungsort des Arbeitsverhältnisses)],如果案件涉及的是侵权的请求权,那么埃尔福特劳动法院的地域管辖权源于《劳动法院法》第 46 条第 2 款第 1 句结合《民事诉讼法》第 32 条[**侵权行为地**(Ort der unerlaubten Handlung)]。埃尔福特劳动法院的地域管辖权还可能源于《劳动法院法》第 48 条第 1a 款[**经常工作地**(gewöhnlicher Arbeitsort)]。

3. 其他实体判决的前提条件

原告的**当事人资格**(Parteifähigkeit)源于《民事诉讼法》第 50 条结合《股份公司法》第 1 条第 1 款;原告的诉讼代理人是董事会

---

[3] AR/*Heider* ArbGG § 2 Rn. 9; GWBG/*Waas* ArbGG § 2 Rn. 47; Schwab/Weth/*Walker* ArbGG § 2 Rn. 104; MHdB ArbR/*Jacobs* § 342 Rn. 36.

[4] BAG 11.7.1995—5 AS 13/95, AP Nr. 32 zu § 2 ArbGG 1979 (Bl. 1 R); GWBG/*Waas* ArbG § 2 Rn. 61; Schwab/Weth/*Walker* ArbGG § 2 Rn. 129.

(《股份公司法》第78条第1款)。**诉讼能力**(Prozessfähigkeit)指的是自己进行诉讼或者通过选择的代理人进行诉讼的能力。未成年人B的诉讼能力并不源于《劳动法院法》第46条第2款第1句,《民事诉讼法》第51条第1款、第52条结合《民法典》第113条。因为职业教育有培养的功能,《民法典》第113条规定的授权并不覆盖允许职业教育合同的签订。[5] 因此,B在诉讼中需要由其法定代理人(通常是《民法典》第1629条第1款中的父母)代理。诉讼请求的**充分确定性**(hinreichende Bestimmtheit)(《劳动法院法》第46条第2款第1句结合《民事诉讼法》第253条第2款第2项)体现在,原告以给付之诉的方式明确请求了确定的金额。因此,所有的实体判决条件均成立,该诉是合法的。

(二)诉的有理由性

9　　如果K享有向B要求支付6900欧元损害赔偿的请求权,那么该诉就是有理由的。此类请求权可以基于约定的请求权基础或法定的请求权基础。约定的请求权基础需要考虑《民法典》第280条第1款,法定的请求权基础需要考虑《民法典》第823条第1款。

1.因违反义务而产生的损害赔偿(《民法典》第280条第1款)

10　　如果B由于违反可归因于他的义务(→边码11之后)致使K遭受6900欧元的损失,并且不存在责任限制(→边码16之后),那么原告有权依据《民法典》第280条第1款的规定,向被告请求支付6900欧元的损害赔偿。

(1)《民法典》第280条第1款的前提条件

11　　如果劳动者违反了因债务关系而产生的义务,并且违反义务的行为可归因于劳动者(《民法典》第619a条作为《民法典》第

---

[5] ErfK/*Preis* BGB § 113 Rn. 6; MüKoBGB/*Schmitt* § 113 Rn. 14; PWW/*Völzmann-Stickelbrock* BGB § 113 Rn. 3.

280 条第 1 款第 2 句特殊规定),雇主可以依据《民法典》第 280 条第 1 款第 1 句的规定请求由此产生的损害赔偿。

①B 和 K 之间因职业教育合同而存在**债务关系**(Schuldverhältnis)(《职业教育法》第 10 条第 1 款),针对劳动合同的规定原则上同样适用于职业教育合同(《职业教育法》第 10 条第 2 款)。

②B 必须有**违反义务**(Pflichtverletzung)的行为。他可能违反的是从该债务关系中产生的从义务(《民法典》第 241 条第 2 款)。B 从"考夫帕克埃尔福特"的负责人那里得到了不得驾驶叉车的**指示**(Weisung)(具体审查结构参见案例 3,边码 3)。在没有特殊约定的情况下,企业中级别最高的员工享有发布指示的权利。[6] 该指示并没有违反上位法(《经营条例》第 106 条第 1 句);该指示要求的行为作为无须共同决策的给付行为(工作行为),依据《企业组织法》第 87 条第 1 款第 1 项的规定,不需要企业职工委员会行使共同决策权(对于该标准参见案例 3,边码 38)。该指示的行使受制于公平裁量原则(《经营条例》第 106 条第 1 句结合《民法典》第 315 条)。[7] 本案中的指示没有超出上述限制,因为没有受过训练的人驾驶叉车——正如本案表述的情形——存在很高的危险性。B 驾驶企业的叉车并且用具有高度危险性的车叉损坏了铁门,因此他客观上实施了违反义务的行为。

③两个齿轮以及铁门的牵引装置被损毁,足以造成 6900 欧元的**损失**(Schaden)。因此满足《民法典》第 280 条第 1 款第 1 句的条件。

④B 还必须存在**过错**(Verschulden)。根据《民法典》第 619a 条的规定,该条是对《民法典》第 280 条第 1 款第 2 句的修正,只

---

[6] AR/*Kolbe* GewO § 106 Rn. 11; Staudinger/*Rieble* (2015) BGB § 315 Rn. 200.

[7] MHdB ArbR/*Reichold* § 36 Rn. 20, 26; *Hromadka/Maschmann* ArbR I § 6 Rn. 18.

有存在客观上可归因于 B 的违反义务行为,才会出现赔偿义务。B 具有《民法典》一般意义上的过错和过失(《民法典》第 276 条第 1 款第 1 句)。过失指的是,在驾驶中没有尽到必要的注意义务(《民法典》第 276 条第 2 款)。B——满足《民法典》第 280 条第 1 款第 2 句——驾驶企业内的叉车并且损坏大门,至少是存在过失的。此处不需要考虑依据《民法典》第 276 条第 1 款第 2 句结合《民法典》第 828 条第 3 款的责任限制,因为 B 已经 17 岁了,不可能还意识不到自己的行为是错误的,并且应当认识到自己的义务。[8] 所以同样满足《民法典》第 619a 条的条件。

(2)劳动者责任的限制

16　　但是,B 也有可能根据企业内部损害补偿的**司法判例基本原则**(Rechtsprechungsgrundsätzen)享受责任的减免。根据《民法典》第 276 条第 1 款第 1 句的规定,债务人必须对故意和过失承担责任,但以"更宽的责任既未被规定,也不能由债务关系的其他内容推知"为前提。根据《民法典》第 276 条第 1 款第 1 句结合《民法典》第 254 条的规定,可以类推得出劳动者责任限制的原因在于,雇主需要承担企业组织机构的责任以及由此产生的**雇主经营风险**(Betriebsrisiko des Arbeitgebers):劳动者通常既不能在法律意义上,又不能在事实意义上规避现有的工作条件。雇主根据指示权(指令权),确定劳动合同的劳动给付义务。所以,雇主设定的企业组织机构将责任风险压在了劳动者身上。[9] 这一利益基础中还伴有限制劳动者责任的司法原则,也被称为"企业内部损害补偿",它适用于所有由劳动者承担的工作和经营需要的工作。

---

〔8〕　该标准参见:MüKoBGB/*Wagner* § 828 Rn. 8; PWW/*Schaub* BGB § 828 Rn. 6。
〔9〕　BAG (GS) 27.9.1994-GS 1/89 (A), BAGE 78, 56 (64)= AP Nr. 103 zu § 611 BGB Haftung des Arbeitnehmers m. Anm. Schlachter = NZA 1994, 1083; BAG 18. 4. 2002-8 AZR 348/01, BAGE 101, 107 (113).

①受益的人群

责任减免的首要条件是,请求权相对人必须属于受益的人群。从适用人群的角度,责任限制适用于所有**劳动者**(Arbeitnehmer):取决于是否存在《民法典》第611a条第1款意义上的劳动关系。职业教育合同的本质与职业教育法的目的没有什么不同,根据《职业教育法》第10条第2款,责任减免也可以扩展到**学徒工**(Auszubildende)。[10] 因此,B属于受益的人群。

②经营需要的工作

责任减免的第二个条件是,损害必须是因经营需要的工作(经营工作)而产生的。此时的问题在于,B并没有听从企业经理明确的指令,不是出于经营目的使用叉车,而是在未经允许的情况下使用企业的生产工具。

A. 经营需要的特征旨在确保雇主不会承担劳动者的**一般生存风险**(allgemeinen Lebensrisiko)[11],比如,"悠闲"地驾驶企业的车而造成事故。所以,尽管工作时间总是和生产工具联系在一起,但是在工作岗位上的事故不足以构成经营需要。经营需要的工作更多仅仅是指以下工作,即劳动者基于劳动合同义务的工作或者劳动者自己决定为了雇主的利益为企业完成的工作。[12]

B. 造成损害的工作与**企业作用范围**(betrieblichen Wirkungskreis)之间存在联系是有必要的。如果每次违背雇主方的指示

---

[10] BAG 7.7.1970-1 AZR 507/69, AP Nr. 59 zu § 611 BGB Haftung des Arbeitnehmers m. Anm. *Medicus*=SAE 1971, 199 m. Anm. *Lorenz*; BAG 18.4.2002-8 AZR 348/01, BAGE 101, 107 (112).

[11] BAG (GS) 12.6.1992-GS 1/89, BAGE 70, 337 (346)= AP Nr. 101 zu § 611 BGB Haftung des Arbeitnehmers=NZA 1993, 547; BAG 28.10.2010-8 AZR 418/09, AP Nr. 136 zu § 611 BGB Haftung des Arbeitnehmers=NZA 2011, 345 (Rn. 14).

[12] BAG (GS) 27.9.1994-GS 1/89 (A), BAGE 78, 56 (67)= AP Nr. 103 zu § 611 BGB Haftung des Arbeitnehmers=NZA 1994, 1083; BAG 28.10.2010-8 AZR 418/09, AP Nr. 136 zu § 611 BGB Haftung des Arbeitnehmers=NZA 2011, 345 (Rn. 15); *Waltermann*, RdA 2005, 98 (104).

承担或进行的工作都会切断与企业作用范围的联系,那么责任减免会逐步消失,因为违反义务总是与违反指示有关。因此,这就不取决于劳动者是否应当完成相应的工作,而是取决于劳动者为了实现企业的目的,是否已经完成或者想要完成该工作。[13] 如果劳动者是出于企业的利益而工作,那么雇主方的禁止原则上不会违背企业内部的损害补偿。是否要求劳动者不得使用生产工具仅在进行损害分配时才被考虑(→边码21之后)。[14] 当时,B 在将预先组装好的自行车货架从空地运送到仓库的路上,驾驶行为符合前文所述的经营需要的标准。满足企业内部损害补偿的条件。

(3)责任限制的范围

21 　　如果劳动责任限制的前提条件成立,那么这对于劳动者应当承担法律后果的**过错程度**(Grad des Verschuldens)——责任限制的范围——是具有决定性的[15]:如果是"最轻"的过失,就可以免除劳动者的责任。如果是正常的(通常的、中等的)过失,那么**损害责任在每个案件中**(in jedem Fall)都将根据特定的标准[16]由劳动者与雇主分担。如果是重大的过失,那么可以**根据个案的标**

---

[13] BAG 18.4.2002-8 AZR 348/01, BAGE 101, 107 (111); *Kamanabrou* ArbR Rn. 1174; *Löwisch/Caspers/Klumpp* ArbR Rn. 549; *Waltermann*, RdA 2005, 98 (103); wohl auch *Preis* ArbRI Rn. 2385 f.; a. A. *Reichold* ArbR § 9 Rn. 35 (决定性的是从事工作的理由)。

[14] *Kamanabrou* ArbR Rn. 1175; *Waltermann*, RdA 2005, 98 (104); enger *Blomeyer*, JuS 1993, 903 (906); OSK Arbeitnehmerhaftung/*Schwarze* § 8 Rn. 12 (在执行明显针对雇主利益的工作时没有任何减免)。

[15] BAG (GS) 27.9.1994-GS 1/89 (A), BAGE 78, 56 (67)= AP Nr. 103 zu § 611 BGB Haftung des Arbeitnehmers=NZA 1994, 1083; BAG 18.4.2002-8 AZR 348/01, BAGE 101, 107 (113); BAG 18.1.2007-8 AZR 250/06, AP Nr. 15 zu § 254 BGB=NZA 2007, 1230 (Rn. 30).

[16] Gelistet in BAG 16.2.1995-8 AZR 493/93, AP Nr. 106 zu § 611 BGB Haftung des Arbeitnehmers=NZA 1995, 565 (566).

准(nach Maßgabe des Einzelfalls)防止责任的减轻。[17] 故意造成的损失则必须由劳动者全部赔偿。

在**职业教育关系**(Ausbildungsverhältnis)中也没有上述原则的例外,职业教育关系不会进一步导致责任免除,因为劳动者的责任减免和《民法典》第 828 条第 3 款的规定已经考虑到职业教育关系的特殊性并且足以保护学徒工。[18] 因此,对 B 也可以适用企业内部损害补偿的司法判例原则。所以首先需要判断,本案中具有决定性的过错程度(→边码 23 之后),从而能够得出后续的法律责任后果(→边码 29 之后)。 22

①决定性的过错程度

B 应当承担的责任范围取决于他的过错程度。这取决于责任成立构成要件与责任范围构成要件之间的区别。 23

A. **责任的理由**(Haftungsbegründung)——根据每个请求权基础——是基于违反某个合同义务(此处不允许使用叉车的从义务)、侵犯某种权利(《民法典》第 823 条第 1 款)或者违反某一保护规定(《民法典》第 823 条第 2 款)而产生的。[19] 在事故发生的当天,B 出于故意且有意地忽视了合同的从义务而驾驶叉车。B 因此应当被认定为存在违反义务的**故意**(Vorsatz)。因为如果劳动者存在故意,那么他就必须承担全部责任,所以如果劳动者责任的过错程度仅参照责任理由的构成要件,那么必须排除有利于 24

---

[17] BAG 15.11.2001-8 AZR 95/01, BAGE 99, 368 (373) = AP Nr. 121 zu § 611 BGB Haftung des Arbeitnehmers=NZA 2002, 612; BAG 18.4.2002-8 AZR 348/01, BAGE 101, 107 (113); BAG 28.10.2010-8 AZR 418/08, AP Nr. 136 zu § 611 BGB Haftung des Arbeitnehmers=NZA 2011, 345 (Rn. 23).

[18] BAG 7.7.1970-1 AZR 507/69, AP Nr.59 zu §611 BGB Haftung des Arbeitnehmers=RdA 1970, 319; BAG 18.4.2002-8 AZR 348/01, BAGE 101, 107 (112); OSK Arbeitnehmerhaftung/*Otto* § 7 Rn. 3.

[19] *Deutsch*, Anm. zu BAG 18.4.2002-8 AZR 348/01, AP Nr. 122 zu § 611 BGB Haftung des Arbeitnehmers (Bl. 8).

B的责任限制。

25　　B. **责任的成立**(Haftungsausfüllung)意味着从责任事由(违反义务)中产生了损害。如果B至少预见了损害的具体数额并且也愿意承担这笔损害赔偿,那么B对于损害的发生可能就是故意的。[20] 尽管B在驾驶的过程中几乎完全没有尽到注意义务,因为他**违反了**禁止驾驶叉车的**禁令**(Verstoß gegen ein Verbot)并且也没有证据表明他是否想要通过大门,但是,损害的发生并不是出于他的本意,并且他也不愿意造成损害,通过对案件事实的解释可以得知,他并没有想过制造损害或者希望损害的发生,他觉得"会没事的"。B对于损害的发生并不存在故意,而是存在**重大过失**(grober Fahrlässigkeit)。如果决定性的过错程度也符合责任成立的构成要件(产生损害),那么对于B有利的责任减轻不会一开始就被排除,而是取决于在个案中的权衡。

②过错的参照点

26　　对于"是否"存在有利于B的责任减轻,取决于B的过错是必须仅针对违反义务(责任理由的构成要件),还是也必须涉及发生的损害(责任成立的构成要件)。根据民法中损害责任的**一般原则**(allgemeinen Grundsätzen),过错仅针对违反义务、侵害法益或者违反保护法,并不针对产生的损害。行为人的过错无须基于损害的产生,而只需要具有充分的因果关系。[21] 在一般民法中,过错原则并不覆盖责任范围;违反者只要过失地违反了责任事由,他就应承担客观上可归因于他的后果。

27　　接下来的问题是,在**减免责任的案例中**(Fällen privilegierter Haftung)是否必须适用其他规则。一部分文献否认了这一问

---

[20] BAG 18.4.2002-8 AZR 348/01, BAGE 101, 107 (114).
[21] BGH 20.3.1961-III ZR 9/60, BGHZ 34, 375 (381); BGH 20.11.1979-VI ZR 238/78, BGHZ 75, 328 (329); Palandt/*Grüneberg* BGB § 276 Rn. 10; Erman/*Westermann* BGB § 276 Rn. 7.

题[22]:对企业内部损害补偿的正确理解是,由雇主设计和执行经营过程。对于雇主来说,也可以通过具体的指示来控制企业内部的责任风险,例如,劳动者故意违反指示的,原则上应当对全部损害承担责任。劳动者的利益有可能通过对指示的(公平性)审查予以考量。[23]

但是与这一观点相反,雇主的指示如果是为了避免抽象的风险——如本案中——那么在任何情况下都不会违反公平性原则。劳动者故意忽视——如本案中——企业利益的指令并且笃定"会没事的",就成立对错误行为严格禁止的完全故意责任。故而上述理论观点不成立。[24] 劳动者责任减免的正当化事由,并不仅仅是过错标准的区分,还包括过错结果对损害的延伸。只有在故意行为造成损害时,才应承担全部责任。[25] 因为 B 对于损害的产生存在重大过失,所以该过错程度对于他的责任范围是具有决定性的。

③重大过失时的损害分配

根据司法判例[26]和文献中的主要观点[27],存在重大过失时也应当适用减轻责任。决定性的观点是工资与损害风险的不相称:如果劳动者没有能力在可预见的时间内利用工资赔偿其引发

---

[22] OSK Arbeitnehmerhaftung/*Schwarze* § 9 Rn. 3 ff.; Otto, EWiR 2002, 1073 (1074); *Krause*, NZA 2003, 577 (583).

[23] So im Wesentlichen *Krause*, NZA 2003, 577 (583); OSK Arbeitnehmerhaftung/ *Schwarze* § 9 Rn. 7.

[24] Ebenso z. B. *Deutsch*, RdA 1996, 1 (3); *Hanau/Rolfs*, NJW 1994, 1439 (1442); MüKoBGB/*Henssler* § 619a Rn. 31; *Sandmann*, SAE 2004, 163 (168); *Walker*, JuS 2002, 736 (739).

[25] BAG 18.4.2002-8 AZR 348/01, BAGE 101, 107 (118).

[26] BAG 12.10.1989-8 AZR 276/88, AP Nr. 97 zu § 611 BGB Haftung des Arbeitnehmers=NZA 1990, 97 (98); BAG 28.10.2010-8 AZR 418/08, AP Nr. 136 zu § 611 BGB Haftung des Arbeitnehmers=NZA 2011, 345 (Rn. 23).

[27] Brox/*Walker*, DB 1985, 1469 (1476); *Dütz*, NJW 1986, 1779 (1785); *Krause*, NZA 2003, 577 (583); OSK Arbeitnehmerhaftung/*Schwarze* § 10 Rn. 3.

的损害,那么就会产生对劳动者责任风险的**经济可期待性**(wirtschaftlichen Zumutbarkeit),将责任界限设定在可承担的数额。在判决中,除了要考虑工资的高低,还需要考虑**过错的程度**(Grad des Verschuldens)。[28] 但是联邦劳动法院放弃了在"重大过失"这种过错形式的框架下进一步区分及由此能够得出的劳动者责任免除的结论。[29]

30 本案中,一方面,需要考虑产生的损失(6900 欧元)差不多等同于第二个职业教育年度的年度工资总额(7200 欧元)。出于对学徒工的利益保护,强加给 B 本年度年薪的份额作为损害赔偿,看起来并不容易承受。另一方面,还需要考虑 B 的过错程度,"考夫帕克埃尔福特"的经理明确禁止学徒工在企业内使用叉车。为了警示并阻止对这一危险行为的模仿,需要承担的损害赔偿额必须超过单纯的象征性数额。通过利益权衡,3 个月的工资(1800 欧元)被视为适当的。[30]

2. 基于侵权行为产生的损害赔偿(《民法典》第 823 条第 1 款)

31 K 可以依据《民法典》第 823 条第 1 款享有对 B 的损害赔偿请求权。B 使用叉车的行为违法并且有过错地损害了 K 的**财产**(Eigentum)。如前文所述(→边码 26 之后),在侵权请求权的框架下,在减免责任的案件中,**过错**(Verschulden)不仅违反法益,也涉及损害的产生。B 对于铁门的损害不存在故意,而仅仅构成重大过失。关于损害分配的适用,基于侵权行为产生的损害赔偿请

---

[28] BAG 25.9.1997-8 AZR 288/96, AP Nr. 111 zu § 611 BGB Haftung des Arbeitnehmers=NZA 1998, 310 (311); BAG 18.4.2002-8 AZR 348/01, BAGE 101, 107 (120).

[29] BAG 28.10.2010-8 AZR 418/09, AP Nr. 136 zu § 611 BGB Haftung des Arbeitnehmers=NZA 2011, 345 (Rn. 23); *Schumacher*, Die privilegierte Haftung des Arbeitnehmers, 2012, S. 51.

[30] 在本案例改编的原判决中,联邦劳动法院对图林根州劳动法院的判决提出异议,即判决劳动者向 Kaufhaus 承担四分之一的损害数额(1725 欧元):BAG 18.4. 2002-8 AZR 348/01, BAGE 101, 107 (109, 120)。

求权与合同的损害赔偿请求权是相同的。[31] 因此,基于《民法典》第 823 条第 1 款的请求权依据企业内部损害补偿原则减少到 1800 欧元。

(三)结论

埃尔福特劳动法院可以判决 B 向 K 支付 1800 欧元。此外,埃尔福特劳动法院也可以判决驳回起诉。

问题 2:对同事的责任

如果请求支付 2000 欧元精神损害抚慰金的申请是合法的且是有理由的,那么埃尔福特劳动法院可以受理该诉。

(一)诉的合法性

D 针对 B 的诉必须是合法的。通向劳动法院的法律途径——以及埃尔福特劳动法院的事务管辖权——源于《劳动法院法》第 2 条第 1 款第 9 项:因为 B 作为学徒工也是《劳动法院法》第 5 条第 1 款第 1 句意义上的劳动者,所以本案处理的是两个劳动者之间的民事权利争议。如果承担的工作至少造成了法益的损害,那么侵权行为与劳动关系(职业教育关系)之间就存在必要的联系。[32] B 在完成经营需要的工作时在企业区域内弄伤了同事 D,所以在当事人的劳动关系与侵权行为之间存在一个内在联系。D 当时并不是在工作,而是在回家的路上,但是也没有排除劳动关系与侵权行为之间的内在联系:因为通勤途中的事故也属于《劳动法院法》第 2 条第 1 款第 9 项的适用范围。[33] 埃尔福特劳动法院根据《劳动法院法》第 46 条第 2 款第 1 句结合《民事诉讼

---

[31] BAG 18.4.2002-8 AZR 348/01, BAGE 101, 107 (121).

[32] AR/*Heider* ArbGG § 2 Rn. 12; Schwab/Weth/*Walker* ArbGG § 2 Rn. 181; MHdB ArbR/*Jacobs* § 342 Rn. 46.

[33] GWBG/*Waas* ArbGG § 2 Rn. 91; Schwab/Weth/*Walker* ArbGG § 2 Rn. 180.

法》第 32 条(侵权行为地)享有**地域管辖权**(örtliche Zuständigkeit)。其他实体判决条件与 K 提起的诉的合法性一致(→边码 8)。D 的诉具有合法性。

(二)诉的有理由性

35　　当 D 有向 B 要求支付 2000 欧元精神损害抚慰金的请求权时,该诉是有理由的。**精神损害抚慰金**(Schmerzensgeld)是对非财产损害(非物质损害)的赔偿。根据《民法典》第 253 条第 2 款的规定,对于因侵害身体而产生的非财产损害,可以请求公平的金钱赔偿。《民法典》第 253 条第 2 款不是独立的请求权基础,而是设定了一个条件,即根据其他的法律状况"因为侵害身体……须进行损害赔偿的"(本条的文本)。B 根据《民法典》第 823 条第 1 款需要向 D 承担损害赔偿,因为可归因于他的(重大)过失而引发的事故侵害了 D 的身体。所以,根据《民法典》的规定符合精神损害抚慰金请求权的构成要件。但是,该请求权也可能根据《社会法典》第七卷第 105 条第 1 款被排除。

1. 责任减免的前提条件

36　　根据《社会法典》第七卷第 105 条第 1 款的规定,通过完成经营工作引发本企业中被保险人人身保险事故的人,根据其他法律规定仅在行为人对保险事故存在故意或者不是在通勤途中导致时(《社会法典》第七卷第 8 条第 2 款第 1 项至第 4 项),行为人才应承担人身损害赔偿责任。通过这一描述可以推知责任减免的前提条件[34]:

37　　(1)根据《社会法典》第七卷第 2 条至第 6 条的规定,受害人必须属于**被保险的人群**(versicherten Personenkreis)。售货员 D 作

---

[34] Ausf. OSK Arbeitnehmerhaftung/Schwarze §§ 22, 23; zusammenfassend *Dütz/Thüsing* ArbR Rn. 252ff.; *Junker* ArbR Rn. 314ff.; *Waltermann* ArbR Rn. 267ff.; s. auch *Krämer/Seiwerth*, JuS 2013, 203.

为《社会法典》第七卷第 2 条第 1 款第 1 项意义上的员工,属于这一人群。

(2)必须发生了**保险事故**(Versicherungsfall)。保险事故指的是工伤事故和职业病(《社会法典》第七卷第 7 条第 1 款)。工伤事故是有时间限制的,由外部作用于身体并造成健康损害或者人员死亡的事故(《社会法典》第七卷第 8 条第 1 款第 2 句)。叉车与铁门撞击产生的金属碎片作用于 D 的身体并造成她受伤,因此构成工伤事故。

38

(3)**经营性工作**(betriebliche Tätigkeit)必须是造成保险事故(工伤事故)的原因(责任理由的因果关系)。《社会法典》第七卷第 105 条第 1 款第 1 句意义上的经营性工作等同于《社会法典》第七卷第 8 条第 1 款第 1 句中的"被保险工作"。[35] 决定性的是,造成损害事件的侵害人的工作是企业交付的或者是为了企业的利益完成的。侵害人是"自己"在工作,因此这就取决于,从他的角度来说,是不是在为了企业的利益而工作。[36] 如前所述(→边码 18 之后),B 在企业内使用叉车时,从他的角度来看是为了雇主的利益。因此,引发工伤事故的使用叉车的行为应当被视为企业交付的工作。

39

(4)**人身损害**(Personenschaden)必须是保险事故(工伤事故)造成的(责任成立的因果关系)。人身损害是造成了健康损害或人员死亡(《社会法典》第七卷第 8 条第 1 款第 2 句)。D 在保险事故中遭受了健康损害。

40

(5)如果《社会法典》第七卷第 105 条第 1 款第 1 句中的责任

41

---

[35] BAG 14.12.2000-8 AZR 92/00, AP Nr. 1 zu § 105 SGB VII=NZA 2001, 549 (550); OSK Arbeitnehmerhaftung/*Schwarze* § 23 Rn. 3.

[36] BAG 22.4.2004-8 AZR 159/03, BAGE 110, 195 (201)= AP Nr. 3 zu § 105 SGB VII=NZA 2005, 163 unter Verweis auf BAG 18.4.2002-8 AZR 348/01, BAGE 101, 107 (111); BAG 19.3.2015-8 AZR 67/14, AP Nr. 5 zu § 105 SGB VII = NZA 2015, 1057 (Rn. 20).

减免应当适用,那么侵害人必须引起了被保险的**同一企业**(desselben Betriebs)的保险事故。B 与 D 是同一家企业的成员,即埃尔福特的考夫帕克公司。

42　　(6)**没有责任承担**(keine Haftungsentsperrung):侵害人对于保险事故既不能存在故意,又不能在《社会法典》第七卷第 8 条第 2 款第 1 项至第 4 项中规定的被保险的路途中造成保险事故。与劳动者责任的减免一样(→边码 26 之后),**故意**(Vorsatz)不仅针对《社会法典》第七卷第 105 条第 1 款第 1 句的责任减免中的违反义务,而且针对产生的损害。[37] B 对于 D 的损害并不是故意的,而仅仅存在(重大)过失。D 已经在回家的路上了,所以问题就在于,事故发生的地点是否属于**被保险的路途中**(versicherten Weg)。因此,B 应对法定事故保险承担责任并且不得援引《社会法典》第七卷第 105 条第 1 款第 1 句中的"责任阻却"(责任免除)。《社会法典》第七卷第 8 条第 2 款第 1 项意义上的被保险路途是来往**工作地点**(Ort der Tätigkeit)的直接路径。"工作地点"不是具体的工作岗位(比如,售货员在销售区),而是企业的领域;劳动者回家的路始于"被保险的路途",即从离开企业领域开始。[38] D 的事故发生在企业领域内,因而不在"被保险的路途"中。因此,没有出现责任承担的情况;满足《社会法典》第七卷第 105 条第 1 款第 1 句中责任阻却的构成要件。

2.责任减免的法律后果

43　　因为满足《社会法典》第七卷第 105 条第 1 款第 1 句的构成要件,所以 B 无须"依据其他法律规定"承担 D 的人身损害赔偿

---

[37] BGH 11.3.2003-6 ZR 34/02, BB 2003, 966; ErfK/*Rolfs* SGB VII § 104 Rn. 12; HWK/*Giesen* SGB VII § 104 Rn. 10; Brose, RdA 2011, 205 (211); *Waltermann*, NJW 1997, 3401 (3402); a. A. OSK Arbeitnehmerhaftung/*Schwarze* § 23 Rn. 7.

[38] ErfK/*Rolfs* SGB VII § 8 Rn. 12 f.; *Waltermann* ArbR Rn. 271; *ders.*, NJW 2002, 1225 (1226 f.).

责任。D 对 B 没有私法上的损害赔偿请求权,但可以依据公法享有法定意外伤害保险给付请求权。《社会法典》第七卷第 105 条第 1 款第 1 句中责任阻却的目的在于总体免除对同事造成的人身损害责任,因此这种责任减免不仅包括物质损害,也包括非物质损害(精神损害抚慰金)。[39]

3. 结论

根据《社会法典》第七卷第 105 条第 1 款第 1 句的规定,存在有利于 B 的责任减免,所以 D 没有精神损害抚慰金的请求权。埃尔福特劳动法院可以驳回 D 的起诉。

---

[39] BAG 22.4.2004-8 AZR 159/03, BAGE 110, 195 (198)= AP Nr. 3 zu § 105 SGB VII=NZA 2005, 163; Waltermann, NJW 2002, 1225 (1227).

案例 6　与经营状况相关的正常解雇

Nach BAG 26.9.2002-2 AZR 636/01, BAGE 103, 31 = AP Nr. 124 zu § 1 KSchG 1969 Betriebsbedingte Kündigung = NZA 2003, 549

相关主题:企业职工委员会对解雇的听证,《企业组织法》第102条;企业转让的条件,《民法典》第613a条;团体协议法与企业转让

深入学习参见:Junker ArbR § 6 I (Rn. 320-393)

案件事实

风湿病医院 Büsum 有限责任公司(B)在过去两年中的营业额约为 4000 万欧元,但是遭受了 400 万欧元的损失。B 的两个股东,即汉堡市和石勒苏益格-荷尔斯泰因州的保险机构,多次要求 B 进行重整,因为它们无法一直资助一家不能盈利的医院。B 在可预见的时间内也无法提升收入。

公司顾问的鉴定式报告建议于 3 月 31 日关闭 B 原有的"厨房"部门,并将其转让给一个新成立的服务有限责任公司(S)。原有的厨房的职工需要被全部解雇,并且 S 于 4 月 1 日起任用新的人员到现在的厨房工作。现有的厨房资产由 S 支配。S 还应当加入餐厅联合会,餐厅联合会与营养、食品与餐厅工会(NGG)签订了团体协议。B 现在适用的工资水平平均比公共服务团体协议(TVöD)中的工资水平低 40%。

此外,为了减少 S 给付的增值税,还应当建立税法上的合并纳税体(《增值税法》第 2 条第 2 款第 2 项)。合并纳税体要求 B 对 S 享有多数控股权(至少 51%)。跨区域进行工作的服务公司应当持有 S 49% 的股份。S 的组织章程就此预先规定,S 的总经理必须来自 B 的公司领导层。通过——税法上没有强行要求的——组织章程中的规定,应当由 B 的领导层,同时从合同当事人的利益出发,对厨房的经营发挥决定性的作用。

女厨师 Maike Kretschmer(K)是 B 的"厨房"部门的职员。她在企业的工作年限较长,因此比其他员工享有相对较长的解雇通知期限。K 是服务行业工会的成员,服务行业工会——与 B 所属的医院雇主联合会一样——也是公共服务团体协议的当事人。当 B 的股东大会确定了重整方案后,B 的总经理在周一将 B 的意见以及一些必要的资料传达至企业职工委员会,表明由于关闭医院"厨房"部门的决定,需要按规定的时间于 3 月 31 日解除与 K 的劳动关系。

在同一周的周四,企业职工委员会主席向 B 的总经理提交了一份于周三召开的企业职工委员会会议的会议记录摘要,记录中显示,出席会议的 6 名企业职工委员会成员已经"知悉"想要解雇 K 的事宜。其他 3 名企业职工委员会成员是否按规定出席了会议,在会议记录的摘要中没有写明。周五,总经理将书面解雇通知寄出。在下一周的周二,解雇通知送达 K。请为以下两个问题撰写鉴定式报告:

1. 对 K 的解雇是否有效?回答这一问题时请假设,企业职工委员会 9 名成员中的 3 名成员没有按规定出席会议。

2. 自 4 月 1 日起,K 和谁以及在什么条件下存在劳动关系?回答此问题时——与第一个问题的结论无关——需要假设,K 在 3 月 31 日收到的解雇无效。

初步思考

1 与**案例**1相同,本案涉及的问题也是解雇是否有效[**效力性案例考试**(Wirksamkeitsklausur),→导论,边码15之后]。梗概首先提供了正常的雇主解雇的审查结构(→案例1,边码6)。本案改编自联邦劳动法院的判决,该判决当时在理论界产生了很大的反响并且其内容至今还在更新。[1] 本案主要讨论的是,在进行与经营状况相关的解雇时公司自由的边界(《解雇保护法》第1条第2款第1句),这是**解除权**(Kündigungsrecht)的核心问题。**企业转让**(Betriebsübergang)的权利(《民法典》第613a条)结合企业转让后**团体协议适用**(Tarifgeltung)的问题的复杂程度,相当于高难度考试中的一个5小时的案例考试任务。

2 因为题目只要求对实体法律状况给出鉴定式报告,所以**问题1的答案**不宜按照"诉的合法性"与"诉的有理由性"这样的结构展开。但是,在德国的解雇法中大部分的**无效事由**(Unwirksamkeitsgründe)必须在书面解雇通知送达3周内通过向劳动法院起诉进行主张(《解雇保护法》第4条第1句)。[2] 否则,解雇自始有效(实体权利的除斥期间,《解雇保护法》第7条)。因此,对于实体法律状况的鉴定式报告需要参考《解雇保护法》第4条第1句结合第7条的诉讼请求(→边码10)。

3 案件事实的内容强行给出了两个无效事由:由于缺少企业职

---

[1] BAG 26.9.2002-2 AZR 636/01, BAGE 103, 31 = AP Nr. 124 zu § 1 KSchG Betriebsbedingte Kündigung m. Anm. *Bengelsdorf* = NZA 2003, 549 m. Aufs. *Annuß* (783) = EzA § 1 KSchG Betriebsbedingte Kündigung Nr. 124 m. Anm. *Thüsing/Stelljes* = AR-Blattei ES1020. 4 Nr. 10 m. Anm. *Neef* = SAE 2003, 233 m. Anm. *Adomeit* = DZWIR 2003, 240 m. Anm. *Adam*. Siehe auch Reuter, RdA 2004, 161; *von Hoyningen-Huene*, FS 50 Jahre BAG, 2004, S. 369.

[2] 详细内容参见:*Junker* ArbR Rn. 331-334。

工委员会的听证，解雇可能无效（《企业组织法》第 102 条第 1 款第 3 句），以及由于缺少解雇的社会正当性理由，解雇可能无效（《解雇保护法》第 1 条第 1 款、第 2 款第 1 句）。第三个需要论述的无效事由源于第二个问题：因为 S 自 4 月 1 日起需要接管现在的厨房和现有的资产，所以这不是一个**企业部分关闭**（Schließung dieses Betriebsteils）（随后重新开业）的问题，而是《民法典》第 613a 条第 1 款第 1 句意义上的**企业部分转让**（Übergang eines Betriebsteils）的问题。接下来的问题在于，K 的解雇能否被解释为"由于企业的部分转让"而无效（《民法典》第 613a 条第 4 款第 1 句）。

论证对象的顺序通过案件事实被"中立化"，这适用于，例如，按照规定**通知企业职工委员会**（Unterrichtung des Betriebsrats）（"B 的总经理在周一将 B 的意见以及必要的资料传达至企业职工委员会"），K 的**解雇通知期间**（Kündigungsfrist）以及可能的**社会选择**（Sozialauswahl）（《解雇保护法》第 1 条第 3 款）。这使得关注点集中在重要性上，即集中在对案件事实设置的法律问题的解析上。

问题 2 的答案的质量主要取决于，是否知道重整方案可能会导致《民法典》第 613a 条第 1 款第 1 句意义上的企业转让。**企业转让的前提条件**（Voraussetzungen des Betriebsübergangs），应当在依据《民法典》第 613a 条第 4 款第 1 句的框架下已经得出的问题 1 的答案中进行论述。如果企业转让成立，那么案例 2 的解答路径就应当依据《民法典》第 613a 条第 1 款第 2 句、第 3 句。如果《民法典》第 613a 条第 1 款第 1 句的前提条件不成立，那么《民法典》第 613a 条第 1 款第 2 句、第 3 句的法律后果就应当在**辅助鉴定式报告**（Hilfsgutachten）中予以论述（→导论，边码 82）。

此外，初步思考还需要计划如何分配当前撰写两个问题解析的**答题时间**（Bearbeitungszeit）。问题 2 不仅是问题 1 的附属问题，还是对问题 1 中疑难问题的延伸，所以应当给问题 2 预留足够的时间(至少是总答题时间的四分之一)。

解答

问题1：解雇的效力

7   如果满足解雇通知的一般要求(→边码8)，并且解雇既没有因为《企业组织法》第102条第1款第3句，又没有因为《解雇保护法》第1条第1款、第2款第1句或者《民法典》第613a条第4款第1句而无效，那么与K的劳动关系的解除就是有效的。

（一）解雇通知的要求

8   解雇是一个单方的需要接收的法定形成的意思表示，由解除权人以书面的形式(《民法典》第623条)发出且必须送达接收人。由此可以推论，书面的解雇通知必须包含明确的**解雇意图**(Kündigungswille)，即B于3月31日终止与K之间劳动关系的意图。当通知的内容在文本中以文字形式表述并且发出人通过自己的签名确认了文本中的内容[3]（《民法典》第126条第1款），那么解雇就符合《民法典》第623条的**形式规定**(Formvorschrift)。B作为法人，必须通过有代理权的自然人发出通知；根据《有限责任公司法》第35条第1款，第2款第1句、第2句的规定，应当由总经理履行**代理**(Vertretung)的义务。由此可以假设，是B的总经理依据《民法典》第126条第1款、《有限责任公司法》第35条第3款以法定形式发出解雇通知，并且依据《民法典》第130条第1款第1句完成了将解雇通知对K的必要**送达**(Zugang)。因此，解雇通知因周二成功送达而发生效力。如果不存在无效事由，那么该解雇可以产生预期的法律后果(于3月31日解除劳动关系)。

---

[3] MüKoBGB/*Einsele* § 126 Rn. 6, 10; MüKoBGB/*Henssler* § 623 Rn. 29.

（二）依据《企业组织法》第102条第1款第3句无效

该解雇可能依据《企业组织法》第102条第1款第3句无效。前提条件是，K依据规定提起的诉讼没有依据《解雇保护法》第4条第1句结合第7条的规定被排除（→边码10），并且解雇的发出"未经企业职工委员会的听证"（《企业组织法》第102条第1款第3句）（→边码11之后）。 9

1. 起诉的法定期间（《解雇保护法》第4条第1句结合第7条）

K必须依据《企业组织法》第102条第1款第3句的规定，在收到书面解雇通知的3周内，通过向劳动法院提起解雇保护之诉（《解雇保护法》第4条第1句）才能使解雇无效。如果超过起诉的法定期间，那么该解雇自始生效（《解雇保护法》第7条）；《企业组织法》第102条第1款第3句中的无效事由可以被回溯性地补正。[4] 在之后的论证中可以假设，《解雇保护法》第4条第1句结合第7条的要求已得到满足或者能够得到满足。 10

2. 完成企业职工委员会听证程序

因为解雇通知在《企业组织法》第102条第1款至第3款规定的听证程序结束之前就发出了，所以该解雇可能依据《企业组织法》第102条第1款第3句的规定无效。一般来说，不仅**不听证**（unterlassene Anhörung）会导致解雇无效，而且依据《企业组织法》第102条第1款第3句的规定，企业职工委员会的**瑕疵听证**（fehlerhafte Anhörung）也会导致解雇的无效。[5] 如果雇主在企业职工委员会发表意见的听证程序之前（《企业组织法》第102条第2 11

---

[4] MüKoBGB/*Hergenröder* KSchG § 7 Rn. 1；*Brox/Rüthers/Henssler* ArbR Rn. 521；*Dütz/Thüsing* ArbR Rn. 360, 432；*Junker* ArbR Rn. 334；*Krause* ArbR § 18 Rn. 73 a. E. ；*Reichold* ArbR § 6 Rn. 17；*Waltermann* ArbR Rn. 381；umfassend *Raab*, RdA 2004, 321（322-326）.

[5] BAG 4.8.1975-2 AZR 266/74, BAGE 27, 209（213）= AP Nr. 4 zu § 102 BetrVG 1972=JuS 1976, 126；BAG 3.11.2011-2 AZR 748/10, AP Nr. 65 zu § 1 KSchG 1969 Verhaltensbedingte Kündigung=NZA 2012, 607（Rn. 38）；GK-BetrVG/*Raab* § 102 Rn. 90.

款第 1 句)或者超过法定期间(《企业组织法》第 102 条第 2 款第 2 句)发出解雇通知,企业职工委员会的听证程序就是有瑕疵的。决定性的不是解雇通知的**送达**(Zugang)(《民法典》第 130 条第 1 款第 1 句),而是解雇通知的**发出**(Abgabe):解雇通知一旦发出,企业职工委员会就无法再左右雇主的解雇意图了。[6]

12 如果雇主能够从企业职工委员会的通知中推断企业职工委员会**不想再作进一步评论**(keine weitere Erörterung),那么听证程序在企业职工委员会发表意见时即宣告结束。[7] 企业职工委员会主席在其代理权限内可以依据《企业组织法》第 26 条第 2 款第 1 句作出上述意思表示。通过企业职工委员会周二给 B 的总经理**邮寄的会议记录摘要**(Übersendung einer Protokollnotiz)可以知道,企业职工委员会已经"知悉"预期的解雇事宜,所以对于企业职工委员会来说这一事务已经结束了。因此,B 的总经理可以在周五发出解雇通知。解雇的效力也并没有超过《企业组织法》第 102 条第 2 款第 1 句、第 2 句的时间限制。

3. 企业职工委员会决定的瑕疵

13 依据《企业组织法》第 102 条第 1 款第 3 句,可能存在导致解雇无效的听证程序的瑕疵,即企业职工委员会在周三的会议上作出的决定是有缺陷的[**决定瑕疵**(Beschlussmangel)]。根据《企业组织法》第 29 条第 2 款第 3 句的规定,主席应当邀请企业职工委员会的成员按照会议议程的通知准时参加会议。但是企业职工委员会的 9 名成员中,有 3 名成员没有出席。原则上,一个合规的决议应当是知晓决议事项的所有企业职工委员会成员共同起

―――――――
 [6] BAG 8.4.2003-2 AZR 515/02, BAGE 106, 14 (20)= AP Nr. 133 zu § 102 BetrVG 1972=NZA 2003, 961; ErfK/*Kania* BetrVG § 102 Rn. 3; HWK/*Ricken* BetrVG § 102 Rn. 20; GK-BetrVG/*Raab* § 102 Rn. 43.
 [7] BAG 16.1.2003-2 AZR 707/01, AP Nr. 129 zu § 102 BetrVG 1972 = NZA 2003, 927 (929); BAG 24.6.2004 - 8 AZR 461/03, AP Nr. 22 zu § 620 BGB Kündigungserklärung=NZA 2004, 1330 (1333).

草的。由于违反了这一项要求,企业职工委员会的决定无效。[8]

那么接下来的问题就是,这一决定瑕疵是否依据《企业组织法》第 102 条第 1 款第 3 句导致了解雇的无效。根据**领域理论**(Sphärentheorie),即使雇主知道或者能够推测,在企业职工委员会领域内的程序存在瑕疵,企业职工委员会意思表示瑕疵的责任也不能转嫁给雇主。否则,听证程序的效力就取决于雇主是否知道企业职工委员会内部程序的这一偶然事件。[9] 因此,B 的总经理自接收到会议记录摘要起,无须思考 3 名没有出席的企业职工委员会成员是否按照规定收到了邀请。企业职工委员会的决定瑕疵不影响解雇的效力。解雇不因《企业组织法》第 102 条第 1 款第 3 句的规定而无效。

(三)依据《解雇保护法》第 1 条第 1 款、第 2 款第 1 句无效

根据《解雇保护法》第 1 条第 1 款,如果解除与劳动者的劳动关系没有社会正当性,那么该解雇在法律上就是无效的。判断一项解雇是否有社会正当性,应当依据《解雇保护法》第 1 条第 2 款至第 5 款。根据这些条款(→边码 18 之后)仅仅可以知道,何时能够适用《解雇保护法》第 1 条的企业条款和人身条款(→边码 16),以及解雇的效力不会因《解雇保护法》第 4 条第 1 句结合第 7 条被排除(→边码 17)。

1.《解雇保护法》第 1 条的适用(《解雇保护法》第 1 条第 1 款、第 23 条第 1 款)

如果 B 在企业中除接受职业教育的学徒工之外雇用了 10 名

---

[8] BAG 23.8.1984-2 AZR 391/83, BAGE 46, 258 (263) = AP Nr. 17 zu § 103 BetrVG = NZA 1985, 254; DKKW/*Wedde* BetrVG § 33 Rn. 32; GK-BetrVG/*Raab* § 33 Rn. 52.

[9] BAG 24.6.2004 - 2 AZR 461/03, AP Nr. 22 zu § 620 BGB Kündigungserklärung = NZA 2004, 1330 (1333); HWK/*Ricken* BetrVG § 102 Rn. 48; einschränkend APS/*Koch* BetrVG § 102 Rn. 157

以上(《解雇保护法》第 23 条第 1 款第 2 句,第 3 句)劳动者,则《解雇保护法》第 1 条至第 14 条的**企业适用范围**(betriebliche Anwendungsbereich)被满足。满足这一数量要求需要考虑医院的营业额。《解雇保护法》第 1 条中**人员适用范围**(persönliche Anwendungsbereich)的前提条件是,K 在 B 公司中的劳动关系没有中断地存续了 6 个月以上(《解雇保护法》第 1 条第 1 款)。根据案件事实可以确信已经达到了上述期间的长度("长期从属于企业")。

2. 法定期间内起诉(《解雇保护法》第 4 条第 1 句结合第 7 条)

17 鉴于在法定期间内起诉的要求(《解雇保护法》第 4 条第 1 句结合第 7 条),可以参考《企业组织法》第 102 条第 1 款第 3 句的规定(→边码 10),该条构成《解雇保护法》第 1 条第 1 款、第 2 款第 1 句的无效事由。

3. 重大的经营需求(《解雇保护法》第 1 条第 2 款第 1 句)

18 根据《解雇保护法》第 1 条第 2 款第 1 句的规定,如果 B 在企业中继续雇用 K 有悖于重大的经营需求,那么该解雇具有社会正当性。

(1)抽象要求

19 针对解雇的经营需求可以来自**企业内部的情况**(innerbetrieblichen umständen)(合理化措施,扩大企业生产)或者受到来**自企业外部的影响**(außerbetriebliche Einflüsse)(订单不足,销售额下降)。[10] 经营需求必须是"重大的",而且解雇对企业的利益非常有必要。如果对雇主来说,除解雇以外不可能通过**其他措施**(andere Maßnahmen)满足技术、组织或者经济领域的经营状况,那么就符合解雇的前提条件。[11] 基于经营状况的解雇必须是无法

---

[10] BAG 10.7.2008-2 AZR 1111/06, AP Nr. 181 zu § 1 KSchG 1969 Betriebsbedingte Kündigung=NZA 2009, 312(Rn. 24);BAG 16.12.2010-2 AZR 770/09, AP Nr. 186 zu § 1 KSchG 1969 Betriebsbedingte Kündigung=NZA 2011, 505(Rn. 13).

[11] BAG 13.3.2008-2 AZR 1037/06, AP Nr. 176 zu § 1 KSchG 1969 Betriebsbedingte Kündigung=NZA 2008, 878(Rn. 12);BAG 20.11.2014-2 AZR 512/13, AP Nr. 207 zu § 1 KSchG 1969 Betriebsbedingte Kündigung=NZA 2015, 679(Rn. 14).

避免的。[12]

①经营决策

企业内部的原因(合理化措施,扩大企业生产)总是会涉及经营决策。劳动法院无须论证经营决策的必要性和合目的性。预先为雇主拟定特定的**公司政策**(Unternehmenspolitik)并由此干预雇主的**成本预算**(Kostenkalkulation),都不属于劳动法院的任务。是否及以何种方式来进行经济活动的决策,根据《基本法》第 2 条第 1 款、第 12 条和第 14 条的规定,属于受基本法保护的经营自主权。它包含了雇主决策的权利,即是否在企业内部继续进行特定的工作或者将工作转包出去。[13]

②工作岗位的减少

经营决策必须导致了一个或多个工作岗位的减少。如果决定只是为了工作岗位的存续,以"低廉的"人力替代"昂贵的"人力,就是公司自主权覆盖不到的所谓**交换解雇**(Austauschkündigung)。[14] 雇主的组织决定越接近解雇决定,对雇主**说明责任**(Darlegungslast)的要求就越高,必须说明经营决策的结果是取消了一个或多个就业需求。[15] 如果经营决策为了维系工作岗位,仅决定解雇一个或多个劳动者,那么应当遵循的是社会国原则(《基本法》第 20 条第 1 款)、劳动者的职业自由(《基本法》第 12 条第 1 款)和财产的社会约束(《基本法》第 14 条第 2 款),此时它处理的

---

[12] BAG 17.6.1999-2 AZR 141/99, BAGE 92, 71 (74) = AP Nr. 101 zu § 1 KSchG 1969 Betriebsbedingte Kündigung m. Anm. *Ehmann/Krebber* = NZA 1999, 1098 = EWiR 1999, 1179 (*Junker*); BAG 26.9.2002-2 AZR 636/01, BAGE 103, 31 (35).

[13] BAG 12.11.1998-2 AZR 91/98, BAGE 90, 182 (188) = AP Nr. 51 zu § 2 KSchG 1969 = NZA 1999, 471; BAG 26.9.2002-2 AZR 636/01, BAGE 103, 31 (35f.).

[14] BAG 26.9.1996-2 AZR 200/96, BAGE 84, 209 (214) = AP Nr. 80 zu § 1 KSchG 1969 Betriebsbedingte Kündigung = NZA 1997, 202; BAG 2.3.2017-2 AZR 546/16, AP Nr. 171 zu § 2 KSchG 1969 = NZA 2017, 905 (Rn. 21); *Junker* ArbR Rn. 371.

[15] BAG 27.4.2017-2 AZR 67/16, AP Nr. 100 zu § 1 KSchG 1969 Soziale Auswahl = NZA 2017, 902 (Rn. 34).

不是自由的经营决策。[16]

(2)本案中的适用

22　　根据现有的标准,医院经营者 B 的经营决策,即为了降低人力成本将"厨房"部门转让给 S,原则上不需要论证其事实的正当性或者合目的性。设立《增值税法》第 2 条第 2 款第 2 项意义上的将财政、经济和组织都并入 B 公司(Unernehmen)的子公司(S),以及将"厨房"部门转让给该子公司的行为均不构成滥用法律。[17] 增值税法上的机构必须仅在公司层面影响子公司(S);增值税法不要求企业对子公司的经营与运行产生影响。[18]

23　　在本案中,不仅需要成立税法上的机构,而且通过 B 和 S 之间的人员共享——S 的总经理必须来自 B 的领导层——B 想要维持对该**企业**(Betrieb)的实质性影响。B 虽然不是形式上的,但确是实际上负责支配和管理"厨房"部门工作岗位的主体。所以,B 的公司方案中涉及成本降低的内容,这实际上并没有改变企业的运行,即使厨房中确实存在用人需求,但还是应当对"厨房"部门的劳动者解释工作岗位减少的原因。[19]

①经营自主权的滥用

24　　联邦劳动法院认为在这种设定中应当进行**滥用审查**(Missbrauchskontolle),即总是应当审查经营决策是不是明显不客观的、不合理的或者是专断的。[20] 子公司的成立在这里的实际设定可能是**权利滥用**(rechtsmissbräuchlich)并且因此是与解雇权利无关

---

[16] BAG 27. 9. 2001-2 AZR 176/00, AP Nr. 6 zu § 14 KSchG 1969 = NJW 2002, 3192 (3194) = NZA 2002, 1277; BAG 26. 9. 2002-2 AZR 636/01, BAGE 103, 31 (36).

[17] BAG 26. 9. 2002-2 AZR 636/01, BAGE 103, 31 (38 sub e, aa, cc).

[18] Ausf. *Reuter*, RdA 2004, 161 (161 r. Sp.).

[19] BAG 26. 9. 2002-2 AZR 636/01, BAGE 103, 31 (38 sub e, cc).

[20] BAG 30. 4. 1987-2 AZR 184/86, BAGE 55, 262 (270 ff.) = AP Nr. 42 zu § 1 KSchG 1969 Betriebsbedingte Kündigung = NJW 1987, 3216; BAG 10. 7. 2008-2 AZR 1111/06, AP Nr. 181 zu § 1 KSchG 1969 Betriebsbedingte Kündigung = NZA 2009, 312 (Rn. 24).

的经营决策。组织形式的选择只能服务于以下目的,即对"厨房"部门的劳动者进行劳动保护并且能够将他们分开,从而能够在未来为其他需要支付更少报酬的劳动者设置工作岗位。如果这种结构获得了劳动法的承认,那么由于已经提供了解雇法的最低保护,就无须再援引基本法的保护。[21]

② 法律规避的构成要件

文献得出了相同的结论,但是支持该结论的观点对于联邦劳动法院仅仅意味着[22]:B 没有(通过明显的不客观、不合理或专断的方式)**滥用**(missbraucht)它的经营自主权,而是**虚构**(vorgetäuscht)了一个事实上不存在的经营决策——关闭企业的"厨房"部门。因为法律后果不能基于法律构建的现象而应基于真实性,所以不需要考虑与关闭(部分)企业有关的解雇可能性。[23]

必须遵循这个理由。处理案件所依据的事实涉及的是**法律规避**(Gesetzesumgehung)的情况:B 想通过必须来自 B 的领导层的 S 的总经理来维持对厨房的经营以及对厨房员工工作岗位的决定性影响。如果子公司 S 没有被设立,那么解雇 K 并不构成不合法的**交换解雇**(Austauschkündigung)。S 的这种形式性介入,实际上并没有改变 B 对厨房工作岗位的影响,因此从法律规避的角度来说无须考虑。

4. 小结

B 在 3 月 31 日之后虽然已经没有权利,但是事实上仍然支配着"厨房"部门的工作岗位。B 在股东大会上确定的重整方案仅仅是一个形式上的决定,并不是真的会导致 B 的工作岗位减少。

---

[21] BAG 26.9.2002-2 AZR 636/01, BAGE 103, 31 (38 sub e, cc).
[22] BAG 26.9.2002-2 AZR 636/01, BAGE 103, 31 (37 sub d).
[23] *Reuter*, RdA 2004, 161 (162 l. Sp.); s. auch *Adomeit*, SAE 2003, 237 (239).

决策中有一项尝试,即通过临时成立 S 来避免不合法的交换解雇,从而不能被认定为法律规避,但是它缺少了重大的经营需求(《解雇保护法》第 1 条第 2 款第 1 句)。没有其他原因显示解雇具有社会正当性,因此对于 K 的解雇根据《解雇保护法》第 1 条第 1 款无效。

(四)根据《民法典》第 613a 条第 4 款第 1 句无效

28 除《解雇保护法》第 1 条第 1 款、第 2 款第 1 句之外,还有一个规定可能会导致解雇的无效:根据《民法典》第 613a 条第 4 款第 1 句的规定,由原雇主因企业的转让或企业的部分转让而解除劳动关系,不生效力。前提条件除在法定期间起诉(→边码 29)外,还要存在企业转让(→边码 30 之后),以及"由于企业转让"发出了解雇通知(→边码 37)。

1. 法定期间内起诉(《解雇保护法》第 4 条第 1 句结合第 7 条)

29 与《企业组织法》第 102 条第 1 款第 3 句以及《解雇保护法》第 1 条第 1 款中的无效事由一样,《民法典》第 613a 条第 4 款第 1 句的适用也需要满足《解雇保护法》第 4 条第 1 句结合第 7 条的诉讼请求(参见《解雇保护法》第 4 条第 1 句的文本:"……或者基于其他事由被认定为无效……")。因为在法定期间内起诉,所以应当参照《企业组织法》第 102 条第 1 款第 3 句(→边码 10)。

2. 企业转让(《民法典》第 613a 条第 1 款第 1 句)

30 根据《民法典》第 613a 条第 1 款第 1 句的规定,企业或企业的部分必须通过法律行为转让给另一企业主。"厨房"部门从 B 转让给 S 必须满足这一条件。

(1)企业或企业的部分转让

31 3 月 31 日计划的措施针对的不是全部的(医院)企业,而是"厨房"那一个部门。它可能涉及的是《民法典》第 613a 条第 1 款第 1 句意义上的企业的部分转让。由于这一规则援引了欧盟法,在解释《民法典》第 613a 条时,需要考虑欧盟指令的支撑性规则。[24] 该指令并不区分企业与企业的部分,而是要求转让其保留**经济统一体**(wirtschaftlichen Einheit)的身份,是一种为了追求经济主要活动或者次要活动的组织资源的整合(第 2001/23/EG 号指令,第 1 条第 1 项 b 目)。所以,此时并不取决于德国法上企业和企业部分的区别,而取决于经济统一体的身份保留的转让。[25]

根据欧洲法院的司法判例,经济统一体是否**保留身份** 32 (Identität bewahrt),取决于相关公司的类型;如果公司是基于有形或无形的**生产工具**(Betriebsmittel)而存在的,那么首先就是对生产工具的转让。如果生产工具——如通常在劳务给付中——起不到很重要的作用,那么起决定性作用的就是**人员**(Personal)的转让。[26]

对于**医院的厨房**(Krankenhausküche),欧洲法院认为,这一领 33 域具有生产工具的特点,因为对于医院的伙食供给来说,大量的厨房空间和厨房资产是必要的。所以,对于厨房运行来说不可或缺的**生产工具**(Betriebsmittel)——空间与资产——应当被接管。**人员**(Personal)接管的缺失并不影响医院厨房保留经济统一体身

---

[24] Richtlinie 2001/23/EG des Rates vom 12. März 2001 zur Angleichung der Rechtsvorschriften der Mitgliedstaaten über die Wahrung von Ansprüchen der Arbeitnehmer beim übergang von Unternehmen, Betrieben oder Unternehmens-oder Betriebsteilen, ABl. EG Nr. L 82/2001, S. 16.

[25] BAG 7. 4. 2011-8 AZR 730/09, AP Nr. 406 zu § 613a BGB=NZA 2011, 1231 (Rn. 16); BAG 22. 5. 2014-8 AZR 1069/12, BAGE 148, 168 = AP Nr. 452 zu § 613a BGB=NZA 2014, 1335 (Rn. 19); AR/*Bayreuther* BGB § 613a Rn. 3; ErfK/*Preis* BGB § 613a Rn. 5; *Junker* ArbR Rn. 134; *Kamanabrou* ArbR Rn. 651; Reichold ArbR § 2 Rn. 56.

[26] EuGH 11. 3. 1997-C-13/95, Slg. 1997, I-1259-Ayse Süzen; EuGH 15. 12. 2005-C-232/04 u. a., Slg. 2005, I-11237-Güney-Görres; EuGH 26. 11. 2015-C-509/14, NZA 2016, 31 (Rn. 41)-ADIF/Aira Pascual.

份的转让。[27]

34　　本案中,S 应当在现有的厨房区域内工作。现有的资产将由其作为**占有人**(Besitzerin)(《民法典》第 854 条第 1 款)予以支配。《民法典》第 613a 条第 1 款第 1 句意义上的企业转让满足这一事实上的财产支配,此时并不需要考虑**财产**(Eigentum)(《民法典》第 903 条)是转让来的资产。[28] "厨房"部门在 3 月 31 日前后积累的工作是相同的;S 之后接管了医院的人员并且医院的患者也成为"客户来源"。S 没有接管 K 的厨房人员并不违背企业的转让。因此,"企业部分转让"的条件予以满足。

(2)转让给另一个企业主

35　　企业转让进一步要求,企业的一部分应当转让给"另一个企业主"。这实际上是**权利主体的变更**(Wechsel des Rechtsträgers)。[29] 在本案中,"厨房"部门应当从"风湿病医院 Büsum 有限责任公司"转让给服务有限责任公司,也就是转让给一个新的、权利自主的主体。这里也涉及企业部分**转让**(Übergang)给新的企业主,而不是——受制于《民法典》第 613a 条第 1 款第 1 句[30]——**关闭**(Stilllegung)后再重新开业:关闭企业要求经营活动的中断,但是这种中断并不存在,因为医院的厨房每天都需要运行并且 S 自 4 月 1 日起就要接管厨房的工作。"厨房"这一企业部分在 3 月 31 日后将转让给一个新的企业主。

---

[27] EuGH 20.11.2003-C-340/01, Slg. 2003, I-14023-Abler/Sodexho; s. auch EuGH 12.2.2009-C-466/07, Slg. 2009, I-803 (Rn. 44, 49)-Klarenberg; EuGH 20.7. 2017-C-416/16, NZA 2017, 1175 (Rn. 44)-Piscarreta Ricardo; EuGH 19.10.2017-C-200/16, NZA 2017, 1379 (Rn. 30)-Securitas.

[28] BAG 11.12.1997-8 AZR 426/94, BAGE 87, 296 (300)= AP Nr. 171 zu § 613a BGB=NZA 1998, 552=EWiR 1998, 687 (*Joost*).

[29] Nachw. bei ErfK/*Preis* BGB § 613a Rn. 43; Erman/*Edenfeld* BGB § 613a Rn. 6; Palandt/*Weidenkaff* BGB § 613a Rn. 11a; PWW/*Lingemann* BGB § 613a Rn. 4.

[30] BAG 12.11.1998-8 AZR 292/97, BAGE 90, 163 (167)= AP Nr. 186 zu § 613a BGB=NZA 1999, 310; *Junker* ArbR Rn. 136.

(3)通过法律行为的转让

最后,转让必须"通过法律行为"。对**法律行为的概念**(Begriff des Rechtsgeschäfts)应当作广义理解[31],只要经济统一体在**合同关系**(vertraglicher Beziehungen)的框架下变更即可。设立 S 的组织章程结合签订的关于厨房空间和资产的使用协议,足以实现法律行为的转让。因此,满足《民法典》第 613a 条第 1 款第 1 句的前提条件。

3. 基于转让的解雇(《民法典》第 613a 条第 4 款第 1 句)

解雇必须**基于企业部分**,即"厨房"的**转让**(wegen des Übergangs),才能满足《民法典》第 613a 条第 4 款第 1 句中禁止解雇的要求。基于其他原因的解雇根据《民法典》第 613a 条第 4 款第 2 句依然有效。企业转让必须构成解雇的**动机**(Beweggrund)。[32] 因为 S 接管"厨房"部门但不想同时接管原来的员工,而是准备招聘一部分工资比较低的新员工,所以 B 将 K 解雇。B 和 S 之间的约定构成企业转让,因此解雇的原因就是企业转让,构成《民法典》第 613a 条第 4 款第 1 句中的解雇禁止。

(五)问题1的结论

解雇 K 的行为不仅违反了《解雇保护法》第 1 条第 1 款中禁止解雇的规定,也违反了《民法典》第 613a 条第 4 款第 1 句中禁止解雇的规定。所以,该解雇无效。

---

[31] EuGH 29. 7. 2010-C-151/09, NZA 2010, 1014(Rn. 25)-UGT/FSP;EuGH 6. 9. 2011-C-108/10, NZA 2011, 1077(Rn. 63)-Scattolon;s. dazu *Junker* ArbR Rn. 137.

[32] BAG 13. 11. 1997-8 AZR 295/95, BAGE 87, 115(117)= AP Nr. 169 zu § 613a BGB=NZA 1998, 251;BAG 20. 9. 2006-6 AZR 249/05, AP Nr. 316 zu § 613a BGB =NZA 2007, 387(Rn. 33);ErfK/*Preis* BGB § 613a Rn. 153-156;*Hromadka/Maschmann* ArbR II § 19 Rn. 96.

问题 2:4 月 1 日以后劳动关系的法律状况

39　　由于 3 月 31 日的解雇无效,接下来的问题就是,4 月 1 日以后 K 的合同相对人是谁(→边码 40),以及 K 的工作条件是否还要继续遵照公共服务团体协议(→边码 41 之后)。最后,K 想要确认的是,通过法律行为的意思表示是否会影响她享受之后的工作条件(→边码 47 之后)。

(一)劳动关系的转移(《民法典》第 613a 条第 1 款第 1 句)

40　　自 4 月 1 日起,K 的合同相对人可能是 S。如果《民法典》第 613a 条第 1 款第 1 句的**条件**(Voraussetzung)成立,那么**法律后果**(Rechtsfolge)就是新的企业主从转让时起进入现存劳动关系的权利义务关系中。这是雇主方合同当事人的变更。[33]"厨房"部门从 B 转让到 S 满足了企业转让的条件(→边码 30 之后)。那么新的企业主 S 已经通过法定的合同转让进入了劳动关系产生的私法上的权利义务关系中。自 4 月 1 日起,S 是 K 的合同相对人。

(二)团体协议的工作条件(《民法典》第 613a 条第 1 款第 2 句、第 3 句)

41　　问题在于,企业转让在 K 的劳动关系中对公共服务团体协议的适用有什么样的影响。

1. 转移与变更阻却(《民法典》第 613a 条第 1 款第 2 句)

42　　根据《民法典》第 613a 条第 1 款第 2 句的规定,通过团体协议的权利规范调整的权利和义务将成为新企业主与劳动者之间劳动关系的内容[**转移**(Transformation)]。本条的前提条件是,基于双方团体协议约束力或者基于具有强制力的一般约束声明适用于原企业主

---

[33] BAG 22.2.1978-5 AZR 800/76, AP Nr. 11 zu § 613a BGB=RdA 1978, 199; ErfK/*Preis* § 613a Rn. 66; Palandt/*Weidenkaff* BGB § 613a Rn. 23.

(B)的团体协议规则是具有决定性意义的。[34] B 和 K 之间的劳动关系满足**双方受到团体协议约束**(beiderseitiger Tarifgebundenheit)的条件,因为双方均是公共服务团体协议当事人的成员。

因为新的雇主(S)不属于医院雇主联合会,所以公共服务团体协议自 4 月 1 日起不再产生双方团体协议约束的效力。因此,公共服务团体协议的规则根据《民法典》第 613a 条第 1 款第 2 句具有私法上的效力。[35]《民法典》第 613a 条第 1 款第 2 句进一步规定,源于团体协议继续在私法上适用的规则,不得在企业转让后的 1 年内为使劳动者遭受不利而予以变更[**变更阻却**(Veränderungssperre)]。

2.通过新团体协议代替(《民法典》第 613a 条第 1 款第 3 句)

根据《民法典》第 613a 条第 1 款第 2 句的规定,公共服务团体协议的继续适用可能会被排除,因为 S 所属的雇主联合会与营养、食品与餐厅工会(NGG)签订了餐饮团体协议。根据《民法典》第 613a 条第 1 款第 3 句的规定,如果新的企业主通过**另一团体协议**(anderen Tarifvertrags)的权利规范规定了权利义务,那么就不会发生《民法典》第 613a 条第 1 款第 2 句中的转移。依据《民法典》第 613a 条第 1 款第 3 句,"通过新的团体协议代替"有哪些要求,尚且没有统一的判断标准。

(1)单方的团体协议约束

一部分文献认为雇主单方受到团体协议约束就可以实现对原有团体协议的代替。[36] 根据这一观点,即使 K 不是签订餐饮

---

[34] BAG 19.9.2007-4 AZR 711/06, BAGE 124, 123=AP Nr. 328 zu § 613a BGB =NZA 2008, 241 (Rn. 13); *Hromadka/Maschmann* ArbR II § 19 Rn. 113; *Junker* ArbR Rn. 552.

[35] ErfK/*Preis* BGB § 613a Rn. 113; AR/*Bayreuther* BGB § 613a Rn. 60; Erman/Edenfeld BGB § 613a Rn. 72 f.; PWW/*Lingemann* BGB § 613a Rn. 20.

[36] Zöllner, DB 1995, 1401 (1403); *Heinze*, FS Schaub, 1998, S. 275 (289 ff.).

团体协议的 NGG 工会的成员,依据《民法典》第 613a 条第 1 款第 3 句的规定,在 S 和 K 的劳动关系中,适用于 S 的餐饮团体协议也可以代替公共服务团体协议。这一观点可以避免企业内部发生**团体协议竞合**(Tarifpluralität)并且能够使雇主在企业内部仅适用一个团体协议。[37] 但是这一愿景与《民法典》第 613a 条在企业转让的情况下维持原有团体协议保护劳动者的目的相冲突。[38] 企业受让人单方受到团体协议约束,足以使被接管的劳动者丧失《民法典》第 613a 条第 1 款第 2 句规定的原有团体协议内容的保护。

(2)双方的团体协议约束

46   因此,主流观点认为,只有新企业主与劳动者均受到新团体协议的约束才能够实现对原有团体协议的代替。[39] 为此,在劳动者保护的观点外(→边码 45),法律还规定:除了《民法典》第 613a 条第 1 款第 2 句,《民法典》第 613a 条第 1 款第 3 句也以工作条件"被团体协议调整"为前提条件。依据《民法典》第 613a 条第 1 款第 2 句在个体法上继续适用的情况,仅在团体协议在转让前就已经在劳动关系中规范适用的情况下予以考虑。[40] 虽然 S 基于餐饮联合会成员的身份受到餐饮团体协议的约束,但是 K 并不属于签订团体协议的 NGG 工会。由于并非双方受到团体协议约束,根据《民法典》第 613a 条第 1 款第 3 句的规定,公共服务团体协议的规则没有被餐饮团体协议的规范所代替。

---

[37] Explizit *Zöllner*, DB 1995, 1401 (1404).

[38] BAG 21.2.2001-4 AZR 18/00, BAGE97, 101 = AP Nr. 20 zu § 4 TVG = NZA 2001, 1318 (1322) = SAE 2002, 19 m. Anm. *Kamanabrou*.

[39] BAG 30.8.2000-4 AZR 581/99, BAGE 95, 296 = AP Nr. 12 zu § 1 TVG Bezugnahme auf Tarifvertrag = NZA 2001, 510 (512); BAG 22.1.2003-10 AZR 227/02, AP Nr. 242 zu § 613a BGB = DB 2003, 1852; AR/Bayreuther BGB § 613a Rn. 65; *Hromadka/Maschmann* ArbR II § 19 Rn. 117; *Junker* ArbR Rn. 553.

[40] ErfK/*Preis* BGB § 613a Rn. 117; *Wiedemann/Oetker* TVG § 3 Rn. 202.

(三)对转移的异议(《民法典》第613a条第6款)

根据《民法典》第613a条第6款的规定,劳动者可以在《民法典》第613a条第5款中的通知送达后的1个月内就劳动关系的转移书面提出异议。如果K在企业转让给S之后的工作条件变差,那么K就可以考虑提出异议。虽然根据《民法典》第613a条第1款第2句的规定,公共服务团体协议的权利和义务会成为K和S劳动关系的内容[**转移**(Transformation)]。但是1年内**变更阻却**(Veränderungssperre)也有可能会改善团体协议规则给K带来的不利。所以有必要论证,异议对于K是否有意义。

1. 异议的前提条件与法律后果

异议必须依据《民法典》第613a条第6款第1句在《民法典》第613a条第5款中的通知送达后的1个月内书面提出。异议的接收人既可以是企业出让人,也可以是企业受让人(《民法典》第**613a条第6款第2句**)。K可以在收到通知后的1个月内——此处假设——向B或S就其劳动关系的转移书面提出异议。理由不是必要的。[41] 劳动者按照法律并且在合法期间内提出异议的**法律后果**(Rechtsfolge)是其与原雇主之间的劳动关系继续存在。[42] K和B之间的劳动关系在提出异议后继续存在。

2. 解雇可能性

即便K与原企业主(B)的劳动关系继续维持,提出异议的劳动者K在医院厨房的工作岗位还是要转让给受让人(S)。所以问题在于,原企业主在企业转让存在异议的情况下,是否能够作出

---

[41] BAG 19.3.1998-8 AZR 139/97, BAGE 88, 162 = AP Nr. 177 zu § 613a BGB = NZA 1998, 750 (751) = SAE 1998, 319 m. Anm. *Weber*; BAG 30.9.2004-8 AZR 462/03, BAGE 112, 124 = AP Nr. 275 zu § 613a BGB = NZA 2005, 43 (46); AR/*Bayreuther* BGB § 613a Rn. 142.

[42] AR/*Bayreuther* BGB § 613a Rn. 148; Palandt/*Weidenkauff* BGB § 613a Rn. 53.

有效的解雇。解雇的实质原因并不是企业转让,而是劳动者拒绝为新的企业主工作,所以《民法典》第613a条第4款第1句并不排除解雇的可能性。

50 但是,企业出让人必须注意《解雇保护法》第1条的条件。通过企业转让取消了B企业中K的工作岗位,构成《解雇保护法》第1条第2款第1句意义上的重大经营需求。如果B企业中已经没有其他适合K的就业机会,并且也没有有利于K的社会选择,那么解雇就可以生效。在这些条件下,K如果提出异议将会丧失自己的工作。

(四)问题2的结论

51 K自4月1日起依据《民法典》第613a条第1款第1句与S建立劳动关系(→边码40)。公共服务团体协议中的权利和义务依据《民法典》第613a条第1款第2句将成为K与S劳动关系的内容,并且在下一年度的4月1日之前不得使K遭受不利而予以变更(→边码41之后)。依据《民法典》第613a条第1款第3句,上述内容不会被餐饮团体协议的规范限制,因为缺少必要的团体协议约束(→边码44之后)。依据《民法典》第613a条第6款,虽然K可以对其劳动关系的转移以及由此导致的工作条件影响提出异议(→边码47之后),但是仅在B存在《解雇保护法》第1条第2款第2句中的继续雇用可能时,或者K依据《解雇保护法》第1条第3款在B的不同劳动者中应当被纳入有利于她的社会选择时,才推荐提出异议(→边码49之后)。

案例 7　非正常解雇

Nach BAG 15. 8. 2002-2 AZR 514/01, NZA 2003, 795

相关主题：嫌疑解雇；解除通知期间，《民法典》第 626 条第 2 款；正常解雇，《解雇保护法》第 1 条第 1 款、第 2 款；最后手段原则；权利失效

深入学习参见：Junker ArbR § 6 II (Rn. 394-415)

案件事实

44 岁的 Karl Kahn(K)是在柏林赌场有限责任公司(B)工作了 18 年的荷官。1 月 18 日晚上，一个女服务员告诉轮盘大厅的主管，她注意到 K 偷偷将价值 500 欧元的代币(筹码)推向了玩家 S。大厅主管将此事告诉了 B 的总经理，B 立即与 K 进行谈话。K 承认自己认识 S 并且由于买二手车而欠了他钱，K 承认有可能晚上给 S 推过去了一些筹码，因为他对 S 有一些愧疚。

总经理决定先对 K 进行刑事举报并且在刑事程序结束之前对他采取劳动法上的惩罚措施。柏林地方法院的检察官于 3 月 6 日停止了对 K 的调查，女服务员在警察询问时说她记不起来之前的事情了。K 和 S 在调查程序中均拒绝供述。停止调查通知在几周后送达 B 和 K 处。总经理注意到了停止调查通知，但是由于工作疏忽没有联系到主管人员。总经理认为，主管人员已经对解雇作好了准备，但是由于工作繁忙而忘了这件事。

11月23日,周一,K在21:00至21:30暂时接替了一会儿轮盘大厅主管的工作。在此期间,K负责管理的一位荷官暗中塞给一位客人价值1000欧元的筹码。注意到这一过程的领班说,K在接替轮盘大厅主管工作的这段时间内不太适应,离开了桌子几分钟。B怀疑K离开桌子是为了让荷官能够把钱塞给客人。在B的总经理召开的听证会上,K认为这种指控是"胡扯",但是没有对此事作出进一步解释。被B非正常解除劳动关系的荷官否认了K的参与。有问题的客人也未被调查。

12月7日,周一,B向K发出书面通知,要求立即解除双方的劳动关系且立即生效,或者劳动关系按照法定期限于下一年的6月30日起自动解除。B解雇K的理由是其认为K在1月18日的行为被证明为刑法上的犯罪行为并且严重怀疑K在11月23日的行为也属于犯罪行为。11月25日,企业职工委员会知悉了所有已经发生的案件事实和B的解雇意图,但是没有给出任何意见。

K问,他能否成功地应对该解雇?

初步思考

1　　本案提出的问题是关于解雇保护之诉的,所以——与**案例1**和**案例6**一样——属于**效力性案例考试**(Wirksamkeitsklausur)(→导论,边码15之后)。根据《解雇保护法》第4条第1句结合第7条,以及第13条第1款第2句的规定,"成功地应对"(如案例问题)要求提起正常解雇或者非正常解雇的诉讼,这与是否属于《解雇保护法》中与企业经营状况相关的适用范围(参见《解雇保护法》第23条第1款第2句、第3句)无关。所以需要审查该诉的合法性与有理由性。**案件事实**(Sachverhalt)虽然并不是特别复杂,内容也不是特别丰富,但是涉及两个关键情节和大量的数据。所以,推荐先制作如下**时间表**(→导论,边码44):

时间表

1 月 18 日	K 承认,给了玩家 S 筹码 B 举报
之后	K 和 S 拒绝供述(《刑事诉讼法》第 136 条、第 55 条) 警察询问女服务员:记不起来
3 月 6 日	刑事调查程序停止
11 月 23 日	(周一)K 离开了桌子一会儿 荷官暗中塞给客人筹码(价值 1000 欧元)
11 月 25 日	企业职工委员会知悉解雇意图
12 月 7 日	(周一)书面解雇通知送达 K

诉的合法性(Zulässigkeit der Klage)在鉴定式报告中并非需要特别提出的问题,所以这一审查要点可以简要处理(参见**梗概 1** 中的**结构模式**,→案例 1,边码 4)。然后必须注意到,**诉的有理由性**(Begründetheit der Klage)取决于对《解雇保护法》第 4 条第 1 句中 3 周期限的遵守。这不仅适用于正常解雇(《解雇保护法》第 7 条),也适用于非正常解雇(《解雇保护法》第 13 条第 1 款第 2 句)。只有 K 最晚在 12 月 28 日,即周一这一天向法院起诉,该诉才能成功(《民法典》第 187 条第 1 款、第 188 条第 2 款,《民事诉讼法》第 166 条、第 167 条)。所以,把"及时起诉"的审查要点放在前面是有道理的,可以避免个案中无效事由的重复(另一个应对,即涉及个案中无效事由,→案例 6,边码 10、17 和 29)。

由于雇主作出非正常解雇的同时也发出了正常解雇的通知,解雇之诉必须针对这**两个解雇**提出,因为每个解雇都构成一个单独的争议焦点。审查的顺序也要预先考虑"辅助"发出的正常解雇。如果非正常解雇是**无效的**(unwirksam),那么下一步就要审查正常解雇的效力。如果非正常解雇是有效的,那就无须再审查正常解雇的效力了。关于正常解雇的审查要点的总体概览可以

参见**梗概**2(→案例1,边码6)。以下梗概包含了非正常解雇的**结构模式**(Aufbauschema):

梗概8:非正常解雇的效力

1. 通知,形式(《民法典》第623条),代理,送达[1]
2. 除斥期间(《解雇保护法》第13条第1款第2句结合第4条第1句、第7条)
3. 企业职工委员会的参与(《企业组织法》第102条第1款、第2款第3句)
4. 特别的无效事由[2]
5. 重大事由(《民法典》第626条第1款)
(1)"本身"适当的事由
(2)全面的利益衡量
6. 解除通知期限(《民法典》第626条第2款)

答题者在案件事实的最后可以知道,K在11月23日的犯罪行为虽然没有得到证实,但是可能存在足够的可接受刑罚的嫌疑,所以应当考虑嫌疑解雇:如果已经通过事实嫌疑能够认定劳动者不再具有履行合同义务的能力,那么不管是**被证明的违约行为**(nachgewiesene Vertragsverletzung),还是**可受刑罚行为的嫌疑**(Verdacht einer strafbaren Handlung),或者其他特别严重的违法行为都可以依据司法判例和主流的理论观点判定解雇合法。[3]如果雇主以被证明的犯罪行为为由解雇,则属于**犯罪解雇**(Tatkündigung),如果雇主以可受刑罚行为的高度可能性或者其他明显违反义务的行为为由解雇,则属于嫌疑解雇。

---

[1] Detailübersicht: *Junker* ArbR Rn. 330 (Übersicht 6.1).

[2] Detailübersicht: *Junker* ArbR Rn. 349 (Übersicht 6.2).

[3] BAG 3.4.1986-2 AZR 324/85, AP Nr. 18 zu § 626 BGB Verdacht strafbarer Handlung=NZA 1986, 677 (678); BAG 25.10.2012-2 AZR 700/11, BAGE 143, 144 = AP Nr. 51 zu § 626 BGB Verdacht strafbarer Handlung=NZA 2013, 371 (Rn. 13).

劳动法院可以将提交的案件事实转而从犯罪解雇和嫌疑解雇的角度来评估。[4] 以下是嫌疑解雇审查(结构模式)的梗概[5]:

梗概9:嫌疑解雇(结构模式)
1. 解雇的理由必须是存在**嫌疑**(Verdacht)
2. 嫌疑的**客观依据**(Objektive Anhaltspunkte)
3. 犯罪行为的**高度可能性**(Überwiegende Wahrscheinlichkeit)
4. 经过证明,犯罪事实必须能够**使解雇正当化**(Kündigung rechtfertigen)
5. 嫌疑必须足以**破坏信任**(Vertrauen zu zerstören)
6. 雇主必须已经对所有可期待性进行**阐明**(Aufklärung)
7. 解雇发出之前必须对劳动者进行**听证**(Anhörung)

7

解答

成功应对雇主作出的解雇需要以在合法期限内提起**解雇保护之诉**(Kündigungsschutzklage)为前提(《解雇保护法》第13条第1款第2句结合第4条第1句、第7条)。所以问题在于,K是否针对B提起了有效的解雇保护之诉。因此该诉必须具有合法性和有理由性。

8

(一)诉的合法性

如果诉是向具有管辖权的法院提起的并且进一步满足事务判决的条件,那么该诉就具有合法性。劳动法院的法律途径——柏林劳动法院的**事务管辖权**(sachliche Zuständigkeit)——遵循

9

---

[4] BAG 2.3.2017-2 AZR 698/15, AP Nr. 55 zu § 626 BGB Verdacht strafbarer Handlung=NZA 2017, 1051 (Rn. 35).

[5] Ausf. zu diesem Prüfungsgang DDZ/*Däubler* BGB § 626 Rn. 161 ff.; Erman/*Belling/Riesenhuber* BGB § 626 Rn. 112 ff.; MüKoBGB/*Henssler* § 626 Rn. 240-251.

《劳动法院法》第 2 条第 1 款第 3 项 b 目的规定,由于当事人对是否存在劳动关系存在争议,法院应当在**判决程序**(Urteilsverfahren)中予以裁决(《劳动法院法》第 2 条第 5 款)。依据《劳动法院法》第 46 条第 2 款第 1 句结合《民事诉讼法》第 17 条第 1 款第 1 句的规定,如果假设《民事诉讼法》第 17 条第 1 款第 2 句意义上的 B 的行政管理事务在柏林进行,那么柏林劳动法院享有**地域管辖权**(örtliche Zuständigkeit)。柏林劳动法院的地域管辖权还需要遵守《劳动法院法》第 48 条第 1a 款的规定(经常工作地的法院)。该诉是针对 B 的,其**当事人资格**(Parteifähigkeit)应当遵循《民事诉讼法》第 50 条第 1 款结合《有限责任公司法》第 13 条第 1 款的规定。B 的**诉讼能力**(Prozessfähigkeit)应通过其总经理的诉讼代理实现(《有限责任公司法》第 35 条第 1 款)。

10   对于**诉讼行为能力**(Postulationsfähigkeit),在一审中——在劳动法院中——K 要么作为所谓的自然当事人自己进行诉讼(《劳动法院法》第 11 条第 1 款第 1 句),要么让他人代理其进行诉讼(《劳动法院法》第 11 条第 2 款)。[6] **诉讼申请**(Klageantrag)的内容(《劳动法院法》第 46 条第 2 款第 1 句结合《民事诉讼法》第 253 条第 2 款第 2 项)应当参照《解雇保护法》第 4 条第 1 句的文本。K 此时应当注意,他必须应对两个解雇:B 进行了**非正常解雇**,并且在非正常解雇无效的情况下进行了**辅助性的正常解雇**。这里涉及两个争议焦点(非真正的辅助之诉)。因此 K 必须提起一个确认之诉,确认 12 月 7 日的"解雇"没有致使劳动关系消灭(参见《解雇保护法》第 4 条第 1 句的文本)。**确认利益**(Feststellungsinteresse)源于《解雇保护法》第 7 条结合第 13 条第 1 款第 2 句。如果考虑到现有的要求,那么解雇保护之诉具有合法性。

---

〔6〕 Ausf. AR/*Heider* ArbGG § 11 Rn. 4 ff.; Schwab/Weth/*Weth* ArbGG § 11 Rn. 6 ff.; MHdB ArbR/*Jacobs* § 343 Rn. 21.

(二)诉的有理由性

如果非正常解雇无效,辅助性作出的正常解雇也无效,那么该诉就是有理由的。

1. 非正常解雇的效力

如果 12 月 7 日的非正常解雇可以满足解雇通知的一般要件,即企业职工委员会按规定参与并且符合《民法典》第 626 条的条件,则该非正常解雇有效。

(1)解雇通知

非正常解除必须以书面形式由解除权人发出并且送达接收人。**书面形式**(Schriftform)(《民法典》第 623 条)与**送达**(Zugang)(《民法典》第 130 条)在案件事实中已经明确。B 在发出解雇通知时还必须具备有效的**代理**(Stellvertretung)权限。可以假设,有权代理人——如总经理(《有限责任公司法》第 35 条第 1 款、第 2 款第 1 句)——以 B 的名义签署书面解雇通知(《民法典》第 164 条第 1 款第 1 句)。如果非正常解雇的通知没有提及**解除事由**(Kündigungsgrund)(《民法典》第 626 条第 2 款第 3 句的观点),该解雇通知也可能生效。因此,12 月 7 日的解雇事由书面说明对解雇的效力而言没有必要,但是也没有不利影响。解雇通知的一般要件已经得到满足。

(2)及时起诉(《解雇保护法》第 13 条第 1 款第 2 句结合第 4 条第 1 句、第 7 条)

以必要的书面形式(《民法典》第 623 条)发出,送达劳动者(《民法典》第 130 条)并且可归因于雇主(《民法典》第 164 条第 1 款第 1 句)的**正常解雇**(ordentliche Kündigung),如果没有在 3 周内受到劳动法院解雇保护之诉的影响(《解雇保护法》第 4 条第 1 句结合第 7 条),那么该解雇自始有效。该规定同样适用于**非正常解雇**(außerordentliche Kündigung)(《解雇保护法》第 13 条第 1

款第 2 句)。在此情况下,企业是否属于《解雇保护法》的适用范围(《解雇保护法》第 23 条第 1 款第 2 句、第 3 句:"第 4 条至第 7 条,以及第 13 条第 1 款第 1 句和第 2 句的例外。")并不影响这一结论。

15　　K 必须在 3 周的期限内提起解雇保护之诉,从而保护自己的权利免受非正常解雇以及辅助性作出的正常解雇的侵害。**期间开始**(Fristbeginn)于 12 月 8 日周二(解雇送达的次日);**期间结束**(Fristende)于 12 月 28 日周一(《民法典》第 187 条第 1 款、第 188 条第 2 款)。K 提起非正常解雇之诉与正常解雇之诉的诉状必须在当日 24 点之前提交至法院(《民事诉讼法》第 166 条、第 167 条)。如果 K 超过了这一期限——但不存在书面形式(《民法典》第 623 条)、送达(《民法典》第 130 条)以及代理权的瑕疵(《民法典》第 164 条、第 174 条)〔7〕——那么所有非正常解雇与正常解雇的无效事由将被回溯性地补正。〔8〕可以假设,K 注意到了及时起诉的要求。

(3)企业职工委员会的参与(《企业组织法》第 102 条第 1 款、第 2 款第 3 句)

16　　根据《企业组织法》第 102 条第 1 款第 3 句的规定,未经企业职工委员会听证发出的解雇通知无效;不仅是**没有听证**(unterlassener Anhörung),还包括企业职工委员会的**瑕疵听证**(fehlerhafter Anhörung)。〔9〕听证程序的瑕疵可能是,B 没有等待企业职工委员会的意见就直接发出了解雇通知;决定性的是解雇通知的

---

〔7〕 Junker ArbR Rn. 332; Kamanabrou ArbR Rn. 1255; Krause ArbR § 18 Rn. 73.
〔8〕 vHHL/*von Hoyningen-Huene* KSchG § 13 Rn. 13; MüKoBGB/*Hergenröder* KSchG § 13 Rn. 14, 15.
〔9〕 BAG 16. 9. 1993-2 AZR 267/93, BAGE 74, 185 (194)= AP Nr. 62 zu § 102 BetrVG 1972=NZA 1994, 311; BAG 3. 11. 2011-2 AZR 748/10, AP Nr. 65 zu § 1 KSchG 1969 Verhaltensbedingte Kündigung=NZA 2012, 607 (Rn. 38); GK-BetrVG/*Raab* § 102 Rn. 90; HWK/*Ricken* BetrVG § 102 Rn. 47.

发出(Abgabe),而不是解雇通知的送达(Zugang)。[10]* 就非正常解雇而言,企业职工委员会需要在3天的期限(Frist von drei Tagen)内给出意见(《企业组织法》第102条第2款第3句)。3天的期限自雇主的通知送达企业职工委员会时开始计算,送达当日不被计算在内(《民法典》第187条第1款);于期间的最后一日结束(《民法典》第188条第1款)。如果期间的最后一日是周末或其他法定节假日,那么期间的结束日顺延至下一个工作日(《民法典》第193条)。B在11月25日,即周三通知了企业职工委员会。因此,根据《民法典》第187条第1款、第188条第1款、第193条,企业职工委员会给出意见的期限截至11月30日(周一)。所以,B可以自12月1日(周二)起发出解雇通知。12月7日发出的解雇通知因而并没有提前,也不因《企业组织法》第102条第1款第3句无效。

(4)解雇通知的期限(《民法典》第626条第2款第1句、第2句)

非正常解雇的通知应当在知道解雇事由后的2周除斥期间内发出(《民法典》第626条第2款第1句)。该期间自解雇权人知晓对解雇具有决定性的事实的时间点起算(《民法典》第626条第2款第2句)。如果解雇通知在2周期限(Zweiwochenfrist)内没有送达接收人,那么就不存在重要的原因,非正常解雇无效[11](实体法的除斥期间)。B有两个理由(事实复杂)支撑非正常解雇,即不同的日期。

---

〔10〕 BAG 8.4.2003-2 AZR 515/02, BAGE 106, 14 (20)= AP Nr. 133 zu § 102 BetrVG 1972=NZA 2003, 961; ErfK/*Kania* BetrVG § 102 Rn. 3; GK-BetrVG/*Raab* § 102 Rn. 43.

* 雇主只有在发出解雇通知前没有等待企业职工委员会的意见的情况下,才会致使解雇通知无效,而不是在解雇通知送达前没有等待企业职工委员会的意见,因为企业职工委员会的意见会直接影响雇主是否有权发出解雇通知。——译者注

〔11〕 Erman/*Belling/Riesenhuber* BGB § 626 Rn. 138; DDZ/*Däubler* BGB § 626 Rn. 358; PWW/*Lingemann* BGB § 626 Rn. 12; MüKoBGB/*Henssler* § 626 Rn. 318.

① 1 月 18 日的事件

18　　B 将 1 月 18 日的事件认定为被证明的 K 与刑法有关的犯罪行为,想以此作为非正常解雇的理由[**犯罪解雇**(Tatkündigung)]。对于这一事件的控诉可能会依据《民法典》第 626 条第 2 款第 1 句、第 2 句被排除。《民法典》第 626 条第 2 款第 1 句意义上的**有解除权的人**(kündigungsberechtigte Person)在任何情况下都是 B 的总经理,因为根据《有限责任公司法》第 35 条第 1 款的规定,总经理被任命为 B 的组织代理人。对解雇具有《民法典》第 626 条第 2 款第 2 句意义上的**决定性事实**(maßgebenden Tatsachen)的了解,意味着对作为判断劳动关系存续或消灭的基础的案件事实有确定的和全面的信息。[12] 只有在解雇权人已经查明案件事实的前提下,才能够开始计算除斥期间。[13]

19　　在查明需求的调查中需要区分:如果被调查人无条件地承认了针对其指控的行为,就没有必要再继续查明。[14] 如果从 1 月 18 日 K 作出的声明中可以推论,他给了 S 一些筹码,"这有可能是"一种**供认**(Geständnis),所以 2 周的期限应当从当日开始计算。如果在 K 的声明中没有供认或者对此不能够确定或者无法证明,那么雇主就没有理由基于对可受刑罚行为的怀疑进行解雇。雇主还需要进一步等待刑事程序的结果。[15] 因此 2 周的期限应该从**调查停止命令**(Einstellungsverfügung)"几周后"送达 B 的 3 月 6 日起开始计算:此时,B 已经无法再从刑事程序中查明更

---

[12] BAG 5.12.2002-2 AZR 478/01, AP Nr. 63 zu § 123 BGB (Bl. 3R)＝DB 2003, 1685; *Erman/Belling/Riesenhuber* BGB § 626 Rn. 138; *Palandt/Weidenkaff* BGB § 626 Rn. 23.

[13] BAG 29.7.1993-2 AZR 90/93, AP Nr. 31 zu § 626 BGB Ausschlussfrist＝NZA 1994, 171 (173)＝SAE 1994, 205 m. Anm. *Belling*; *MüKoBGB/Henssler* § 626 Rn. 297.

[14] *MüKoBGB/Henssler* § 626 Rn. 299.

[15] BAG 22.11.2012-2 AZR 732/11, AP Nr. 241 zu § 626 BGB＝NZA 2013, 665 (Rn. 31); *HWK/Sandmann* BGB § 626 Rn. 368; *MüKoBGB/Henssler* § 626 Rn. 299.

多的信息了。所以,B 不能在非正常解雇的框架下,再援引 1 月 18 日的事件来作证(《民法典》第 626 条第 2 款第 1 句、第 2 句)。

②11 月 23 日的事件

B 还认为,11 月 23 日的事件可以造成对可受刑罚行为的重大怀疑,基于此,B 也可以作出非正常解雇。**嫌疑解雇**(Verdachtskündigung)的除斥期间依据《民法典》第 626 条第 2 款第 1 句、第 2 句,应当自解雇权人可靠地知晓嫌疑和一定程度上存在免责的情况时起算,上述情况使解雇权人能够对嫌疑及其影响作出最终的判断。[16] 这一标准在本案中无须再进一步深化,因为即使 11 月 23 日的事件构成**犯罪解雇**(Tatkündigung),12 月 7 日发出的解雇通知也满足了《民法典》第 626 条第 2 款第 1 句、第 2 句中的 2 周期限。因为嫌疑最早也只能在 11 月 23 日产生,所以 11 月 23 日的事件满足《民法典》第 626 条第 2 款第 1 句、第 2 句的要求。

(5)《民法典》第 626 条第 1 款的前提条件

根据《民法典》第 626 条第 1 款的规定,如果存在犯罪事实,那么劳动关系可以由于**存在重大事由**(wichtigem Grund)而被解除,如果解除事由不可归因于被解除人,那么劳动关系在解除通知期间结束前依然存续;适用本条时必须考虑个案中的所有情况并且衡量合同当事人双方的利益[**利益衡量**(Interessenabwägung)]。《民法典》第 626 条第 1 款的构成要件包含两个限制要素,即"本身"存在重大事由且需要利益衡量。[17]

---

[16] BAG 27.11.2011-2 AZR 825/09, BAGE 137, 54 = AP Nr. 49 zu § 626 BGB Verdacht strafbarer Handlung = NZA 2011, 798(Rn. 14 ff.);BAG 20.3.2014-2 AZR 1037/12, AP Nr. 54 zu § 626 BGB Verdacht strafbarer Handlung = NZA 2014, 1015(Rn. 14);MüKoBGB/*Henssler* § 626 Rn. 313.

[17] BAG 8.5.2014-2 AZR 249/13, AP Nr. 247 zu § 626 BGB = NZA 2014, 1258(Rn. 16);BAG 18.12.2014-2 AZR 265/14, AP Nr. 250 zu § 626 BGB = NZA 2015, 797(Rn. 14);*Junker* ArbR Rn. 400;*Kamanabrou* ArbR Rn. 1303, 1304.

①存在重大事由

22　　鉴于 11 月 23 日的事件,基于对可受刑罚行为的怀疑,可能构成《民法典》第 626 条第 1 款意义上的重大事由。如果嫌疑行为损害了雇主对劳动者的正直品行的信赖,那么不仅被证明违反义务的行为,而且**可受刑罚行为的嫌疑**(Verdacht einer strafbaren Handlung)(或者其他重大违反义务的行为)也可以成为解雇的合法事由。[18] 由于嫌疑解雇既不包括有罪指控也不包括刑事制裁,根据《刑事诉讼法》第 170 条第 2 款第 1 句的规定,刑事调查程序的中断或刑事程序中的释放与此类解雇的请求权并不冲突。[19] 一些学者持批评意见,因为这可能会使无过错的人丧失工作岗位[20],所以应当考虑严苛的要求。[21] 被证明违反义务的行为构成与劳动者行为有关的解雇(犯罪解雇),嫌疑解雇——与损害对劳动者正直品性的信赖相关——在体系上涉及的是**与劳动者人身有关的解雇**(personenbedingte Kündigung)。[22]

②怀疑作为重大事由

23　　基于怀疑的解雇相对于基于犯罪的解雇具有独立的构成要件,该构成要件具有特殊的前提条件:雇主必须只是因为怀疑才成立解雇,这种怀疑源于导致犯罪行为具有高度可能性的客观依据。此外,劳动者被怀疑的犯罪事实在被证明存在的情况下,必

---

[18] BAG 14. 9. 1994-2 AZR 164/94, BAGE 78, 18 (25) = AP Nr. 24 zu § 626 BGB Verdacht strafbarer Handlung m. Anm. *Belling/Künster* = NZA 1995, 269; BAG 21. 11. 2013-2 AZR 797/11, BAGE 146, 303 = AP Nr. 53 zu § 626 BGB Verdacht strafbarer Handlung m. Anm. *Bayreuther* = NZA 2014, 243 (Rn. 16).

[19] BAG 20. 8. 1997-2 AZR 620/96, AP Nr. 27 zu § 626 BGB Verdacht strafbarer Handlung = NZA 1997, 1340 (1341); BAG 2. 3. 2017-2 AZR 698/15, AP Nr. 55 zu § 626 BGB Verdacht strafbarer Handlung = NZA 2017, 1051 (Rn. 24 f.).

[20] DDZ/*Däubler* BGB § 626 Rn. 259; Deinert, AuR 2005, 285 (296).

[21] Erman/*Belling/Riesenhuber* BGB § 626 Rn. 112; MüKoBGB/*Henssler* § 626 Rn. 242.

[22] Erman/*Belling/Riesenhuber* BGB § 626 Rn. 112; MüKoBGB/*Henssler* § 626 Rn. 240; *Junker* ArbR Rn. 411; *Belling*, FS Kissel, 1994, S. 11 (24).

须使**犯罪解雇正当化**(Tatkündigung rechtfertigen),而且这种怀疑足以**损害**对于劳动关系存续必要的**信赖**(Vertrauen zu zerstören)。最后,雇主必须完成所有可以预见的**查明**(Aufklärung)案件事实的步骤,尤其是组织对劳动者的**听证**(Anhörung)。[23] 问题是,12月7日的解雇是否满足上述前提条件。

  A. 只有当雇主**怀疑**(gerade der Verdacht)(没有证明的)可受刑罚的行为损害了对劳动关系存续的必要信赖而进行解雇时,嫌疑解雇才成立[24]:由于犯罪解雇和嫌疑解雇涉及的是两种不同的解雇事由,雇主必须认识到,解雇不可以基于被证明的犯罪行为。本案中,B 在解雇书面通知中区分了 1 月 18 日和 11 月 23 日的事件并且对于后者仅仅是基于怀疑,而不是基于被证明的犯罪行为解雇。

  B. 怀疑必须依据**客观的线索**(objektive Anhaltspunkte),这些客观线索可以证明犯罪行为的**高度可能性**(überwiegende Wahrscheinlichkeit)。[25] 在本案中——只是对短暂接替轮盘主管的工作很不适应——离开桌子,对 K 帮助荷官实施的侵吞行为来说只是一个很弱的证据(《刑法典》第 27 条,第 246 条第 1 款、第 2 款)。因为荷官否认 K 参与了犯罪行为,所以不构成以帮助的形式实施犯罪。由于没有进一步证据显示 K 是帮助犯,无论如何也不会构成参与犯罪的"高度"可能性。由于缺乏足够的嫌疑,因而不构成《民法典》第 626 条第 1 款意义上的重大事由。所以 12 月

24

25

---

  [23] Überblick: *Junker* ArbR Rn. 411; Einzelheiten: DDZ/*Däubler* BGB § 626 Rn. 261 ff.; Erman/*Belling/Riesenhuber* BGB § 626 Rn. 112-116.

  [24] BAG 14.9.1994-2 AZR 164/94, BAGE 78, 18 (25f.) = AP Nr. 24 zu § 626 BGB Verdacht strafbarer Handlung = NZA 1995, 269 = SAE 1996, 52 m. Anm. *Weber*; BAG 24.5.2012-2 AZR 206/11, AP Nr. 50 zu § 626 BGB Verdacht strafbarer Handlung = NZA 2013, 137 (Rn. 16).

  [25] BAG 6.12.2001-2 AZR 496/00, AP Nr. 36 zu § 626 BGB Verdacht strafbarer Handlung = NZA 2002, 847; BAG 21.6.2012-2 AZR 694/11, AP Nr. 68 zu § 9 KSchG 1969 = NZA 2013, 199 (Rn. 21).

7日的非正常解雇无效。

2. 正常解雇的效力

26　　12月7日发出的非正常解雇的通知无效,接下来的问题就是辅助性发出的正常解雇是否有效。如果12月7日发出的正常解雇通知符合解雇通知的一般要件(→边码27),企业职工委员会按照规定参与(→边码28)且解雇依据《解雇保护法》第1条第1款、第2款具有社会正当性(→边码29之后),则该正常解雇有效。

(1)解雇通知

27　　需要满足解雇通知的一般要件。书面形式(《民法典》第623条)、通过B的代理人发出(《民法典》第164条第1款第1句,《有限责任公司法》第35条第1款、第2款第1句),以及送达(《民法典》第130条)等规则的适用与同一文本中发出的非正常解雇通知是一样的(→边码13)。问题在于仅作为"辅助"发出的解雇是否具有合法性[**辅助解雇**(Eventualkündigung)]。虽然解除原则上是一个不附条件的单方权利形成的意思表示[26],但是先前发出的非正常解雇通知的无效并不是《民法典》第158条意义上的条件,而是所谓的**法前提**(Rechtsbedingung)(非真正的前提),法前提的存在仅仅是正常解雇的效力前提而非阻碍。[27] 因此,满足解雇通知的一般要求。

(2)企业职工委员会的参与(《企业组织法》第102条第1款,第2款第1句、第2句)

28　　企业职工委员会也必须对辅助性发出的正常解雇进行听证,

---

[26] BAG 15.3.2001-2 AZR 705/99, BAGE 97, 193(194)= AP Nr. 26 zu § 620 BGB Bedingung=NZA 2001, 1070; DDZ/*Deinert* Einl. Rn. 117; MHdB ArbR/*Wank* § 96 Rn. 34; *Junker* ArbR Rn. 324.

[27] DDZ/*Deinert* Einl. Rn. 119; ErfK/*Müller-Glöge* BGB § 622 Rn. 22; *Hromadka/Maschmann* ArbR I § 10 Rn. 44.

只不过不适用《企业组织法》第102条第2款第3句的3天期限，而是适用《企业组织法》第102条第2款第1句、第2句中1周的期限。B按照规定通知了其企业职工委员会，提出意见的期间应当适用《企业组织法》第102条第2款第1句、第2句的规定（对于期间中断，→边码16）。

(3) 根据《解雇保护法》第1条第1款、第2款第1句无效

解雇还必须根据《解雇保护法》第1条之后的规定（一般解雇保护）生效。如果《解雇保护法》第1条之后规定（《解雇保护法》第1条第1款、第23条第1款）的适用范围被开启，而且解雇没有社会正当性（**《解雇保护法》第1条第1款**），那么正常解雇无效。可以假设，B在位于柏林的企业中雇用了10名以上劳动者（《解雇保护法》第23条第1款第2句，第3句），满足了《解雇保护法》第1条中的**企业适用范围**（betriebliche Anwendungsbereich）。K已经被B雇用了18年，所以一般解雇保护的**人员适用范围**（persönliche Anwendungsbereich）——《解雇保护法》第1条第1款，即6个月的等待期——得到满足。应当适用一般解雇保护。

如果12月7日的正常解雇不是基于人身原因、劳动者的行为或者重大经营需求，那么该解雇没有社会正当性（**《解雇保护法》第1条第2款第1句**）。11月23日的事件导致对K正直品性的信赖丧失了，可能构成《解雇保护法》第1条第2款第1句意义上的**K的人身原因**，这一原因使得解雇具有正当性。虽然嫌疑解雇也可以作为正常解雇被发出，但是它的条件比非正常的嫌疑解雇更宽松一些。[28] 这一条件没有得到满足（→边码25）。正常解雇可能依据《解雇保护法》第1条第2款第1句的规定**由于K的行为**具有社会正当性。因此，必须"本身"存在一个可以证明解雇

29

30

---

[28] BAG 21.11.2013-2 AZR 797/11, BAGE 146, 303 = AP Nr. 53 zu § 626 BGB Verdacht strafbarer Handlung = NZA 2014, 243（Rn. 31）; *Hoefs*, Die Verdachtskündigung, 2001, S. 262.

正当性的与劳动者行为相关的事由。具体是指,K 通过税法上的和可归因于他的作为或不作为,违反了劳动关系的主义务或从义务。[29] 因为筹码被委托给 K 管理,所以 **1 月 18 日的事件**——暗中塞给客人价值 500 欧元的筹码——不仅构成犯罪(《刑法典》第 246 条第 1 款、第 2 款),而且——K 是否作为单独罪犯受到刑罚并不重要——**违反了劳动关系的从义务**(Verletzung einer Nebenpflicht)。K 声称他"有可能"给了 S 一些筹码,通过生活常识可以认定这是对违反义务的承认。

31 适用于所有解雇保护法的**比例原则**(Verhältnismäßigkeit),在与劳动者行为相关的解雇中将预先**警告**(Abmahnung)视为一种"温和的手段",除非违反义务的行为非常严重,即劳动者一开始就无法期待他的行为会获得同意并且必须清楚他的行为会危及他的工作岗位[**没有必要**(Entbehrlichkeit)的警告]。[30] 荷官的工作很特别,因为他的工作需要处理大量的代币,这些代币都是在赌场收银台由现金换取的,所以实际上荷官就是在处理现金。只要有一次故意处理筹码的行为造成了雇主的损失,后果就会非常严重,荷官必须考虑到他的劳动关系将会被终止。所以,基于 1 月 18 日违法行为的解雇就没有必要预先提出警告了。

32 与劳动者行为相关的解雇的社会正当性依据《解雇保护法》第 1 条第 1 款、第 2 款第 1 句还要求——自解雇送达时起——进行**消极预测**(negative Prognose),即未来不可能实现劳动关系的可信赖

---

[29] BAG 19.4.2012-2 AZR 156/11, AP Nr. 67 zu § 1 KSchG 1969 Verhaltensbedingte Kündigung=NZA 2012, 1274 (Rn. 16); BAG 20.6.2013-2 AZR 583/12, AP Nr. 93 zu § 1 KSchG 1969=NZA 2013, 1345 (Rn. 24); DDZ/*Däubler* KSchG § 1 Rn. 685; vHHL/*Krause* KSchG § 1 Rn. 488; MüKoBGB/*Hergenröder* KSchG § 1 Rn. 190.

[30] BAG 10.2.1999-2 ABR 31/98, AP Nr. 42 zu § 15 KSchG=NZA 1999, 708; BAG 9.6.2011-2 AZR 381/10, AP Nr. 234 zu § 626 BGB=NZA 2011, 1027 (Rn. 17 ff.); *Junker* ArbR Rn. 369, 406.

存续[31],以及**充分的利益衡量**(umfassende Interessenabwägung),即衡量在劳动关系存续时劳动者的利益与在解除劳动关系时雇主的利益。[32] 对于两个无法严格区分的审查要点来说会产生很重要的影响的一点,就是12月7日的解雇差不多是在**1月18日的事件**(K承认罪行的同一天)过去的11个月之后作出的。如果出于其他考量,B由于**到期**(Zeitablauf)被禁止在12月7日的解雇事由中援引"本身"的原因,那么就没有必要再进行预测和利益衡量了。所以有三个需要考虑的点:

①解雇通知的期限(《民法典》第626条第2款第1句、第2句)

如果B没有超过《民法典》第626条第2款第1句、第2句的期限,那么1月18日的严重事件极有可能使非正常解雇具有正当性(→边码19)。所以就会产生这样一个问题,即在这样的一个案件中——基于同一个事件——正常解雇在《民法典》第626条第2款第1句、第2句的使用范围内是否同样受到时间限制。如果劳动者的行为并不是很严重并且没有满足《民法典》第626条第1款的要求,那么被正常解雇的人的处境会稍微好一些。这一评价矛盾禁止就像有时间限制的非正常解雇那样,将《民法典》第626条第2款第1句、第2句的期限适用于基于相同事实作出的正常解雇。[33]

②正常解雇的法定除斥期间

当非正常解雇通知必须遵守《民法典》第626条第2款第1

---

[31] BAG 26.1.1995-2 AZR 649/94, BAGE 79, 176 (187 f.) = AP Nr. 34 zu § 1 KSchG 1969 Verhaltensbedingte Kündigung = NZA 1995, 517; *Brox/Rüthers/Henssler* ArbR Rn. 476; *Junker* ArbR Rn. 363; MüKoBGB/*Hergenröder* KSchG § 1 Rn. 113.

[32] BAG 22.7.1982-2 AZR 30/81, AP Nr. 5 zu § 1 KSchG Verhaltensbedingte Kündigung m. Anm. *Otto*=NJW 1983, 700 (701); BAG 15.12.2016-2 AZR 42/16, AP Nr. 76 zu § 1 KSchG 1969 Verhaltensbedingte Kündigung=NZA 2017, 703 (Rn. 11); *Junker* ArbR Rn. 364; vHHL/*Krause* KSchG § 1 Rn. 231; MüKoBGB/*Hergenröder* KSchG § 1 Rn. 119.

[33] 本案按照以下判决编写,该判决中与本案一致:BAG 15.8.2002-2 AZR 514/01, NZA 2003, 795 (796)。

句、第 2 句的短期限时,尽管正常解雇也要受到《解雇保护法》第 1 条的适用范围中特定事由的约束,但是法律没有预先规定正常的雇主解雇的通知期限。所以问题在于,是否必须进行《解雇保护法》第 1 条适用范围中的"法定除斥期间"的法律续造。《民法典》第 626 条第 2 款第 1 句、第 2 句中的除斥期间具体化了失效的一般法律设定。[34] 丧失权利基于《民法典》第 242 条的原则普遍限制了雇主进行正常解雇的权利,因此对于进一步的法律续造既没有动机也没有必要。[35]

③丧失权利的原则(《民法典》第 242 条)

35　　B 有可能由于丧失权利而无法援引 1 月 18 日的事件来正当化 12 月 7 日的解雇。根据《民法典》第 242 条的规定,如果雇主知道解雇事由却长时间不作为并且没有发出解雇通知,那么即使对其来说解雇是可能的且可以预期的[**时间因素**(Zeitmoment)],雇主也丧失了正常解雇的权利。对于劳动者来说,只有雇主的耐心等候才能引起劳动者的信赖,并且进而期待继续建立劳动关系[**情节因素**(Umstandsmoment)]。[36] 两个条件必须同时满足,仅有期限届满(不作为)不能满足条件。[37]

36　　在本案中,B——将 K 的陈述认定为供认——完全可以在 1 月 18 日之后直接发出解雇通知。但是不管怎么样,在 3 月 6 日之

---

〔34〕 BAG 28.10.1971-2 AZR 32/71, BAGE 23, 475 (479) = AP Nr. 1 zu § 626 BGB Ausschlussfrist m. Anm. *Küchenhoff* = NJW 1972, 463; DDZ/*Däubler* BGB § 626 Rn. 327; Erman/*Belling/Riesenhuber* BGB § 626 Rn. 139; MüKoBGB/*Henssler* § 626 Rn. 281; Staudinger/*Preis* (2012) BGB § 626 Rn. 286.

〔35〕 BAG 15.8.2002-2 AZR 514/01, NZA 2003, 795 (796).

〔36〕 BAG 9.7.1958-2 AZR 438/56, BAGE 6, 165 (167) = AP Nr. 9 zu § 242 BGB Verwirkung m. Anm. *Larenz* = NJW 1958, 1988; DDZ/*Däubler* BGB § 242 Rn. 12; vHHL/*Krause* KSchG § 1 Rn. 246.

〔37〕 BAG 1.8.1958-1 AZR 475/55, AP Nr. 10 zu § 242 BGB Verwirkung m. Anm. *Denecke* = RdA 1959, 118; vHHL/*Krause* KSchG § 1 Rn. 247; KR/*Griebeling* KSchG § 1 Rn. 250; BAG 15.8.2002-2 AZR 514/01, NZA 2003, 795 (796).

后的"几周"内收到停止调查命令后,可以期待 B 的回应是对参与人再次进行询问。在 3 月 6 日之后的"几周",自停止调查命令送达后差不多过去了 7 到 8 个月(**时间因素**),K 无须再担心会遭到解雇(**情节因素**)。一些组织事务使得 B 忘记了这件事,因此既不会受到时间因素的影响,也不会阻碍情节因素的产生。

还有一个基本权利的观点也支持丧失权利的假设。如果雇主长时间将解雇事由"闷在心里"并且可能在合适的时机于未来某个时间点主张解除没有任何异议的持续性劳动关系,那么就侵犯了劳动者的**职业自由**(Berufsfreiheit)(《基本法》第 12 条第 1 款)。[38] 如果雇主长时间"隐藏"解雇事由并且在这段时间内给劳动者带来可能被解雇的认识从而控制劳动者的行为,那么就侵犯了劳动者的**行为自由**(Handlungsfreiheit)(《基本法》第 2 条第 1 款)。[39] 所以,依据《民法典》第 242 条(丧失权利),B 被禁止以 1 月 18 日的事件作为 12 月 7 日的解雇事由。因为缺乏解雇事由,所以正常解雇依据《解雇保护法》第 1 条第 1 款法定无效。

3. 结论

K 既可以成功地应对非正常解雇,也可以成功地应对辅助性作出的正常解雇。两项解雇均无效。

---

[38] BAG 28.4.1994-8 AZR 157/93, BAGE 76, 334 = AP Nr. 13 zu § 20 Einigungsvertrag = NZA 1995, 169; BAG 15.8.2002-2 AZR 514/01, NZA 2003, 795 (797),此外,对劳动者提供的保护不是通过比例原则实现的,而是通过权利丧失的原则实现的。

[39] BAG 25.2.1983-2 AZR 298/81, AP Nr. 14 zu § 626 BGB Ausschlussfrist = NJW 1983, 2720 (2721); DDZ/*Däubler* BGB § 626 Rn. 325; ErfK/*Müller-Glöge* BGB § 626 Rn. 200.

案例 8　团体协议的溯及力

Nach BAG 23. 11. 1994－4 AZR 879/93，BAGE 78，309＝AP Nr. 12 zu § 1 TVG Rückwirkung＝NZA 1995，844

相关主题：团体协议的后续效力，《团体协议法》第 4 条第 5 款；团体协议的消除；超额支付的返还，《民法典》第 812 条；不当得利的丧失，《民法典》第 818 条第 3 款

深入学习参见：*Junker* ArbR § 8（Rn. 500－589）

案件事实

能源供应商 Badenwerk 有限责任公司（B）与能源行业工会（IGE）签订了一份公司团体协议，该团体协议于当年 6 月 30 日到期（以下简称"旧团体协议"）。同年 3 月 15 日，团体协议当事人向全体员工发出一项"总体声明"，称双方将对工资结构的全面调整进行协商。协商的一个部分涉及工资级别 IIa 的执行，其作用在于，缩小录用学徒工的前两年接受职业教育期间的工资（800 欧元）与入职工资（3600 欧元）之间的差距。由于总体内容的复杂性，直到 10 月 1 日才签订新的公司团体协议（以下简称"新团体协议"）。根据新团体协议第 5 条，其追溯至 4 月 1 日生效。

能源行业工会成员 Julia Keller（K）将于 1 月 1 日结束职业教育后被录用为 B 的发电厂电子工程师，并且归入旧团体协议的工资级别 III。旧团体协议包含在刚开始工作的前 9 个月，税前工资为每月 3600 欧元。根据新团体协议，发电厂电子工程师在前两

个工作年度中,适用新规定的工资级别 IIa,即每月 3300 欧元。K 从 10 月到 12 月都没有收到足额工资,每月都被扣除了 600 欧元,以抵扣依据新团体协议在 4 月至 9 月每月多发的 300 欧元。12 月 31 日 K 从 B 辞职。她要求 B 支付 2700 欧元。

她的理由是,从 10 月至 12 月她本该享有每月 3600 欧元的税前工资。在 1 月 1 日被录用时,她可以信赖自己所享有的团体协议约定的工作报酬不应被毫无根据地降低。B 获得了高额利润;没有理由降低团体协议的约定条件。企业职工委员会也没有同意适用新的工资级别。

从 4 月到 9 月她应当享有每月获得 3600 欧元报酬的权利。10 月 1 日生效的新团体协议追溯至 4 月 1 日生效,导致她每月的工资减少了 300 欧元,这是对既得利益的不法侵害,不仅应当在旧团体协议到期(6 月 30 日)前执行旧团体协议,而且要在之后尚未签订新团体协议的时间段内继续执行旧团体协议。她没有打开带有"总体声明"附件的邮件(因为病毒风险)。

K 认为,B 无论如何都不应该扣除她 10 月至 12 月之间 1800 欧元的工资:B 本应自 3 月 15 日起考虑到工资级别 IIa 被溯及既往地执行。3 月她和男友搬到一起住,在接下来的几个月内,她所有的工资都用要来支付生活用品和房屋装修的花销,本就微薄的工资变得更少了。

变形:如果 K 在 9 月 30 日到期前已经终止了劳动关系并且在此前几个月每月从工资中节省了 500 欧元,那么 B 享有要求 K 返还 1800 欧元的请求权吗?

初步思考

劳动者要求补充支付部分工资,因为劳动者认为雇主不支付这部分工资的行为属于违法行为。因此,本案属于**请求权案例考** 1

试(Anspruchsklausur)(→导论,边码 9、11 之后)。**基础案例**(Grundfall)由两个相对独立的综合案例组成:从 10 月起雇主适用新团体协议,每个月降低 K 的工资 300 欧元;在**履行**(Erfüllung)K 的工资请求时少了**900 欧元**,这被视为不法行为(《民法典》第 362 条第 1 款)。另外,每个月降低的 600 欧元只能通过**抵销**(Aufrechnung)实现;那么雇主必须享有**1800 欧元**的可抵销的反请求权(《民法典》第 387 条)。

2 程序法上的问题不需要讨论,因为劳动者只有**支付请求**(Zahlungsverlangen)需要进行论证(→导论,边码 5)。K 的工资请求权只能源于团体协议。团体协议的内容规范直接约束受团体协议约束的双方当事人(《团体协议法》第 4 条第 1 款第 1 句)。K 和 B 属于受到团体协议约束的双方当事人(《团体协议法》第 3 条第 1 款)。所以**请求权基础**(Anspruchsgrundlage)不仅是劳动合同结合《民法典》第 611a 条第 2 款,还包括两个团体协议的相关权利规范。对于**变形**(Abwandlung)案例,规范效力同样很重要(《团体协议法》第 4 条第 1 款第 1 句)。以下梗概展示的是基于团体协议的请求权的审查结构:

梗概 10:基于团体协议的请求权(结构模式)

3 请求权基础:团体协议结合《团体协议法》第 4 条第 1 款第 1 句的规范

1.团体协议的成立(《团体协议法》第 1 条、第 2 条)
(1)《团体协议法》第 1 条第 2 款中形式的一致
(2)根据《团体协议法》第 2 条团体协议当事人的团体协议能力
(3)团体协议当事人同等的团体协议权限
2.团体协议规范的约束(《团体协议法》第 3 条、第 5 条)
(1)双方团体协议约束力,《团体协议法》第 3 条第 1 款
(2)单方团体协议约束力,《团体协议法》第 3 条第 2 款
(3)一般约束声明,《团体协议法》第 5 条

3. 团体协议规范的作用(《团体协议法》第 4 条)

(1) 依据《团体协议法》第 4 条第 3 款中变形 1 的保留条款

(2) 依据《团体协议法》第 4 条第 3 款中变形 2 的有利条款

(3) 团体协议的继续效力,《团体协议法》第 4 条第 5 款

4. 团体协议规范的效力范围

5. 团体协议规范的前提条件

上述结构模式在**团体协议法案例考试**(tarifrechtlichen Klausur)中很少能够全部被完成,更多是在上述框架下进行简要论证和调整。在本案中,特别需要处理的是结构模式中第 4 项的时间效力范围(团体协议条款的溯及力?),以及结构模式第 3 项(3)中的继续效力(无团体协议时的溯及力?)。案件事实中反复出现的 K 的陈述包含了大量的**解题线索**(Bearbeitungshinweise)(→导论,边码 32)。**时间表**(Zeittabelle)(→导论,边码 44)既可以很好地帮助总结案件事实,又可以表明对团体协议工资请求的请求权基础的季度变化:

4

时间表

		5
1 月 1 日	K 与 B 建立劳动关系	
3 月 15 日	团体协议当事人的"总体声明"	
4 月 1 日	新团体协议产生溯及力 (扣除接下来一个季度的 900 欧元)	
7 月 1 日	旧团体协议的继续效力 (继续扣除接下来一个季度的 900 欧元)	
10 月 1 日	新团体协议生效 (在接下来的一个季度内团体协议季度工资减少 900 欧元)	
12 月 31 日	K 与 B 的劳动关系终止	

解答

第一部分:基础案例

一、支付900欧元(10月至12月)

6 　　如果K和B之间存在**劳动合同**(Arbeitsvertrag)(《民法典》第611a条第1款)并且B应当支付的**工资**(Vergütung)(《民法典》第611a条第2款)每月比B所依据的3300欧元多300欧元,那么K享有向B要求补充支付10月至12月900欧元的请求权:这意味着总额为900欧元的工资请求未得到履行(《民法典》第362条第1款)。K自1月1日至12月31日以发电厂电力工程师的身份在B处工作,K有义务以人身依附性为特征给付受指示约束、非自主决定的劳动,因此存在**劳动关系**(Arbeitsverhältnis)(《民法典》第611a条第1款)。作为主张**工资**(Vergütung)请求权的法律状况(《民法典》第611a条第2款),应当考虑团体协议的规范。

　　(一)基于旧团体协议结合《团体协议法》第4条第1款第1句的请求权

7 　　K和B之间的劳动关系于1月1日成立(旧团体协议),所以请求权可以依据团体协议有效成立。因此,旧团体协议必须有效,并且旧团体协议的内容规范必须在案例提问的期间内对K和B产生直接且强制的团体协议约束力(规范效力)。

　　1. 团体协议的成立(《团体协议法》第1条、第2条)

8 　　团体协议必须维持和促进劳动与经济条件(《基本法》第9条第3款)并且由有团体协议能力的当事人在团体协议权限的框架内签订(《团体协议法》第1条第1款、第2条);团体协议必须以书面形式签订(《团体协议法》第 1 条第 2 款结合《民法典》第 126 条第 1 款)。旧团体协议规定了 B 公司内的工作条件,由此可以推论,团体协议是以**书面形式**(Schriftform)签订的。单个雇主(B)的**团体协议能力**(Tariffähigkeit)应当遵守《团体协议法》第 2 条第 1 款。可以假设,能源行业工会满足司法判例设定的关于工会团体协议能力的条件,特别是实施能力(社会影响力)。[1] 同样可以假设能源行业工会也符合**团体协议权限**(Tarifzuständigkeit)的不成文效力性要求——在合规业务领域的框架下行事[2];具有有效的团体协议能力的单个雇主对整个公司和自己所有的劳动者来说都是有团体协议权限的。[3] 所以,可以判定签订旧团体协议的目的是实现团体协议的有效成立。

2. 团体协议规范的约束力(《团体协议法》第 3 条第 1 款)

如果劳动者被分在旧团体协议中的工资级别 III 组,那么雇主依据团体协议负有每月支付 3600 欧元的义务,所以额外支付 10 月至 12 月 900 欧元的请求权只能够依据团体协议的规则成立。**分组**(Eingruppierung)是在企业现行的工资规则中对劳动者的第一次划分。[4] 关于分组的团体协议规则是《团体协议法》第

---

[1] BAG 14.12.2004-1 ABR 51/03, BAGE 113, 82 (95)= AP Nr. 1 zu § 2 TVG Tariffähigkeit = NZA 2005, 697;BAG 5.10.2010-1 ABR 88/09, AP Nr. 7 zu § 2 TVG Tariffähigkeit = NZA 2011, 300(Rn. 44 ff.);AR/*Krebber* TVG § 2 Rn. 8;HWK/*Henssler* TVG § 2 Rn. 18-20.

[2] BAG 17.4.2012-1 ABR 5/11, BAGE 141, 110 = AP Nr. 23 zu § 2 TVG Tarifzuständigkeit = NZA 2002, 1104(Rn. 54);BAG 11.6.2013-1 ABR 32/12, BAGE 145, 211=AP Nr. 24 zu § 2 TVG Tarifzuständigkeit m. Anm. *Ricken* = NZA 2013, 1363 (Rn. 29 f.);ErfK/*Franzen* TVG § 2 Rn. 33;*Löwisch/Rieble* TVG § 2 Rn. 251-259.

[3] ErfK/*Franzen* TVG § 2 Rn. 37;*Löwisch/Rieble* TVG § 2 Rn. 512.

[4] BAG 11.9.2013-7 ABR 29/12, AP Nr. 63 zu § 99 BetrVG 1972 Eingruppierung=NZA 2014, 388(Rn. 19);BAG 14.4.2015-1 ABR 66/13, AP Nr. 143 zu § 99 BetrVG 1972=NZA 2015, 1077(Rn. 23);GK-BetrVG/*Raab* § 99 Rn. 64;Richardi/*Thüsing* BetrVG § 99 Rn. 67.

1条第1款前半句意义上的**内容规范**(Inhaltsnorm)。[5] 团体协议的内容规范依据《团体协议法》第4条第1款第1句对受到团体协议约束的双方当事人产生直接且强制的效力[所谓的**同等团体协议约束**(kongruente Tarifbindung)]。[6] B作为雇主是团体协议的当事人。K作为团体协议当事人,即能源行业工会的成员,也受到团体协议的约束(《团体协议法》第3条第1款)。所以K和B都受到旧团体协议规则的约束,根据旧团体协议的规则,发电厂电子工程师从一开始就应被分到工资级别III组(月工资3600欧元)。

3. 团体协议的效力范围(《团体协议法》第4条第1款第1句)

团体协议的权利规范在其效力范围内,只在团体协议当事人之间产生直接且强制的效力(《团体协议法》第4条第1款第1句)。问题在于**时间效力范围**(zeitliche Geltungsbereich)。时间效力范围与**团体协议的期限**(Laufzeit des Tarifvertrags)是一致的;《团体协议法》第4条第5款中的继续效力指的不是团体协议的规范效力,而是应当维持个体劳动关系既有状态的过渡规则。[7] 6月30日旧团体协议到期,根据《团体协议法》第4条第1款第1句的规定,团体协议直接且强制的效力也随之终止。**小结**:根据旧团体协议结合《团体协议法》第4条第1款第1句的规定,补充支付10月至12月900欧元的请求权不成立。

---

[5] AR/*Krebber* TVG § 1 Rn. 48; ErfK/*Franzen* TVG § 1 Rn. 41; *Löwisch/Rieble* TVG § 1 Rn. 303.

[6] Dütz/*Thüsing* ArbR Rn. 584; Junker ArbR Rn. 537; *Löwisch/Caspers/Klumpp* ArbR Rn. 1024; *Waltermann* ArbR Rn. 615.

[7] BAG 15.11.2006-10 AZR 665/05, BAGE 120, 182 = AP Nr. 34 zu § 4 TVG Tarifkonkurrenz m. Anm. *Jacobs* = NZA 2007, 448 (Rn. 32); BAG 16.5.2012-4 AZR 366/10, BAGE 141, 288 = AP Nr. 50 zu § 4 TVG Nachwirkung = NZA 2013, 220 (Rn. 21); AR/*Krebber* TVG § 4 Rn. 40 ff.; Däubler/*Deinert* TVG § 4 Rn. 886.

（二）基于旧团体协议结合《团体协议法》第4条第5款的请求权

在6月30日旧团体协议到期后，旧团体协议中的权利规范在被另一个新的约定代替之前仍然有效（《团体协议法》第4条第5款）。旧团体协议的**继续效力**（Nachwirkung）消除了其权利规范的强制效力，但是保留了确保劳动关系**内容保护**（Inhaltsschutz）的直接效力，所以K的请求权基础仍然在团体协议中。[8] 继续效力的作用相当于无团体协议状态时的**过渡桥梁**（Überbrückung），因此继续效力可以通过"另一个约定"被终止（《团体协议法》第4条第5款）。

11

1. 通过签订新团体协议终止

《团体协议法》第4条第5款意义上的另一个约定也可以是一个有效成立的**新团体协议**，新团体协议中有团体协议约束力的权利规范在劳动关系中产生规范效力。[9] 新团体协议——与旧团体协议一样——规定了在B的工作条件。可以假定新团体协议符合**形式效力**（Formwirksamkeit）（《团体协议法》第1条第2款结合《民法典》第126条第1款）。B和能源行业协会作为团体协议当事人的**团体协议能力**可以根据现有的事实予以证明（→边码8）；同样的推论适用于劳动合同当事人K和B的**团体协议约束力**（→边码9）。所以，新团体协议生效并且在K的劳动关系中产生规范效力。

12

---

[8] BAG 15.10.2003-4 AZR 573/02, BAGE 108, 114 (116 f.) = AP Nr. 41 zu § 4 TVG Nachwirkung = NZA 2004, 387; *Löwisch/Rieble* TVG § 4 Rn. 736.

[9] BAG 4.7.2007-4 AZR 439/06, AP Nr. 48 zu § 4 TVG Nachwirkung = ZTR 2008, 278 (279); BAG 22.10.2008-4 AZR 789/07, BAGE 128, 175 = AP Nr. 37 zu § 4 TVG Tarifkonkurrenz m. Anm. *Franzen* = NZA 2009, 265 (Rn. 27); *Däubler/Deinert* TVG § 4 Rn. 977; *Löwisch/Rieble* TVG § 4 Rn. 833.

13　　根据《团体协议法》第 4 条第 5 款,团体协议**继续效力的终止**(Ende der Nachwirkung)需要通过新约定的生效予以实现。如果团体协议当事人没有明确规定之后新约定效力起算的时间点,那么团体协议自签订的形式生效要件满足时起生效,即自完成最后一个签名时开始。[10] 这个时间点对于新团体协议来说是 10 月 1 日;团体协议当事人是否确定了**更早的时间**以及团体协议是否能够追溯至 4 月 1 日起生效,对于补充支付 10 月至 12 月的请求权来说起不到任何作用。小结:自 10 月 1 日起,新团体协议就是《团体协议法》第 4 条第 5 款意义上的另一个约定。

　　2. 时间的冲突规则(消除原则)

14　　如果——如 K 所认为的那样——两个具有连续关系的团体协议应当适用**有利原则**(Günstigkeitsprinzip),那么在 10 月 1 日之后,仍然需要考虑旧团体协议中的工资级别 III。团体自治(《基本法》第 9 条第 3 款)为团体协议当事人设定了义务并且赋予了他们自行承担调整工作条件的责任,而不仅仅是双方朝一个方向调整。如果一个团体协议紧随另外一个,那么**消除原则**(Ablösungsprinzip)就被按照时间冲突规则适用:即使原有团体协议规范比新的团体协议规范更有利于劳动者,新规定也优于旧规定。劳动关系包含对其有效的集体规范的内容。[11]

15　　对 K 有效的**信赖保护**(Vertrauensschutz)通过消除原则会被排除:如果团体协议的规则不得通过另一个对劳动者来说更不利的规则被代替,那么从这个意义上说,劳动者对现状没有请求权。所以并不存在禁止恶化:团体协议是针对**效力终止**(Geltung-

---

〔10〕 Löwisch/Rieble TVG § 4 Rn. 296; s. auch BAG 16. 5. 2012 – 4 AZR 321/10, BAGE 141, 312 = AP Nr. 431 zu § 613a BGB m. Anm. Rieble = NZA 2012, 923 (Rn. 27).

〔11〕 BAG 23. 11. 1994 – 4 AZR 879/93, BAGE 78, 309 (315); BAG 19. 11. 2014 – 4 AZR 761/12, BAGE 150, 97 = AP Nr. 33 zu § 1 TVG Tarifverträge: Luftfahrt = NZA 2015, 950 (Rn. 28); ErfK/*Franzen* TVG § 4a Rn. 30; Wiedemann/*Wank* TVG § 4 Rn. 271.

sende)的"时间法"。劳动者不应当信赖团体协议的工作条件会始终更好。[12] **小结**:有利原则与信赖保护均不妨碍新团体协议的适用;可以适用消除原则。

3. 缺少企业职工委员会的同意

然而,也有可能在10月至12月无法适用新团体协议中的工资级别IIa,因为B的**企业职工委员会**(Betriebsrat)并没有同意在K的劳动关系中适用这个工资级别。在通常具有20名以上有选举权的劳动者的企业中,企业职工委员会应当参与每次分组或换组的决定(《企业组织法》第99条第1款第1句)。企业职工委员会可以依据特定的事由拒绝**同意**(Zustimmung)(《企业组织法》第99条第2款)。在这种情况下,雇主必须向劳动法院申请代替该同意(《企业组织法》第99条第4款)。可以假定,B的员工数量超过了法定的**最大值**(Schwellenwert)。所以需要解决的问题是,在适用新的工资级别时,是否涉及《企业组织法》第99条第1款第1句意义上的人事措施,以及——如果涉及——缺少企业职工委员会同意的法律后果是什么。

16

(1)《企业组织法》第99条第1款第1句意义上的个别人事措施

作为具有共同参与义务的人事措施,只需要考虑分组或者换组即可。《企业组织法》第99条第1款第1句意义上的**换组**(Umgruppierung)指的是,劳动者的分级在现行团体协议的薪资结构中向上一级或向下一级变更。[13] **分组**(Eingruppierung)的特点

17

---

[12] BAG 10.10.1989-3 AZR 200/88, BAGE 63, 100 (118) = AP Nr. 3 zu § 1 TVG Vorruhestand = NZA 1990, 564; BAG 23.11.1994-4 AZR 879/93, BAGE 78, 309 (315); *Löwisch/Rieble* TVG § 1 Rn. 1008.

[13] BAG 10.12.2002-1 ABR 27/02, BAGE 104, 187 (199 f.) = AP Nr. 42 zu § 95 BetrVG 1972 = ZTR 2003, 585; BAG 6.4.2011-7 ABR 136/09, BAGE 137, 260 = AP Nr. 135 zu § 99 BetrVG 1972 = ZTR 2011, 632; DKKW/*Bachner* BetrVG § 99 Rn. 84; Richardi/*Thüsing* BetrVG § 99 Rn. 95.

是,劳动者第一次被归入集体薪资结构的具体工资级别中。[14] 因为新团体协议实施的是薪资结构的全新规则,所以将 K 归入工资级别 IIa 并不涉及在现有薪资结构中的变更,而是在新的工资规则中的分类。因此这里存在分组,那么企业职工委员会有权基于《企业组织法》第 99 条第 2 款列举的原因拒绝同意。

(2)缺少同意的法律后果

18　　接下来的问题在于,拒绝同意是否存在这样的后果,即 B 采取的新团体协议中工资级别 IIa 的分组无效从而继续适用原有的分组(工资级别 III)。与招聘和调岗的人事措施不同,对于企业职工委员会可以共同决定的分组或换组的事宜,雇主**没有决定空间**(kein Entscheidungsspielraum):归入集体薪资结构属于雇主**执行规范的行为**(Akt des Normvollzugs)。[15] 所以企业职工委员会对此没有共同形成权,而仅有共同评估权。劳动者的工资请求遵循具体的团体协议分组;缺少企业职工委员会的参与或者企业职工委员会拒绝同意对于这一法律适用没有影响。[16]

(三)小结

19　　K 没有向 B 要求补充支付 10 月至 12 月 900 欧元的请求权。

---

[14]　BAG 27.7.1993-1 ABR 11/93, BAGE 74, 10 (15)= AP Nr. 110 zu § 99 BetrVG 1972=NZA 1994, 952; BAG 22.4.2009-4 ABR 14/08, BAGE 130, 286=AP Nr. 38 zu § 99 BetrVG 1972 Eingruppierung=NZA 2009, 1287 (Rn. 51); GK-BetrVG/*Raab* § 99 Rn. 65; Richardi/*Thüsing* BetrVG § 99 Rn. 75.

[15]　BAG 10.2.1976-1 ABR 49/74, AP Nr. 4 zu § 99 BetrVG 1972 m. Anm. *Kraft*=SAE 1977, 15 (17); BAG 12.1.1993-1 ABR 42/92, BAGE 72, 123 (137 f.)= AP Nr. 101 zu § 99 BetrVG 1972=DB 1993, 1094; DKKW/*Bachner* BetrVG § 99 Rn. 66; HWK/*Ricken* BetrVG § 99 Rn. 29.

[16]　BAG 30.5.1990-4 AZR 74/90, BAGE 65, 163 (166)= AP Nr. 31 zu § 75 BPersVG=NZA 1990, 899; BAG 23.11.1994-4 AZR 879/93, BAGE 78, 309 (316); GK-BetrVG/*Raab* § 99 Rn. 64; Richardi/*Thüsing* BetrVG § 99 Rn. 88.

二、支付1800欧元(4月至9月)

K 也许可以向 B 请求支付这一部分的金额,因为 B 在 10 月至 12 月的 3 个月当中维持每月团体协议工资(3300 欧元),以减少 4 月至 9 月期间新团体协议与旧团体协议之间的**差额**(Gehaltsdifferenz)300 欧元(3×600 欧元 = 1800 欧元)。因为 K 的劳动合同中没有包含单独的**工资规则**(Vergütungsregelung)(→边码 6),所以请求权基础只需要考虑新团体协议与旧团体协议。 20

(一)依据旧团体协议结合《团体协议法》第 4 条第 1 款第 1 句的请求权

该请求权可以依据旧团体协议成立。根据旧团体协议,K 的工作被归入工资级别 III,享受每月 3600 欧元的毛工资。4 月至 6 月期间——截至团体协议 6 月 30 日到期——K 关于每月支付 3600 欧元的请求权遵循旧团体协议结合《团体协议法》第 4 条第 1 款第 1 句的规定(→边码 10)。6 月至 9 月期间——继续效力期间——请求权依据源于旧团体协议结合《团体协议法》第 4 条第 5 款(→边码 11)。因为 K 的账户每个月都会收到 3600 欧元的转账,所以依据旧团体协议对 4 月至 9 月的工资请求权由于已经**履行**(Erfüllung)而消灭(《民法典》第 362 条第 1 款)。团体协议双方是否约定新团体协议追溯至 4 月 1 日生效对此没有任何影响。**小结**:根据旧团体协议,该请求权不成立。 21

(二)依据新团体协议结合《团体协议法》第 4 条第 1 款第 1 句的请求权

依据新团体协议结合《团体协议法》第 4 条第 1 款第 1 句,K 可以成立有效的请求权。为此,该请求必须产生且不能消失。如果在本年第四季度,K 和 B 之间存在劳动关系(《民法典》第 611a 条第 1 款),新团体协议生效(《团体协议法》第 1 条、第 2 条),而 22

且在劳动关系中对双方产生团体协议约束(《团体协议法》第 3 条第 1 款)的规范效力(《团体协议法》第 4 条第 1 款第 1 句),那么 K 基于团体协议工资级别 IIa,对 10 月至 12 月的工资产生**请求权**(Entstehung des Anspruchs)(→边码 6、12)。所以,K 在 10 月至 12 月之间享有每月要求支付 3300 欧元的请求权(新团体协议结合《团体协议法》第 4 条第 1 款第 1 句)。

23　　因为每月 K 的账户都会收到 2700 欧元,所以这部分**请求权的消灭**(Erlöschen des Anspruchs)由于**履行**(Erfüllung)而被实现(《民法典》第 362 条第 1 款)。K 对于 B 扣除团体协议工资部分(3×600 欧元 = 1800 欧元)的请求只能够通过**抵销**(Aufrechnung)才能消灭(《民法典》第 389 条)。抵销的前提是有抵销基础和抵销表示,并且不能存在抵销禁止。**抵销表示**(Aufrechnungserklärung)是单方的,需要有受领人的意思表示(《民法典》第 388 条第 1 句)。抵销表示不需要明确地发出[17];只要抵销意图具有明确的可识别性就可以。[18] 从本案的背景信息已经足以明确 B 想要抵销的意图;从 K 的言辞中也可以表明,这一抵销意图对于抵销表示的受领人来说也是可以识别的。

24　　**抵销禁止**(Aufrechnungsverbot)在 K 的工资请求不可扣押时成立(《民法典》第 394 条第 1 句):工作收入是以现金形式支付的,只有根据《民事诉讼法》第 850a 条之后条款中的标准才能被扣押(《民事诉讼法》第 850 条第 1 款)。但是,K 在每月被扣除 600 欧元之后还剩下 2700 欧元的月工资,显然超出了工资收入的扣押界限(《民事诉讼法》第 850c 条第 1 款)。**抵销基础**(Aufrechnungslage)的

---

[17] Palandt/*Grüneberg* BGB § 388 Rn. 1; *Jauernig/Stürner* BGB § 388 Rn. 1; PWW/*Pfeiffer* BGB § 388 Rn. 4.

[18] BGH 16. 1. 1958-VII ZR 66/57, NJW 1958, 666 (unter 2); BAG 26. 5. 2009-3 AZR 797/07, AP Nr. 1 zu § 18 BetrAVG = NZA 2009, 1279 (Rn. 21); OLG Jena 4. 8. 2016-4 U 756/15, NJW 2017, 177 (Rn. 18); MüKoBGB/*Schlüter* § 388 Rn. 1; Staudinger/*Gursky* (2015) BGB § 388 Rn. 13; *Konzelmann*, JuS 1997, 435 (440).

要件是,在发出抵销表示时,K 的工资请求权——金钱债权——可以被 B 的相同种类的反请求权抵销(《民法典》第 387 条)。

1. B 的可抵销的反请求(《民法典》第 812 条第 1 款第 2 句第 1 种情形)

这种反请求可以根据《民法典》第 812 条第 1 款第 2 句第 1 种情形成立。为此,K 必须因为 B 的给付取得了财产利益,而且造成财产转移的法律原因随后必须消失了(法律原因的消失)。通过 4 月至 9 月期间月工资的转账,K 对银行有相应的请求权,因而取得了《民法典》第 812 条第 1 款意义上的(某种)**财产利益**(Vermögensvorteile)。由 B 存入 K 账户的存款旨在依据新团体协议工资级别 III 满足 K 的工资请求权,所以这里涉及的是 B 的**给付**(Leistung)——是在有意识和目的地增加他人的财产。[19] 工资转账时的**法律原因**(Rechtsgrund)——"允许保留的原因"[20]——是截至 6 月 30 日有效并且直至 9 月 30 日有继续效力的旧团体协议(→边码 21)。如果团体协议当事人利用法律权力使他们的团体协议产生溯及力,那么旧团体协议与新团体协议每月 300 欧元的差额这一法律原因,就由于 10 月 1 日起新团体协议追溯至 4 月 1 日产生效力而消失。这取决于设定的溯及力的类型。

(1)团体协议溯及力的类型

毫无争议的是,团体协议不能**对过去产生效力**(Geltung in der Vergangenheit):10 月 1 日之前,当天签订的新团体协议是不能"适用"*的;此前并不存在工资级别 IIa 的规范。唯一有可能的就

---

[19] Palandt/*Sprau* BGB § 812 Rn. 14; Jauernig/*Stadler* BGB § 812 Rn. 3; PWW/*Prütting* BGB § 812 Rn. 22; ausf. MüKoBGB/*Schwab* § 812 Rn. 47-52.

[20] MüKoBGB/*Schwab* § 812 Rn. 398.

* 作者在这里使用了动词的过去式,旨在强调新的团体协议没有溯及既往的效力。——译者注

是《民法典》第 159 条意义上的法律后果对过去的拟制效力[**真正的溯及力**(echte Rückwirkung)],或者是现在和未来对于过去已经存在的构成要件给予法律后果效力,例如,对已经提供的给付进行奖励的悬赏广告[**非真正的溯及力**(unechte Rückwirkung)]。[21] 溯及既往地适用工资级别 IIa 是对已经签订的团体协议的干预,所以构成真正的溯及力。

(2)真正溯及力的合法性

27 **早期的司法判例**(frühere Rechtsprechung)认为,涉及向低级别分组内容的回溯性团体协议变更无效:团体协议当事人可以将劳动者产生和到期的个别请求权作为不会再消失的**既得利益**(wohlerworbene Rechte)。回溯性的工资变更无须考虑劳动者;这是一种非法征收(《基本法》第 14 条第 3 款)。[22] 假如劳动者依据团体协议形成了到期的请求权,那么该请求权本身就是合法的存在,并且会摆脱团体协议当事人规范权力的影响,根据《团体协议法》第 1 条第 1 款的规定,团体协议只能规范劳动关系。[23]

28 **新的司法判例**(neuere Rechtsprechung)遵循这样一种观点[24],即有利于劳动者的请求权也是形成于团体协议规范的,这本身存在一定的弱点,即在信赖保护的界限内的回溯性改变会给劳动者带来不利。每一个团体协议规则都在其可回溯变动性的**固有保留**(immanenten Vorbehalt)之下。立法将产生的团体协议

---

[21] *Löwisch/Rieble* TVG § 1 Rn. 1003; allg. BVerfG 14.5.1986 – 2 BvL 2/83, BVerfGE 72, 200 (241 f.) = NJW 1987, 1749-Doppelbesteuerung.

[22] BAG 14.6.1962 – 2 AZR 267/60, BAGE 13, 142 (149 f.) = AP Nr. 4 zu § 1 TVG Rückwirkung m. Anm. *Hueck* = SAE 1963, 35 m. Anm. *Steindorff*; ebenso zuvor *Siebert*, FS Nipperdey, 1955, S. 119 (129); *Stahlhacke*, RdA 1959, 266 (269 f.).

[23] BAG 28.9.1983 – 4 AZR 313/82, BAGE 43, 305 (310) = AP Nr. 9 zu § 1 TVG Rückwirkung m. Anm. *Herschel* = RdA 1984, 125; ebenso *Löwisch/Rieble* TVG § 1 Rn. 1014 (扣除已经履行的工资请求是使用工资的禁止性规定)。

[24] *Biedenkopf*, Grenzen der Tarifautonomie, 1964, S. 243 ff.; *Richardi*, Kollektivgewalt und Individualwille bei der Gestaltung des Arbeitsverhältnisses, 1968, S. 438-442.

请求权中的回溯性干预通过团体协议的成员让渡给了团体协议当事人。所以,假如基于团体协议规范产生的个别请求权本身就具有被回溯性削减的弱点,那么就不涉及《基本法》第 14 条第 3 款意义上的征收。[25]

团体自治(《基本法》第 9 条第 3 款)包含了结社的权利,团体可以自主确定团体协议的**生效时间**(Zeitpunkt des Inkrafttretens):同样也可以约定,团体协议不是立即,而是在随后的某个时间点生效,还可以提前约定于过去的某个特定时间点生效。[26] 因此,**团体协议当事人**约定团体协议规范具有溯及既往效力**的权限**(Befugnis der Tarifparteien),并不需要特殊的授权。受团体协议约束可以将有效的成员资格直接作用于团体协议一方当事人,对已经产生的请求权的回溯性干预只能在存在客观理由时,并且作为团体妥协的一部分予以约定。所以,新的司法判例持肯定观点。[27]

(3)团体协议规范溯及力的界限

鉴于团体协议规范的权利规范特征,团体协议规范溯及力的界限与国家法律的溯及力界限相同。[28] 为此,团体协议规范的

---

[25] BAG 23.11.1994-4 AZR 879/93, BAGE 78, 309 (326 f.); BAG 14.6.1995-4 AZR 225/94, AP Nr. 13 zu § 1 TVG Rückwirkung = ZTR 1996, 34 (35); BAG 5.7.2006-4 AZR 381/05, BAGE 119, 1 = AP Nr. 38 zu § 1 TVG = ZTR 2007, 248 (Rn. 68) = EzA Nr. 8 zu § 1 TVG Rückwirkung m. Anm. *Herresthal*; AR/*Spelge* GG Art. 20 Rn. 15; ErfK/*Franzen* TVG § 1 Rn. 20.

[26] BAG 20.6.1958-1 AZR 245/57, AP Nr. 2 zu § 1 TVG Rückwirkung = SAE 1959, 4 (6); BAG 23.11.1994-4 AZR 879/93, BAGE78, 309 (326f.); Däubler/*Deinert* TVG § 4 Rn. 22; *Löwisch/Rieble* TVG § 4 Rn. 296.

[27] Ebenso AR/*Krebber* TVG § 4 Rn. 10; HWK/*Henssler* TVG § 1 Rn. 134; Däubler/*Deinert* TVG § 4 Rn. 25; Wiedemann/*Wank* TVG § 4 Rn. 244.

[28] BAG 23.11.1994-4 AZR 879/93, BAGE78, 309 (328f.); BAG 2.2.2006-2 AZR 58/05, BAGE 117, 53 = AP Nr. 7 zu § 1 TVG Tarifverträge:Gewerkschaften m. Anm. *Däubler* = NZA 2006, 868 (Rn. 20); BAG 11.10.2006-4 AZR 486/05, BAGE 119, 374 = AP Nr. 24 zu § 1 TVG Rückwirkung = NZA 2007, 634 (Rn. 27).

真正溯及力就需要考虑**法治国原则**(Rechtsstaatsprinzip)(《基本法》第 20 条第 3 款),并且再次提供**信赖保护**(Vertrauensschutz):如果在规范生效之时必须依赖于某一项规则,那么规范遵守者是不值得保护的。[29] 所以问题在于,K 能否信赖团体协议规则的存续或者是否必须信赖溯及既往的坏结果(→边码 31),K 不知道"总体声明"的情形有何影响(→边码 32),以及如 K 认为的那样,是否需要区分团体协议到期与继续效力期间两者之间涉及的信赖保护(→边码 33)。

①劳动者值得保护的信赖

31 一旦规范遵守者必须依赖团体协议规范的变更,那么对团体协议规范继续效力的信赖就不再受到保护。鉴于团体自治的范围比较广(→边码 28 之后),对**信赖损害**(Zerstörung des Vertrauens)没有设定很高的要求:既不需要团体协议的解除,也不需要通知想要进行的团体协议变更,其他的情形就足以满足。[30] "总体声明"处理的是关于**工资结构新规则**(Neuordnung der Vergütungsstruktur)的内容,并且是执行工资级别 IIa 重要的支撑,所以自 3 月 15 日起,全体员工对原有规则存续的信赖就已经被损害了。[31]

②劳动者不知情

32 相关劳动者不知道"总体声明"的内容并不妨碍信赖保护的消失:正如**法律的溯及力**(Rückwirkung von Gesetzen)一样,对**团体协议的溯及力**(Rückwirkung von Tarifverträgen)信赖保护的消失不

---

[29] BVerfG 19. 12. 1961-2 BvL 6/59, BVerfGE 13, 261 (272) = NJW 1962, 291-Rückwirkende Steuergesetzgebung;BVerfG 21. 7. 2010-1 BvR 2530/05 u. a. , BVerfGE 126, 369 (373) = NJW 2010, 3705-Fremdrentengesetz.

[30] BAG 17. 5. 2000-4 AZR 216/99, AP Nr. 19 zu § 1 TVG Rückwirkung (Bl. 4) = NZA 2000, 1297 = SAE 2001, 190 m. Anm. *Büdenbender*;BAG 5. 7. 2006-4 AZR 381/05, BAGE 119, 1 = AP Nr. 38 zu § 1 TVG = ZTR 2007, 248 (Rn. 71 ff.);Däubler/*Deinert* TVG § 4 Rn. 40;*Löwisch/Rieble* TVG § 1 Rn. 1007.

[31] So auch BAG 23. 11. 1994-4 AZR 879/93, BAGE 78, 309 (329) in dem Urteil, dem der Sachverhalt nachgebildet ist.

取决于每个人对现有权利变更的知悉:只要相关员工知悉就是必要且足够的。[32] 所以,K 是否事实上因为病毒风险没有打开名为"总体声明"的邮件并不重要。

③效力期间与继续效力期间

最后的问题是,是否需要区分4月至6月(团体协议到期)和7月至9月(《团体协议法》第4条第5款的继续效力)这两个时间段的信赖保护。根据主流观点,团体协议遵守者原则上必须在现阶段信任继续效力,继续有效的团体协议会被回溯性地消除,从而确保替换的团体协议能够完成对原有团体协议的无缝衔接。[33]

但是,回溯性的坏结果不能仅针对**继续效力**(Nachwirkung)作用的"无团体协议期间":团体协议当事人也有可能在团体协议的期限内变更团体协议。所以,受团体协议约束的劳动者无法普遍信任,团体协议内容在约定的**期限**(Laufzeit)内通过新的协议不会变得更糟糕。所以,鉴于"信赖构成要件的损坏",两个期间应当被同样对待。[34]

(4)小结

新团体协议应当在 K 的劳动关系中追溯至4月1日适用。所以,自10月1日起,对于4月至9月总共1800欧元的工资转账不存在法律原因。《民法典》第812条第1款第2句第1种情形的条件得到满足。

33

34

35

---

[32] BAG 23.11.1994-4 AZR 879/93, BAGE 78, 309 (331 f.) unter Berufung auf BAG 3.11.1992-4 AZR 1255/79, BAGE 40, 288 (293) = AP Nr. 18 zu § 5 TVG m. Anm. *Herschel* = SAE 1983, 121 m. Anm. *Brox*(普遍约束声明的溯及力)。

[33] BAG 8.9.1999-4 AZR 661/98, BAGE 92, 259 (265) = AP Nr. 33 zu § 4 TVG Nachwirkung = NZA 2000, 223; BAG 5.7.2006-4 AZR 381/05, BAGE 119, 1 = AP Nr. 38 zu § 1 TVG = ZTR 2007, 248 (Rn. 68); *Gamillscheg* ArbR I S. 764; *Löwisch/Rieble* TVG § 1 Rn. 1009.

[34] BAG 23.11.1994-4 AZR 879/93, BAGE 78, 309 (329).

2. B 知道无债务(《民法典》第 814 条第 1 种情形)

36 如果 B 在转账的时候已经知道,K 没有每月 3600 欧元的请求权,则 B 依据《民法典》第 812 条第 1 款第 2 句第 1 种情况可抵销的反请求也不存在:B 为了履行团体协议工资请求权,就不能再反请求已经履行的部分(《民法典》第 814 条第 1 种情形)。根据《民法典》第 814 条第 1 种情形的文本,仅在给付时**积极知悉**(positiver Kenntnis)没有给付义务时才成立不当得利返还的排除:给付人必须知道,根据法律状况,其没有债务。[35] 如果不知情是**过失**(Fahrlässigkeit)造成的,那么不成立不当得利阻却。[36] 在 10 月 1 日签订团体协议之前,B 无法得知团体协议的具体内容。像 K 认为的那样,只有当 B 必须信赖工资级别 IIa 的回溯性执行时,才无法满足《民法典》第 814 条第 1 种情形的条件。

3. K 的受益的消失(《民法典》第 818 条第 3 款)

37 如果 K 作为受领人不再获得拨付财产的利益,那么 B 依据《民法典》第 812 条第 1 款第 2 句第 1 种情形可抵销的反请求权仍然不存在(《民法典》第 818 条第 3 款)。该规定的作用在于保护善意受益人,因为善意受益人在信赖法律原因存续的基础上已经消耗了无法律原因的受领物,所以应当没有义务返还就此款项产生的真实利益或者等价物。[37]

(1)用尽所获金钱

38 根据**一般规则**(allgemeiner Regel),关键在于受领人是否为了

---

[35] BAG 6. 6. 2007 - 4 AZR 573/06, AP Nr. 37 zu § 1 TVG Tarifverträge: Lufthansa=ZTR 2007, 551 (Rn. 21); PWW/*Prütting* BGB § 814 Rn. 4; MüKoBGB/ *Schwab* § 814 Rn. 16.

[36] BAG 9. 2. 2005-5 AZR 175/04, AP Nr. 12 zu § 611 BGB Lohnrückzahlung = NZA 2005, 814 (816); BAG 8. 11. 2006-5 AZR 706/05, BAGE 120, 104=AP Nr. 118 zu § 611 BGB Abhängigkeit=NZA 2007, 321 (Rn. 34).

[37] BGH 7. 1. 1971-VII ZR 9/70, BGHZ 55, 128 (134) = NJW 1971, 609; BGH 17. 6. 1992-XII ZR 119/91, BGHZ 118, 383 (386)= NJW 1992, 2415.

生活需要完全使用了所获报酬,或者是否通过该金钱获得了收益或利益。[38] 如果涉及的劳动报酬很少或者中等,并且每个月超额支付的数额不高于工资总额的 10%,根据司法判例的观点,特别是在**劳动报酬的超额支付**(Überzahlung von Arbeitsentgelt)时,有初步证据能够证明存在受益的消失:根据生活经验可以推论,多余的拨款已经被花在了维持生计上。[39]

K 领取的是中等收入;每月的超额支付低于月工资的 10%。所以,有初步证据可以证明存在**受益的消失**(Wegfall der Bereicherung)。但是 K 也可以具体解释用尽的情形:为公寓修建的额外支出属于**奢侈消费**(Luxusausgaben),主流观点认为这属于受益的消失:如果受领人可以合理解释,他在其他方面没有获得与工资具有可比性的收益,那么受益也不存在。他的财务决定基于能够继续获益这种错误的假设;这种错误的风险根据《民法典》第818 条第 3 款的规定,不应由受领人承担。[40]

(2)没有加重责任(《民法典》第 818 条第 4 款、第 819 条第 1 款)

如果**劳动者**知道法定原因的欠缺(《民法典》第 818 条第 4 款、第 819 条第 1 款)或者**雇主**有保留地支付,那么在超额支付工资时援引受益的消失就应当被排除。后者类推适用《民法典》第 820 条第 1 款第 2 句。[41] K 只有在 9 月 30 日之后才可能

39

40

---

[38] BGH 9. 5. 1984-IVb ZR 7/83, NJW 1984, 2095 (2096); BAG 25. 4. 2001-5 AZR 497/99, BAGE 97, 326 (330 f.) = AP Nr. 46 zu § 242 BGB Unzulässige Rechtsausübung-Verwirkung = NZA 2001, 966.

[39] BAG 12. 1. 1994-5 AZR 597/92, AP Nr. 3 zu § 818 BGB = NZA 1994, 658 (660); BAG 18. 1. 1995-5 AZR 817/93, BAGE 79, 115 (119) = AP Nr. 13 zu § 812 BGB = NZA 1996, 27.

[40] MüKoBGB/*Schwab* § 818 Rn. 188; PWW/*Prütting* BGB § 818 Rn. 21; *Canaris*, JZ 1971, 560 (561); *Halfmeier*, JA 2007, 492 (494f.).

[41] BGH 8. 6. 1988-IVb ZR 51/87, NJW 1989, 161 (162); BGH 20. 10. 2005-III ZR 37/05, NJW 2006, 286 (288); Erman/*Buck-Heeb* BGB § 820 Rn. 3; MüKoBGB/*Schwab* § 820 Rn. 3.

知道法律原因的欠缺；此时生活开销与奢侈消费都已经完成了。对于**返还请求的保留**（Vorbehalt der Rückforderung）应当设定严格的标准。[42]"总体声明"不能被认定为这种保留。所以，B可以基于4月至9月的超额支付证明自己的损失。但是，B没有不当得利的返还请求权，所以也没有1800欧元的抵销请求权。

三、结论（基础案例）

41　　K主张支付1800欧元的请求权成立。她享有要求B支付1800欧元的请求权。

第二部分：变形案例

42　　由于K的劳动关系在9月30日终止，因此B有可能**基于不当得利请求权**（Anspruch aus ungerechtfertigter Bereicherung）要求K返还1800欧元（《民法典》第812条第1款第2句第1种情形）。K在4月至9月通过B的给付获得了财产收益，即每月工资转账3600欧元（→边码25）。因为K的劳动关系由于新团体协议的溯及力而被包含在内，所以每月支付300欧元的法律原因随后，即自10月1日起（→边码35）消失了。新团体协议第5条的溯及力条款并不会使团体协议在过去，即在10月1日之前产生效力（→边码26）。**回溯性的团体协议规范**（Rückwirkende Tarifnormen）不会直接在过去产生效力，但是现在会对过去产生（拟制的）法律后果。[43]

43　　如果K在签订新的团体协议时与B之间仍然存在**劳动关系**，

---

[42] Erman/*Buck-Heeb* BGB § 820 Rn. 3；PWW/*Prütting* BGB § 820 Rn. 3；Staudinger/*Lorenz*（2007）BGB § 820 Rn. 5.

[43] Löwisch/*Rieble* TVG § 3 Rn. 208 f.；Wiedemann/*Thüsing* TVG § 1 Rn. 179.

那么新团体协议在 K 和 B 之间仅能够产生**规范效力**(《团体协议法》第 4 条第 1 款第 1 句)[44]:即使 K 在 10 月 1 日时仍然是能源行业工会的成员,但是由于缺少《团体协议法》第 1 条第 1 款、第 4 条第 1 款第 1 句意义上的劳动关系,团体协议的规范命令不能再触及 K。所以,新团体协议对于 K 于 9 月 30 日终止的劳动关系不会产生溯及既往的效力。因为工资支付的所有部分都存在法律原因,所以 B 没有要求 K 返还支付 1800 欧元的请求权。K 是否能够证明受益的消失在变形案例中没有任何影响。**结论(变形案例)**:B 无权要求 K 返还支付 1800 欧元。

---

[44] BAG 5.7.2006－4 AZR 381/05, BAGE119, 1 = AP Nr. 38 zu §1 TVG = ZTR 2007, 248 (Rn. 68); *Löwisch/Rieble* TVG § 1 Rn. 1003.

案例9　劳动斗争的损害赔偿

Nach BAG 26. 7. 2016-1 AZR 160/14，BAGE 155，347 = AP Nr. 184 zu Art. 9 GG Arbeitskampf = NZA 2016，1543

相关主题：团体协议的和平义务；团体协议的部分解除；非法的权利行使；有利于第三人的团体协议保护作用

深入学习参见：*Junker* ArbR § 9（Rn. 590-636）

案件事实

德国汉莎航空股份公司（D）的总部在美因河畔法兰克福，它由 Fraport 股份公司（F）运营，其大部分股份掌握在公众手中。F 有大约12000名劳动者，其中100人在停机坪控制区工作（Apron Control）。他们借助地面雷达通过计算机将飞机引导至停机坪（Apron），并且承受着很大的工作压力。F 的停机坪控制区的劳动者是具有团体协议能力的"航空安全工会"（GSL）的成员，该工会是一个注册的协会组织。

GSL 和 F 签订了一项关于 F 的停机坪控制区劳动者的团体协议，该协议自2015年1月1日起生效。团体协议第1条规定了效力范围，第2条至第4条规定了工资和工作时间，第5条至第8条规定了压力预防措施、无法胜任控制工作而调换其他工作岗位的事项，以及健康原因导致提前退休的经济补偿。团体协议可以提前6个月或者在季度末时予以解除，虽然团体协议最早可以解除的时间是2017年12月31日，但第5条至第8条是例外，它们可以最早解除的时间是 2020 年 12 月 31 日（团体协议第 9 条第 1 款）。

GSL 于 2017 年 6 月 30 日发出一项书面通知，并于当日通过传真送达 F，GSL 声明"除第 5 条至第 8 条的解除顺延至下一个合法期限外，团体协议解除"。F 在 2017 年 7 月 3 日收到由 GSL 董事会亲笔签名的通知原件。随后团体协议当事人就 GSL 的团体协议要求进行谈判。谈判内容涉及加班工资、分层涨薪、参与 F 的股票计划，以及在适当条件下调岗至低收入工作岗位的补偿金。此次谈判没有达成一致。

为了强调团体协议要求，GSL 董事会按照章程的罢工决定在 2018 年 1 月 15 日号召 F 在停机坪控制区雇用的劳动者，于 2018 年 1 月 19 日 5：00 至 9：00 停止工作。F 于 2018 年 1 月 15 日收到罢工决定的通知。这些劳动者都听从了罢工的号召。因为没有停机坪控制的许可，飞机无法进入停机坪，所以飞机在停工期间无法正常行动。F 因此损失了共计 350000 欧元的机场费用。F 要求 GSL 赔偿这部分损失。

F 的理由是，团体协议的部分解除是不合法的，并且解除没有以有效的形式作出。此外，劳动斗争违反了团体协议的第 9 条第 2 款，因为团体协议至少会规定和平义务。第 9 条第 2 款规定："团体协议当事人达成一致，团体协议的规则在有效期内具有确定性效力。团体协议处理的规则内容以外的事项也包含在团体协议的和平义务中。"

在停工期间，D 必须调整原本打算飞往美因河畔法兰克福的飞机航线或者取消这些航班（损失：600000 欧元）。在前一天已经停靠在法兰克福的飞机，由于停机坪指令的取消而不能离开停机位（损失：200000 欧元）。D 将劳动斗争视为运行障碍并且损害了其对飞机的财产权。D 向 GSL 要求损害赔偿；F 基于这些损害针对 GSL 的请求权可以来自 D 的让渡。

GSL 否认和平义务适用于一个或多个团体协议要求;GSL 不可能在任何情况下都预见可期待的支出。此外,违反和平义务并不是造成损害的原因,因为即使团体协议规则没有规定和平义务也会进行罢工。另外,F 的行为前后不一致,F 开始谈判时包含所有的要求,但是后来又因为针对谈判要求的罢工主张损害赔偿。无论如何 F 对于发生的损害都具有明显的可分摊的过错,因为 F 没有在 2018 年 1 月 15 日至 1 月 19 日这段时间内,通过司法途径阻止它认为违法的罢工。

解析提示:欧洲人权委员会和其他国际公约的问题不需要讨论。

初步思考

1 机场运营商(F)和航空公司(D)向工会(GSL)要求损害赔偿,所以本案的案例类型属于**请求权案例考试**(Anspruchsklausur)(→导论,边码 9、11 之后)。两个请求权人是两个股份公司,被请求权人是一个注册的协会。表面上看,本案涉及的是集体劳动法中的**劳动斗争**(Arbeitskampfrechts)(→导论,边码 21),但是民事权利的请求权基础构建了外部框架,这是因为劳动斗争法上的问题是嵌在**损害赔偿请求**(Schadensersatzansprüche)中的,对此并没有特殊的法律上的请求权基础。[1]

2 无须考虑案例的程序部分,因为案件事实只依据**实体法律状况**(materiellen Rechtslage)提出问题(→导论,边码 5)。在权利争议中,不论是基于团体协议的损害赔偿请求(《劳动法院法》第 2 条第 1 款第 1 项)还是基于侵权的损害赔偿请求(《劳动法院法》

---

〔1〕 关于因劳动斗争措施而产生的损害赔偿介绍参见:*Brox/Rüthers/Henssler* ArbR Rn. 817 ff. ; *Dütz/Thüsing* ArbR Rn. 676 ff. ; *Junker* ArbR Rn. 628 f. ; *Preis* ArbR II Rn. 1430 ff. , 1443 ff. ; *Waltermann* ArbR Rn. 703–706。

第2条第1款第2项),其法律途径并不通向普通法院,而是通向劳动法院。从已有的复杂案件事实中就可以看出,本案例和**案例6**一样难度比较大(→案例6,边码1)。所以,案件事实中反复出现的当事人的**法律观点**(Rechtsansichten),包含了大量讨论案例问题所必须注意的线索信息(→导论,边码32)。**解析提示**(Bearbeitungshinweis)——经联邦劳动法院确认[2]——将德国法与《欧洲人权公约》的一致性问题从案例分析中排除出去,因为它已经超出了原本就很难的案例的范围。在总结案件事实时需要借助时间表(→导论,边码44),大致如下:

时间表

2015年1月1日	团体协议(效力)期限开始	3
2017年6月30日	通过传真送达部分解除通知	
2017年7月3日	送达书面形式的部分解除通知(《民法典》第126条第1款)	
之后	团体谈判没有达成一致	
2017年12月31日	在团体协议部分解除有效的前提下,团体协议到期(第5条至第8条除外)	
2018年1月15日	罢工决定及罢工通知,通知相对人	
2018年1月19日	5:00至9:00停工	
2020年12月31日	可以解除团体协议第5条至第8条的最早时间	

这里需要审查两个请求权人的请求权。确定**审查顺序**(Prüfungsreihenfolge)基于的事实是,机场运营商F是直接受到罢工影响的,而航空公司D仅受到间接影响[3];虽然工会想充分利

---

[2] BAG 26.7.2016-1 AZR 160/14, BAGE 155, 357 (Rn. 73 ff.).
[3] 关于此处的区别参见:*Hromadka/Maschmann* ArbR II § 14 Rn. 135, 137; *Junker* ArbR Rn. 629, 633; *Kamanabrou* ArbR Rn. 2184, 2192.

用罢工来影响 F(损失:350000 欧元)的重要客户 D(损失:800000 欧元),从而加大罢工对 D 的影响,但是**航空公司**(Fluggesellschaft) D 作为雇主一方并不是罢工决定的接收人,而且 D 也无法满足工会的团体协议要求。直接受到斗争影响的 F 认为,审查应当从**机场运营商**(Flughafenbetreiberin) F 的请求权开始。[4] 此外,F 和 GSL 之间——不同于 D 和 GSL——存在团体协议,基于该团体协议可以产生作为次要请求的合同的损害赔偿请求。

5　　联邦劳动法院突破了**请求权基础**(Anspruchsgrundlagen)之间"合同先于侵权"的关系[5],因为违反团体协议的和平义务只不过是劳动斗争违法的多个可能理由之一,而且《民法典》第 823 条第 1 款的前提允许全面的总体审查。

6　　根据本案的结构,机场运营商的请求权审查可以按照以下**提纲**(Gliederung)展开:

一、依据《民法典》第 823 条第 1 款、第 31 条的请求权

1. 侵害企业经营权

(1)已经设立和行使的企业经营权

(2)直接(针对企业的)侵害

2. 侵害的违法性(劳动斗争)

(1)相对的和平义务

(2)约定的和平义务

3. 领导罢工工会的过错

(1)过失的行为

(2)可以避免的法律错误

4. 请求权人分摊的过错

5. 合法的替代行为的抗辩

---

[4] 另见本案的改编判决:BAG 26.7.2016-1 AZR 160/14, BAGE 155, 347 (Rn. 20 ff., 86 ff.)。

[5] BAG 26.7.2016-1 AZR 160/14, BAGE 155, 347 (Rn. 21, 76)。

二、基于《民法典》第 280 条第 1 款、第 31 条的请求
三、损害赔偿的范围

解答

一、机场运营商 F 的请求权

机场运营商 F 可能享有向 GSL 要求因停工产生的损害赔偿（350000 欧元）的请求权。 7

（一）依据《民法典》第 823 条第 1 款、第 31 条的请求权

上述请求权可能依据《民法典》第 823 条第 1 款、第 31 条成立。为此，劳动斗争必须侵害了《民法典》第 823 条第 1 款中所说的法益或者 F 的其他权利，并且 GSL 董事会引发损害的行为，源于完成日常工作中的故意或过失（《民法典》第 31 条）。 8

1. 侵害企业经营的权利

GSL 的董事会可能侵害了 F 已经设立和行使的企业经营权。 9
该权利——有不同的名称[6]——属于《民法典》第 823 条第 1 款意义上的**其他权利**(sonstiges Recht)。它的目的是，公司（"企业"）保护自身的经济活动和经济功能免受来自第三方针对企业经营权的违法侵害。[7] 主流观点认为，相对于法典中提及的法益和法定的侵权构成要件，企业经营权是次要的[**辅助性**(Subsidiarität)]：它完善了法定的侵权保护并填补了现有的责任漏

---

[6] PWW/Schaub BGB § 823 Rn. 79（公司的权利）; Staudinger/*Hager*（2016）BGB § 823 Rn. D 1（企业经营的权利）。

[7] RG 27.2.1904-I 418/03, RGZ 58, 24 (27); BGH 9.12.1958-VI ZR 199/57, BGHZ 29, 65 (67) = NJW 1959, 479; Palandt/*Sprau* BGB § 823 Rn. 134 f.; PWW/*Schaub* BGB § 823 Rn. 80; Soergel/*Beater* BGB § 823 Anh. V Rn. 20, 34.

洞。[8] 所以,F 必须能够主张企业经营权(→边码 10),而且现有问题中的侵害也不得损害主要的权利(→边码 11)。

(1)公众持有的公司

10 　　对企业享有经营权的人是从事公司活动并在公司领域内受其影响的人。[9] 对企业经营权的保护基于《基本法》第 12 条(结合《基本法》第 19 条第 3 款)。[10] 所以 F 对权利的主张可能会遇到障碍,因为联邦宪法法院不仅将公众视为公司的**基本权利人**(Grundrechtsträger)(根据《基本法》第 19 条第 3 款的标准),还认为公众持有公司是直接**受基本权利约束**(grundrechtsgebunden)的,例如,应当容忍在企业场所内举行的抗议游行。[11] 但是,直接受基本权利约束并没有阻碍国有的从事私营经济活动的公司**像私营公司**(wie Privatunternehmen)那样参与法律交往。如果是**以收益经济的形式**(in erwerbswirtschaftlichen Formen)进行上述参与,那么当公众持有的公司面临针对其经济活动的侵害时,这种经济活动应当受到与私营公司相同的保护。[12] 所以,F 可以成为《民法典》第 823 条第 1 款意义上的对企业享有经营权的人。

(2)通过罢工的直接侵害

11 　　司法判例和主流观点认为,直接针对雇主的罢工造成企业的

---

[8] BGH 24. 1. 2006-XI ZR 384/03, BGHZ 166, 84 = NJW 2006, 830 (Rn. 93); Jauernig/*Teichmann* BGB § 823 Rn. 97; MüKoBGB/*Wagner* § 823 Rn. 326; Staudinger/*Hager* (2016) BGB § 823 Rn. D 20 ff.; a. A. Erman/*Schiemann* BGB § 823 Rn. 62.

[9] BGH 15. 5. 2012-VI ZR 117/11, BGHZ 193, 227 = NJW 2012, 2579 (Rn. 19 f.); PWW/*Schaub* BGB § 823 Rn. 82; Staudinger/*Hager* (2016) BGB § 823 Rn. D 6.

[10] BVerfG 11. 5. 2004-1 BvR 363/04, NJW-RR 2004, 1710 (1711)-Gerlach Report; BGH 16. 12. 2014-VI ZR 39/14, NJW 2015, 773 (Rn. 13); Palandt/*Sprau* BGB § 823 Rn. 134.

[11] BVerfG 22. 11. 2011 – 1 BvR 699/06, BVerfGE 128, 226 = NJW 2011, 1201 (Rn. 49)-Fraport-Urteil.

[12] BGH 7. 2. 1984-VI ZR 193/82, BGHZ 90, 113 (117 f.) = NJW 1984, 1607-Deutsche Bundes-bahn; BAG 26. 7. 2016-1 AZR 160/14, BAGE 155, 347 (Rn. 25)-Fraport AG.

停工并不是对生产工具的**财产损害**(Verletzung des Eigentums),所以,**企业经营权**(Recht am Gewerbebetrieb)可以成为适用《民法典》第823条的兜底要件:虽然罢工是工会主导的,但是如果涉及的是对请求权人企业的直接(针对企业的)侵害,那么违法罢工将损害《民法典》第823条第1款所保护的已经设立和运行的企业的权利。[13] 由 GSL 的会员造成的停工属于**罢工形式的劳动斗争**(Arbeitskampf in Form eines Streiks),合同约定的劳动给付被阻断,其目的是通过集体行动向雇主施加压力,从而实现工作条件的改善。[14] 因为斗争措施旨在直接妨碍 F 在停机坪控制区域的操作流程,所以这里也涉及**针对企业的侵害**(betriebsbezogenen Eingriff)。

2. 罢工造成的违法侵害

只有违法的劳动斗争才构成《民法典》第823条第1款意义上的不法行为;合法的劳动斗争是在行使结社自由的基本权利(《基本法》第9条第3款第1句),所以工会没有承担劳动斗争损害赔偿的义务。[15] **合法性的前提条件**(Voraussetzungen der Rechtmäßigkeit)源于法官法:罢工在符合以下条件时具有合法性:(1)由具有团体协议能力的工会主导;(2)为了团体协议规则的目标;(3)不违反和平义务;(4)不违反**比例原则**(Grundsatz der Verhältnismäßigkeit)。不存在其他在劳动斗争时

---

[13] BAG 20.12.1963-1 AZR 157/63, BAGE 15, 211 (215) = AP Nr. 34 zu Art. 9 GG Arbeitskampf = NJW 1964, 1291; AR/*Krebber* TVG Anh. Rn. 34; HWK/*Hergenröder* GG Art. 9 Rn. 300; *Gamillscheg* ArbR I S. 1217; Otto ArbeitskampfR § 15 Rn. 37.

[14] Siehe zum Begriff des Streiks BAG 4.5.1955-1 AZR 493/54, BAGE 2, 75 (77) = AP Nr. 2 zu Art. 9 GG Arbeitskampf = NJW 1955, 1373; Däubler ArbeitskampfR/*Däubler* § 8 Rn. 11; MHdB ArbR/*Ricken* § 200 Rn. 27; *Junker* ArbR Rn. 592; Waltermann ArbR Rn. 663.

[15] BAG (GS) 28.1.1955-GS 1/54, BAGE 1, 291 (295 f.) = AP Nr. 1 zu Art. 9 GG Arbeitskampf = NJW 1955, 882; BAG 22.9.2009-1 AZR 972/08, BAGE 132, 140 = AP Nr. 174 zu Art. 9 GG Arbeitskampf = NZA 2009, 1347 (Rn. 23).

的一般要求,尤其是,联邦劳动法院不要求工会成员的书面同意,也不要求劳动斗争的通知与实施之间有固定的期限(等待期)。[16]

13　　GSL作为有团体协议能力的工会,就是在为了改善团体协议而斗争。比例原则不要求满足**最后手段原则**(Ultima-ratio-Prinzips),因为团体谈判在罢工开始之前已经被正式宣布失败了:在领导罢工时,工会的决定是自由且不能再次审查的,工会认为已经穷尽了所有手段,如果不采取劳动斗争措施就不可能谈判成功。[17]具体**禁止过度侵害**(Übermaßverbot)特点的比例原则会限制斗争进行的类型和方法;斗争当事人不得采用毁灭战略。[18]但是,在停机坪控制区内一次4小时的劳动斗争——即使在这段时间内劳动斗争使得整个航空运输系统瘫痪——没有对F的生存造成威胁性的侵害。它并不违反禁止过度侵害原则。因此,只需要考虑劳动斗争是否违反和平义务。

(1)违反相对和平义务

14　　根据团体协议,团体协议当事人双方都应遵守和平义务。和平义务不需要特别约定,而是作为和平规则(团体协议的和平功能,《团体协议法》第4a条第4款)构成团体协议的实质性组成部分。但是,每一个团体协议**内在的和平义务**(immanente Friedenspflicht)都只与团体协议规制的对象有关:和平义务禁止团体协议当事人通过领导针对团体协议的劳动斗争或者煽动其成员参与

---

[16] Im Überblick: *Junker* ArbR Rn. 602 ff.; ausf. MHdB ArbR/*Ricken* §§ 200 ff.; zum Tarifbezug des Arbeitskampfs s. *Löwisch/Rieble* Grundl. Rn. 491—520.

[17] BAG 21.6.1988-1 AZR 651/86, BAGE 58, 364 (382) = AP Nr. 108 zu Art. 9 GG Arbeitskampf = NZA 1988, 846; s. dazu AR/*Krebber* TVG Anh. Rn. 22; MHdB ArbR/*Ricken* § 200 Rn. 49.

[18] BAG (GS) 21.4.1971-GS 1/68, BAGE 23, 292 (306) = AP Nr. 43 zu Art. 9 GG Arbeitskampf = NJW 1971, 1668; s. dazu HWK/*Hergenröder* GG Art. 9 Rn. 169; *Lowisch/Rieble* Grundl. Rn. 547.

劳动斗争,从而质疑团体协议或者其中个别条款的存在[19][**相对和平义务**(relative Friedenspflicht)]。

相对和平义务存在于团体协议的约定期间内(期限)或者存在于解除生效前。[20] GSL 和 F 之间的团体协议**没有固定的期限**(keine feste Laufzeit)。二者之间的团体协议只能通过 GSL 单方发出的**部分解除**(teilweise Kündigung)于 2017 年 12 月 31 日(部分)终止。如果因为团体协议的部分解除不被许可(→边码 16 之后)并且/或者解除没有以有效形式发出(→边码 18 之后),那么该解除可能是无效的。

①作为终止构成要件的部分解除

GSL 的声明旨在解除除第 5 条至第 8 条外的团体协议。团体协议部分的解除(部分解除)需要团体协议当事人**明确的许可**(ausdrücklichen Zulassung),否则会破坏团体协议规则的统一性并且通过这种方式侵害团体自治。[21] 根据**团体协议第 9 条第 1 款**的规定,团体协议规则除第 5 条至第 8 条外,最早可以于 2017 年 12 月 31 日被解除;应当保持长期存续状态的第 5 条至第 8 条涉及的是关于工资和工时的团体协议规范(第 2 条至第 4 条),并且最早能够于 2020 年 12 月 31 日被解除。只有在 2020 年 12 月 31 日的解除日期前,无论如何都有可能存在合适的部分解除时,上

---

[19] BAG 8.2.1957-1 AZR 169/55, BAGE 3, 280 (283) = AP Nr. 1 zu § 1 TVG Friedenspflicht = NJW 1957, 647; BAG 21.12.1982-1 AZR 411/80, BAGE 41, 209 (219 f.) = AP Nr. 76 zu Art. 9 GG Arbeitskampf = NJW 1983, 1750.

[20] BAG 5.3.1985-1 AZR 468/83, BAGE 48, 160 (166) = AP Nr. 85 zu Art. 9 GG Arbeitskampf = NZA 1985, 504; BAG 24.4.2007-1 AZR 252/06, BAGE 122, 134 = AP Nr. 2 zu § 1 TVG Sozialplan m. Anm. *Fischinger* = NZA 2007, 987 (Rn. 64).

[21] BAG 3.5.2006-4 AZR 795/05, BAGE 118, 159 = AP Nr. 8 zu § 1 TVG Kündigung = NZA 2006, 1125 (Rn. 20); BAG 25.9.2013-4 AZR 173/12, BAGE 146, 133 = AP Nr. 61 zu § 1 TVG (Rn. 28); AR/*Krebber* TVG § 1 Rn. 24; Däubler/*Deinert* TVG § 4 Rn. 188; Löwisch/*Rieble* TVG § 1 Rn. 1593 f.; Wiedemann/*Wank* TVG § 4 Rn. 26.

述规则才有意义。所以,团体协议第 9 条第 1 款的规则可以视为对部分解除的明确许可。[22]

17　　但是也存在对**规则的透明性**(Transparenz der Regelung)的反思。有一点不明确的是,在部分解除时,对于没有被解除的第 5 条至第 8 条,**团体协议第 1 条**、**第 9 条第 2 款**关于效力范围与和平义务的条款是否会失效。这种歧义可以通过解释来消除,"除第 5 条至第 8 条外"的表述应当这样理解,既团体协议的"一般部分"(效力范围、和平义务)在涉及上述团体协议规范时仍然应当保留。[23] 另外一点不明确的是,部分解除的权利在**2020 年 12 月 31 日到期之后**是否应当依然存续。但是这一不明确本身就可以证明,它在本案中并没有任何作用,并且在解释团体协议规范时没有禁止对效力保留的减弱。**小结**:由 GSL 作出的部分解除是合法的。

②形式上有效的解除通知

18　　因为解除期间的计算从季度末的 6 个月前开始(团体协议第 9 条第 1 款),所以 GSL 必须在**2017 年 6 月 30 日之前**发出除第 5 条至第 8 条外有效的部分解除通知,从而能够在 2017 年 12 月 31 日到期之后产生效力。对于解除通知的效力存在疑问,因为 2017 年 7 月 3 日才送达团体协议相对人 F 的通知,需要满足《民法典》第 126 条第 1 款的**书面形式要求**(Schriftformerfordernis)。如果解除符合《民法典》第 126 条第 1 款的要求,那么该解除在 2018 年 3 月 31 日才生效;劳动斗争发生时,所有团体协议规则都应当存在相对和平义务。

19　　一些文献认为,适用于签订团体协议的《团体协议法》第 1 条第 2 款中的书面形式规定结合《民法典》第 126 条,应当类推适用

---

[22]　BAG 26.7.2016-1 AZR 160/14, BAGE 155, 347 (Rn. 32); s. auch Löwisch/Rieble TVG § 1 Rn. 1594.

[23]　BAG 26.7.2016-1 AZR 160/14, BAGE 155, 347 (Rn. 32).

于团体协议的解除:这里存在一个**规则漏洞**(Regelungslücke),因为劳动合同当事人必须能够毫无疑问地确定,团体协议是否以及在什么范围内继续适用。前述规范清晰的规定的重要意义,正是《团体协议法》第 1 条第 2 款中的书面形式要求的目的,这一要求能够通过解除延伸至团体协议的单方终止。**利益基础**(Interessenlage)在某种程度上与通过废除合同的形式和平解除团体协议是一致的,根据主流的理论观点,这受制于《团体协议法》第 1 条第 2 款中的形式规定。[24]

反对观点认为,团体协议的解除应当不受形式限制[25],或者"在任何情况下"——本案中 2017 年 6 月 30 日采用的形式——团体协议的解除都应满足《民法典》**第 126b 条的文本形式**的要求。[26] 这里存在一个**法律漏洞**(Regelungslücke),因为立法者自己区分团体协议的订立与终止:订立的团体协议由主管机构寄送原件或复印件(《团体协议法》第 7 条第 1 款第 1 句前半句),而团体协议解除时只需要"通知"即可,不需要寄送书面解除通知(《团体协议法》第 7 条第 1 款第 1 句后半句)。**利益基础**(Interessenlage)同样不可比,因为规范清晰的规定只针对团体协议的内容,而不针对终止。[27] 对此应当支持的是,如果书面形式的要求只包含针对团体协议相对人的解除并且没有产生任何公示效果,那么团体协议遵守者不需要遵守该书面形式的要求。**小结**:2017 年 6 月 30 发出的解除通知有效,并且在 2017 年 12 月 31 日到期

---

[24] Däubler/*Nebe* TVG § 1 Rn. 173; Däubler/*Deinert* TVG § 4 Rn. 122; Löwisch/*Rieble* TVG § 1 Rn. 1656; MHdB ArbR/*Rieble/Klumpp* § 166 Rn. 34; *Stoffels*, FS von Hoyningen-Huene, 2014, S. 477 (485).

[25] ErfK/*Franzen* TVG § 1 Rn. 32; Wiedemann/*Thüsing* TVG § 1 Rn. 319; *Gamillscheg* ArbR I S. 516; *Oetker*, RdA 1995, 82 (100).

[26] BAG 26.7.2016-1 AZR 160/14, BAGE 155, 347 (Rn. 35); s. zu den Anforderungen an die Textform Erman/*Arnold* BGB § 126b Rn. 6.

[27] BAG 26.7.2016-1 AZR 160/14, BAGE 155, 347 (Rn. 33 ff.).

时终止了除第 5 条至第 8 条以外的团体协议。

③相对和平义务的范围

21　　GSL 有效地部分解除了团体协议之后,在 2018 年 1 月 1 日之后,相对和平义务仅适用于**团体协议第 5 条至第 8 条的规则**(抗压措施、不能胜任控制工作时的调岗事项,以及健康原因导致提前退休的经济补偿)。案件事实传递出的 GSL 的团体协议规则与上述对象都不一致。但是,司法判例没有要求规定的对象与团体协议的对象必须具有一致性,而是要求团体协议谈判应当满足团体协议规制内容的**内在实质联系**(inneren sachlichen Zusammenhang)。[28] 如果团体协议当事人已经特别约定了和平义务的范围并且该约定有效,那么就无须判定关于劳动者因不能胜任工作而**调岗**(Umsetzung)的团体规则与因调岗产生的**补偿津贴**(Ausgleichszulage)的团体谈判要求之间是否存在必要的内在实质联系。

(2)违反扩大的和平义务

22　　团体协议当事人可以特别约定行使其团体自治权(《基本法》第 9 条第 3 款)时的和平义务范围,并且可以涉及与规制内容没有内在实质联系的事项[29][**扩大的和平义务**(erweiterte Friedenspflicht)]。为了将上述约定与每个团体协议中的内在和平义务(→边码 14)区分开,学者们会使用自由约定的或者**合意的和平义务**(konsentierten Friedenspflicht)的表述。[30] 这种约定

---

[28] BAG 10.12.2002-1 AZR 96/02, BAGE 104, 155 (167) = AP Nr. 162 zu Art. 9 GG Arbeitskampf = NZA 2003, 734; BAG 26.7.2016-1 AZR 160/14, BAGE155, 347 (Rn. 27); ebenso z. B. Löwisch/*Rieble* TVG § 1 Rn. 1195; Wiedemann/*Thüsing* TVG § 1 Rn. 885.

[29] BAG 18.2.2003-1 AZR 142/02, BAGE 105, 5 (17) = AP Nr. 163 zu Art. 9 GG Arbeitskampf m. Anm. *Thüsing* = NZA 2003, 866; BAG 26.7.2016-1 AZR 160/14, BAGE 155, 347 (Rn. 27).

[30] Löwisch/*Rieble* TVG § 1 Rn. 1196.

体现在团体协议第 9 条第 2 款中。那么问题就在于,GSL 为了实现团体谈判要求的罢工是否违反了约定的和平义务(→边码 23 之后),以及 F 是否能够证明 GSL 违反了约定和平义务(→边码 25 之后)。

①约定的和平义务的范围

扩大的和平义务的对象源于**团体协议第 9 条第 2 款第 1 句**,根据该条款的规定,两项复杂的规则(一方面是第 2 条至第 4 条,另一方面是第 5 条至第 8 条)在团体协议期限内均应被视为具有决定性意义的。在 2017 年 12 月 31 日有效部分解除第 2 条至第 4 条之后,(扩大)和平义务仅针对团体协议的第 5 条至第 8 条(→边码 21)。**团体协议第 9 条第 2 款第 2 句**通过放弃内在实质联系扩大了和平义务:每次劳动斗争都是为了补充团体协议的内容是不可能的,除非该劳动斗争与和平义务的复杂规则有关。[31]

GSL 可以通过团体谈判要求,扩大或完善**团体协议第 5 条至第 8 条的规则**,而并非以劳动斗争的手段。这些规则包含了缓解压力的后果,尤其是因不能胜任控制工作而**调岗**(Umsetzung)。因不能胜任而调岗进行**补偿津贴**(Ausgleichszulage)的团体协议谈判,旨在将团体协议计划的措施扩大至缓解压力的后果。因为 2018 年 1 月 19 日的劳动斗争也是为了团体谈判进行的,所以在某种程度上,劳动斗争损害了合同约定的扩大和平义务。

②F 不当行使权利(《民法典》第 242 条)

然而,根据不当行使权利的观点,可以阻止 F 援引违反和平义务(《民法典》第 242 条)。如果某人在主张权利时与自己先前的行为不一致,且要么对其他部分而言属于信赖构成要件,要么

---

〔31〕另见本案的改编判决:BAG 26.7.2016-1 AZR 160/14, BAGE 155, 347 (Rn. 37)。

属于其他看起来违反诚信原则行使权利的情形[32] [venire contra factum proprium,**矛盾的行为**(widersprüchliches Verhalten)],则构成不当行使权利。F 的矛盾行为可能是,F 先前已经进行了关于补偿津贴的**谈判**(Verhandlungen),现在又援引罢工的违法性要求这部分赔偿。但是在这一行为中并**没有矛盾**(kein Widerspruch):和平义务只禁止团体协议当事人针对团体协议事项的变更进行罢工。但是,和平义务本身根据其意义和目的没有排除关于这些变更事项的谈判或者进入调解程序。[33]

26   即使确实存在矛盾行为,从工会的角度来说依然缺少**信赖构成要件**(Vertrauentatbestand):因为和平义务没有排除谈判,所以从有关和平义务要求的谈判中无法得出如下结论,即在劳动斗争的情形下雇主方不会主张违反和平的义务。其他违反**诚实信用**(Treu und Glauben)的行为也不存在:因为团体谈判是一种妥协的尝试,所以对雇主一方而言在谈判中引入和平义务的事项是很有意义的,如此一来,通过包含这些事项的总体解决方案,就能在没有劳动斗争的情形下达成合意。[34] **小结**:诚实信用原则不妨碍 F 主张违反和平义务。

③违反和平义务的后果

27   2018 年 1 月 19 日进行的罢工针对的和平义务事项——因不能胜任而调岗的补偿津贴——只是**四个团体谈判要求当中的一项**;其他三个团体谈判要求(加班工资、分层涨薪、参与 F 的股票计划)涉及团体协议第 2 条至第 4 条的内容,所以不涉及和平义务。问题在于,在罢工时,对于团体协议规定的多个事项,只有其

---

[32] BGH 14.7.2014-IV ZR 73/13, BGHZ 202, 102 = NJW 2014, 2723 (Rn. 33); Palandt/*Grüneberg* BAG § 242 Rn. 55.

[33] ErfK/*Franzen* TVG § 1 Rn. 81 f.; HWK/*Henssler* TVG § 1 Rn. 64; Löwisch/*Rieble* TVG § 1 Rn. 1164; Otto ArbeitskampfR § 7 Rn. 6-9.

[34] BAG 26.7.2016-1 AZR 160/14, BAGE 155, 347 (Rn. 48).

中一项违法是否会导致罢工的违法性。

A. 观点(Meinungsstand)。对于提出的问题有各种各样的观点:一些人主张统一的斗争,在统一的斗争中要遵循可斗争的和不可斗争的规则目标,接下来要判断,这一**影响**(Gepräge)给整体考量中的劳动斗争提出了哪些要求。[35] 另外一些人主张采取一种假设性的观点,即判断**放弃**(Verzicht)非法的要求是否能够进行劳动斗争。[36] 联邦劳动法院在一项早期的判决中判定,如果和平义务事项涉及**核心要求**(zentrale Forderung),那么无论如何整体罢工都具有违法性。[37] 相反,新的司法判例和一部分理论观点则采信所谓的**坏鸡蛋理论**(Rühreitheorie)(一颗坏鸡蛋毁了一锅粥):罢工的目标也是执行损害和平义务的团体谈判要求,不考虑这一要求的意义是违法的。[38]

B. **争议裁决**(Streitentscheidung)。与根据影响理论(Geprägetheorie)判定劳动斗争的合法性不同,假设性评价和核心与非核心要求的区别认为,个别团体谈判的含义只能由工会自己来判断。团体谈判对于想要签订的团体协议是"有影响的"还是"核心的",以及即使没有谈判要求,工会是否也发动罢工,对于雇主一方来说都是无法预见并且无法进行司法评估的。团体自治保护每个团体协议当事人的评价权(《基本法》第 9 条第 3 款)并且不

---

[35] Däubler ArbeitskampfR/*Reinfelder* § 15 Rn. 27; abgeschwächt *Waltermann* ArbR Rn. 677.

[36] *Rüthers*, in: Brox/Rüthers, Arbeitskampfrecht, 2. Aufl. 1982, Rn. 159; wohl auch *Gamillscheg* ArbR I S. 1066.

[37] BAG 10.12.2002-1 AZR 96/02, BAGE 104, 155 (172)= AP Nr. 162 zu Art. 9 GG Arbeitskampf = NZA 2003, 734; offengelassen in BAG 4.5.1955-1 AZR 493/54, BAGE 2, 75 (80)= AP Nr. 2 zu Art. 9 GG Arbeitskampf=NJW 1955, 1373.

[38] BAG 26.7.2016-1 AZR 160/14, BAGE 155, 347(Rn. 51); *Löwisch/Rieble* Grundl. Rn. 516; *Otto* ArbeitskampfR § 5 Rn. 25; *Malorny*, RdA 2017, 149 (150); *Willemsen/Mehrens*, NZA 2013, 1400 (1401).

允许对工会谈判要求的清单进行诉讼评价。[39]

30 　　**坏鸡蛋理论**认为,团体协议的和平功能(《团体协议法》第 4a 条第 1 款)只有在团体协议在其效力期限内没有遭受劳动斗争的质疑时才能够实现。为实现和平义务谈判要求的劳动斗争不属于《基本法》第 9 条第 3 款覆盖的内容,并且损害了《基本法》保护的斗争相对方的利益。任何宣称的团体谈判要求都会对雇主一方的防御可能性产生影响;雇主一方必须适应这些谈判需求,从而安排自己的谈判条件与斗争策略。如果雇主一方必须利用谈判能力来保护《基本法》第 9 条第 3 款没有覆盖的要求,那么这种能力不应受到非法侵害。[40]

31 　　在和平义务的观点下,每一个个别的团体谈判要求对工会(Gewerkschaft)的审查标准都很高,因为团体协议谈判能力不仅要求针对社会反对力量的执行力,还需要一个有能力完成《基本法》第 9 条第 3 款规定任务的具有结社能力的有效组织。[41] 该组织需要有足够数量的成员为谈判和团体协议的签订作好准备[**组织效能**(organisatorische Leistungsfähigkeit)]。因此,坏鸡蛋理论的适用并没有损害发动罢工的工会受《基本法》第 9 条第 3 款保护的职业自由。[42] **小结**:2018 年 1 月 19 日进行的劳动斗争总体上违法,这里涉及的是对 F 对其企业享有的权利的不法侵害

---

[39] BAG 26.7.2016-1 AZR 160/14, BAGE 155, 347 (Rn. 53 f.).

[40] BAG 26.7.2016-1 AZR 160/14, BAGE 155, 347 (Rn. 52) unter Hinweis auf BAG 19.6.2007-1AZR 396/06, BAGE 123, 134 = AP Nr. 173 zu Art. 9 GG Arbeitskampf = JZ 2008, 97 m. Anm. *Junker* = RdA 2010, 135 m. Anm. *Otto* = NZA 2007, 1055 (Rn. 18).

[41] BAG 14.12.2004-1 ABR 51/03, BAGE 113, 82 (95) = AP Nr. 1 zu § 2 TVG Tariffähigkeit = NZA 2005, 697; BAG 28.3.2006-1 ABR 58/04, BAGE 117, 308 (333) = AP Nr. 4 zu § 2 TVG Tariffähigkeit = NZA 2006, 1112.

[42] BAG 26.7.2016-1 AZR 160/14, BAGE 155, 347 (Rn. 55) unter Hinweis auf BAG 19.6.2012-1 AZR 775/10, BAGE 142, 98 = AP Nr. 177 zu Art. 9 GG Arbeitskampf = NZA 2012, 1372 (Rn. 52).

(《民法典》第823条第1款)。

3. GSL董事会的过错(《民法典》第31条)

侵害企业的责任需要有故意或过失的行为(《民法典》第823条第1款)。GSL作为一个注册协会,对于其董事会在履行职责过程中对第三人造成的损害负责(《民法典》第31条)。该规则规定,协会董事会的行为应当归责于协会自身(与《民法典》第278条不同),并且没有免责可能(与《民法典》第831条不同)。[43]

GSL的董事会号召其会员停止工作的行为,属于《民法典》第31条意义上履行其义务的行为(具有协会整体的特征[44])。**故意行为**(Vorsätzliches Handeln)的前提是知道并想要结果发生以及意识到违法性。[45] 从案件事实中无法推论出,GSL的董事会在发动罢工时是否知道罢工请求受制于和平义务。所以,不能假定存在故意。但是,也有可能存在**过失行为**(fahrlässiges Handeln)。那么,GSL董事会在行为时必须忽略了必要的注意义务(《民法典》第276条第2款)。

(1)注意义务的要求

由于罢工对公司和大众的广泛影响,司法判例对于发动工会会员进行劳动斗争时所依据的《民法典》第276条第2款必要注意义务提出了更高的要求。工会希望通过斗争的方式达到目的,需要深入审查是否可能违反和平义务。出于怀疑,只有当对罢工的合法性具有很有力的支持理由时,工会才能行使罢工权。[46]

---

[43] Jauernig/*Mansel* BGB § 31 Rn. 1; Erman/*Westermann* BGB § 31 Rn. 3; MüKoBGB/*Arnold* § 31 Rn. 20; PWW/Schöpflin BGB § 31 Rn. 1.
[44] Erman/*Westermann* BGB § 31 Rn. 5.
[45] Jauernig/Stadler BGB § 276 Rn. 15; PWW/*Schmidt-Kessel* BGB § 276 Rn. 6.
[46] BAG 19.6.2012-1 AZR 775/10, BAGE 142, 98 = AP Nr. 177 zu Art. 9 GG Arbeitskampf = NZA 2012, 1372 (Rn. 52); BAG 26.7.2016-1 AZR 160/14, BAGE 155, 347 (Rn. 58).

工会承认自己在已经尽力的情况下仍然无法预见团体谈判受制于和平义务,所以 GSL 可能能够通过主张不可避免的法律错误来排除过错。

(2)没有不可避免的禁止错误

35　　对于可以原谅的法律错误,法律设定了严格的要求:权利的有效性请求要求,债务人原则上自行承担错误法律观点的风险并且不得转移给债权人;仅当法律状况客观上存疑并且债务人已经仔细审查时,才存在例外情形。[47] GSL 董事会必须认识到,来自团体协议未解除部分的和平义务设定了罢工需求合法性的界限。在调岗时支付补偿津贴的需求属于非解除部分的规则内容,经过仔细的审查,无须进一步论证即可确定。**小结**:董事会为实现谈判需求发动罢工时,损害了必要的注意义务(过失行为,《民法典》第 276 条第 2 款)。

4. 请求权人分摊的过错(《民法典》第 254 条)

36　　GSL 基于《民法典》第 823 条第 1 款、第 31 条的赔偿义务可能会因 F 分摊的过错不成立,因为 F 错过了在通知罢工与进行罢工这段时间内,以诉诸**暂时法律保护**(einstweiligen Rechtsschutzes)的方式对罢工采取法律上的应对措施。所以,F 的损害并不是在号召罢工时产生的[48],而是在罢工开始进行时产生的,法院的禁令在这种情况下可能能够防止损害的发生。所以问题就在于,F 是否有义务为防止或减少因罢工产生的损害而采取法律措施(**《民法典》第 254 条第 2 款第 1 句第 2 种情形**)。一方面,反对观点认为,由于对事实状态和法律状况的粗略审查,以暂时法律保

---

[47] BAG 19.8.2015-5 AZR 975/13, BAGE 152, 213=AP Nr. 140 zu § 615 BGB =NZA 2015, 1460 (Rn. 31); BAG 26.7.2016-1 AZR 160/14, BAGE 155, 347 (Rn. 61).

[48] Anders im Fall BAG 25.8.2015-1 AZR 875/13, BAGE 152, 260=AP Nr. 183 zu Art. 9 GG Arbeitskampf=NZA 2016, 179 (Rn. 26).

护的方式申请禁止罢工的决定无法被准确预测。但是,受害人也不必为了防止损害发生而进入结果无法预知的诉讼。[49]

另一方面,是否以及通过何种方式应对劳动斗争的决定,依据《基本法》第9条第3款,属于宪法上对**自由结社活动的保障**(Garantie freier Koalitionsbetätigung)。[50] 罢工所针对的雇主能够承受被认定为非法罢工的后果,因为——与合法罢工一样——劳动者的工资请求权消失了并且工会的罢工资金被消耗了。在这一行为中,存在一种为改善谈判立场由宪法保护所施加的压力。所以,雇主没有义务以合法手段抵制针对其进行的违法罢工,更没有义务将其认定违法罢工的事情告知对其进行罢工的工会。[51] **小结**:请求权人不存在分摊的过错。

5. 合法替代行为的抗辩

接下来的问题是,GSL 的抗辩有什么含义,违反和平义务不是造成罢工损害的原因,因为劳动斗争即使没有团体谈判要求的和平义务也会进行。如果因为合法行为也同样有可能产生损害[**合法的替代行为**(rechtmäßiges Alternativverhalten)],那么侵害人的抗辩在侵权责任构成要件的框架下针对的是**损害结果的归责**(Zurechnung eines Schadenserfolgs):问题是,如果侵害人履行了义务,事情将会如何发展,这涉及损害与违反义务的因果关系。[52] 是否需要考虑合法替代行为的抗辩,取决于被违反合同义务的保

---

[49] BGH 23.5.1991-III ZR 73/90, NJW-RR 1991, 1458 (1460); BGH 6.10.2005-IX ZR 111/02, NJW 2006, 288 (Rn. 13); MüKoBGB/*Oetker* § 254 Rn. 96.

[50] BVerfG 6.5.1964-1 BvR 79/62, BVerfGE 18, 18 (26)= JZ 1965, 103-Bayerische Hausgehilfinnen; BVerfG 11.7.2017-1 BvR 1571/15 u. a., NZA 2017, 915 (Rn. 131)-Tarifeinheitsurteil.

[51] BAG 26.7.2016-1 AZR 160/14, BAGE 155, 347 (Rn. 65 f.).

[52] BGH 24.10.1985-IX ZR 91/84, BGHZ 96, 157=NJW 1986, 576 (579); BGH 25.11.1992-VIII ZR 170/91, BGHZ 120, 281=NJW 1993, 520 (522).

护目的。[53]

39 **和平义务的保护目的**(Schutzzweck der Friedenspflicht)在于，在团体协议履行期限内防止团体协议当事人将团体协议规定事项的变更通过劳动斗争的方式予以实现(和平功能，《团体协议法》第 4a 条第 1 款)。没有违反和平义务要求的工会罢工不是"同一个合法的劳动斗争"，而是另外一个劳动斗争。和平义务的保护目的禁止将实质原因违法的罢工置换成基于其他内容和在其他基础上进行的假设性罢工。[54] **小结**：如果罢工由于违反和平义务而属于违法，那么合法替代行为的抗辩就没有任何余地。F 依据《民法典》第 823 条第 1 款、第 31 条享有向 GSL 要求损害赔偿的请求权。

（二）依据《民法典》第 280 条第 1 款、第 31 条的请求权

40 F 针对 GSL 的损害赔偿请求权还可能依据《民法典》第 280 条第 1 款、第 31 条成立。GSL——通过其主管机构——在 2018 年 1 月 19 日进行罢工，损害了第 9 条第 2 款约定的和平义务。GSL 的赔偿义务既不能通过 F 分摊的过错，也不能依据合法替代行为的观点被排除或受限制。因此，依据《民法典》第 280 条第 1 款、第 31 条，F 享有请求权。

（三）损害赔偿的范围

41 GSL 根据《民法典》第 823 条第 1 款结合第 31 条，以及第 280 条第 1 款结合第 31 条，应当赔偿直接因为实施 2018 年 1 月 19 日罢工产生的损害。由于从案件事实中没有相反的内容，可以推断

---

[53] BGH 9.3.2012-V ZR 156/11, NJW 2012, 2022（Rn. 17）; MüKoBGB/*Oetker* § 249 Rn. 221.

[54] BAG 26.7.2016-1 AZR 160/14, BAGE 155, 347（Rn. 72）; ebenso im Ergebnis BAG 31.10.1958-1 AZR 632/57, BAGE 6, 321（376 ff.）= AP Nr. 2 zu § 1 TVG Friedenspflicht = NJW 1959, 356; Jauernig/*Teichmann* BGB Vor §§ 249-253 Rn. 48; *Löwisch/Rieble* TVG § 1 Rn. 1436; Wiedemann/*Thüsing* TVG § 1 Rn. 971.

F 主张损害的前提条件成立。**总体结论**:F 享有向 GSL 要求支付 350000 欧元的请求权。

二、航空公司 D 的请求权

航空公司 D 可能有权向 GSL 请求因劳动者在 F 的停机坪控制区进行罢工而产生的损害赔偿(800000 欧元)。 42

(一)依据《民法典》第 823 条第 1 款、第 31 条的请求权

《民法典》第 823 条第 1 款、第 31 条应当被考虑为请求权基础。该请求权基础的条件是,停工侵害了航空公司基于《民法典》第 823 条第 1 款意义上的法益或其他特殊权利,而且该侵害是 GSL 的董事会在完成日常工作中故意或过失的行为(《民法典》第 31 条)。 43

1.侵害对飞机的所有权

GSL 可能侵害了 D 对飞机的财产权。侵害《民法典》第 823 条第 1 款意义上的财产权不仅可以是对物的损害或者是对物的剥夺,还可以是对物的**环境关系的破坏**(Störung einer Umweltbeziehung)。[55] 其中特别包含不容忽视的**使用的损害**(Beeinträchtigung des Gebrauchs)。在这些情况下,损害"财产"法益的前提条件是,习惯用途的损害是基于对物本身有直接的影响,这种影响可以具有事实特性或者是法律特性。[56] 44

(1)目的地是美因河畔法兰克福的航班

GSL 可能侵害了 D 对航班的所有权,因为这些航班在停工期间无法到达美因河畔法兰克福目的地(损失:600000 欧元)。GSL 的劳动斗争仅仅直接针对机场运营商 F 进行;航空公司 D 并不是 45

---

[55] BGH 21.12.1970-II ZR 133/68, BGHZ 55, 153 (159) = NJW 1971, 886-Fleetfall; Palandt/*Sprau* BGB § 823 Rn. 7; Soergel/*Beater* BGB § 823 Anh. V Rn. 16.

[56] BGH 15.11.1982-II ZR 206/81, BGHZ 86, 152 (154 f.) = NJW 1983, 2313; BGH 9.12.2014-VI ZR 155/14, NJW 2015, 1174 (Rn. 18).

罢工决定雇主一方的接收人,而且也无法满足工会的团体谈判要求,因此,对航班缺少**直接的影响**(unmittelbaren Einwirkung),这是所有权损害不可更改的前提条件,因为**这些财产**(Vermögen als solches)不应被视为《民法典》第 823 条第 2 款意义上的其他权利[57],所以仅仅是财产损害并不会导致《民法典》第 823 条第 1 款意义上的所有权损害赔偿的扩大解释。[58] 因此,罢工引起的航空管制只影响了 D 的财产,但是并未影响其航班所有权人的法律地位。

(2)在美因河畔法兰克福停靠的航班

46 如果是以等同于剥夺财产的方式使得交通工具丧失了所有**的移动可能性**(Bewegungsmöglichkeit),那么就可能构成以侵害使用用途形式的财产损害。[59] 这一构成要件可以通过以下方式予以满足,D 停靠在机场的飞机由于 2018 年 1 月 19 日停机坪控制区的罢工事件不能离开其停靠的位置(损失:200000 欧元)。虽然司法判例将地面车辆"仅几个小时"丧失移动可能性认定为**微小损害**(unerhebliche Beeinträchtigung)[60],但是对飞机来说,短时间内就会有产生高额损害的风险,所以上述观点不能直接应用于飞机。

47 然而,即使是让车辆丧失了移动可能性,也必须有**直接侵害**(unmittelbaren Beeinträchtigung),以区分特别的所有权损害和单

---

[57] BGH 4.2.1964-VI ZR 25/63, BGHZ 41, 123 (127) = NJW 1964, 720; Palandt/Sprau BGB § 823 Rn. 11.

[58] BGH 18.11.2003-VI ZR 385/02, NJW 2004, 356 (358); BGH 9.12.2014-VI ZR 155/14, NJW 2015, 1174 (Rn. 18).

[59] BGH 21.12.1970-II ZR 133/68, BGHZ 55, 153 (159)= NJW 1971, 886; BGH 11.1.2005-, VI ZR 34/04, NJW-RR 2005, 673 (674).

[60] BGH 11.1.2005-VI ZR 34/04, NJW-RR 2005, 673 (675).

纯的财产损失。[61] 例如,如果一辆汽车因为"停车的路被堵住"而丧失了其移动可能性,那么会构成所有权损害,但是,如果是很多车辆同时遇到一般交通事件,则不构成所有权损害。同样,交通事故造成的交通堵塞原则上也不会造成涉事交通工具的所有权损害[62],劳动斗争造成停机坪工作区的停工也不构成对停靠飞机所有权的损害。**小结**:基于所有权损害的损害赔偿请求不成立。

2. 对企业经营权的损害

劳动斗争引发的 D 航班运行的中断,可能会损害已经设立和行使的企业经营权(→边码 9)。D 的企业属于《民法典》第 823 条第 1 款意义上企业经营权的适当的**保护客体**(Schutzobjekt)。因劳动斗争引发的停机坪控制区的暂时停工必须构成对企业经营的直接(针对企业的)**侵害**(Eingriff)。

48

(1) 罢工造成的直接侵害

基于对《民法典》第 823 条第 1 款没有包含的财产损失(→边码 45)的区分,侵害必须根据客观标准,特别针对企业的组织机构或者是公司的自主决定权;它可以不涉及与企业经营分离的权利或者法益,例如,所有权。[63] 由司法判例认定的对已经设立并运行的企业的**侵权保护**(Deliktsschutz)不应再扩大适用到对企业经营的一般侵权**财产保护**(Vermögensschutz),这与德国判例法上所规制的侵权构成要件体系背道而驰。单纯的反射损失和间接损

49

---

[61] BGH 9.12.2014-VI ZR 155/14, NJW 2015, 1173 (Rn. 18); Palandt/Sprau BGB § 823 Rn. 7; PWW/*Schaub* BGB § 823 Rn. 49; Soergel/*Spickhoff* BGB § 823 Rn. 62; Staudinger/*Hager* (2016) BGB § 823 Rn. B 97.

[62] BGH 11.1.2005-VI ZR 34/04, NJW-RR 2005, 673 (674).

[63] BGH 9.12.1958-VI ZR 199/57, BGHZ 29, 65 (67) = NJW 1959, 479-Stromkabelfall; BGH 9.12.2014-VI ZR 155/14, NJW 2015, 1174 (Rn. 20).

害并不是针对企业的侵害。[64]

50 　　根据上述标准,罢工原则上没有对未参加斗争的相关第三方公司的企业经营权造成直接的、针对企业的损害。**区分**(Abgrenzung)相关第三方公司是否参与斗争仅取决于工会的**罢工决定**(Streikbeschluss)。[65] GSL 的斗争相对人根据罢工决定只有机场运营商。即使对航空公司造成的损失大于对机场运营商造成的损失,也不能认为航空公司就是罢工相对方;给第三人造成的损失与机场停机坪控制区的劳动斗争有必然联系;对此,损害的赔偿义务等同于违反《基本法》第 9 条第 3 款的罢工禁止。[66]

(2)运行封锁的条件

51 　　如果劳动斗争可以被认定为对法兰克福机场交通公司**航班运行的封锁**(Blockade des Flugbetriebs),那么就可能存在基本规则的例外(→边码 50)。外部表现为**运行障碍**(Absperrung eines Betriebs)意义上的与罢工有关的封锁,意味着对企业经营的框架性的直接侵害。[67] 如果由于功能上依靠罢工相对方的第三人的侵害使得根据分工的产品生产受到了侵害,也适用相同的规则。[68]

52 　　但是,GSL 采取的措施并不是具有集体停工性质的和具有典型运行封锁特征的阻碍。这些措施也并不是为了给分工生产的

---

[64] BGH 11.1.2005-VI ZR 34/04, NJW-RR 2005, 673 (675); PWW/*Schaub* BGB § 823 Rn. 83; Soergel/*Beater* BGB § 823 Anh. V Rn. 37; Staudinger/*Hager* (2016) BGB § 823 Rn. D 13.

[65] BAG 25.8.2015-1 AZR 754/13, BAGE 152, 240 = AP Nr. 182 zu Art. 9 GG Arbeitskampf = NZA 2016, 47 (Rn. 38); BAG 25.8.2015-1 AZR 875/13, BAGE 152, 260 = AP Nr. 183 zu Art. 9 GG Arbeitskampf = NZA 2016, 179 (Rn. 26).

[66] BAG 26.7.2016-1 AZR 160/14, BAGE 155, 347 (Rn. 90); *Bayreuther*, RdA 2016, 181 (182).

[67] BAG 21.1.1988-1 AZR 653/86, BAGE 59, 48 (56ff.) = AP Nr. 109 zu Art. 9 GG Arbeitskampf = NZA 1988, 884.

[68] BGH 16.6.1977-III ZR 179/75, BGHZ 69, 128 (140) = NJW 1977, 1875-Fluglotsenstreik; Soergel/*Beater* BGB § 823 Anh. V Rn. 23; Staudinger/*Hager* (2016) BGB § 823 Rn. D 49.

多个公司造成阻碍;F 和 D 并没有共同提供客运的"产品",而是分别处于一种类似生产商和供应商的关系当中。罢工的目的仅仅是对 F 在停机坪控制区提供的服务造成阻碍。由此给 D 造成的运行妨碍仅仅是上述行为的结果。[69] **小结**:基于损害企业经营权的损害赔偿请求权也不成立。

(二)基于《民法典》第 280 条第 1 款、第 31 条的请求权

航空公司 D 还有可能基于债权让与(《民法典》第 398 条),以及根据有利于第三人的保护作用这一合同基本原则享有合同的损害赔偿请求。

1. 有利于第三人的团体协议保护作用

如果主要债务只属于合同当事人,但是第三人负有合同上的注意义务与保管义务,那么即使不是合同的直接参与人,也可以被纳入合同的保护范围。[70] **协会团体协议**(Verbandstarifvertrag)在债法的部分,在某种程度上是有利于第三人的合同,因为它保护团体协议当事人的成员,所以团体协议规制的内容应当包括劳动斗争的措施。[71] 对于 F 和 GSL 之间的**企业团体协议**(Firmentarifvertrag),不考虑这种有利于第三人的保护作用的形式。

2. 将 D 纳入团体协议的保护范围

接下来的问题是,团体协议当事人的成员与**其他第**三人是否都能被纳入团体协议的保护范围。由于对侵权责任的划分,第三人与**给付有密切联系**(Leistungsnähe)不应仅仅是事实上的,这种与给付的密切联系对基于保护作用将第三人纳入合同是非常有

---

[69] BAG 26.7.2016-1 AZR 160/14, BAGE 155, 347 (Rn. 98).

[70] BGH 18.2.2014-VI ZR 383/12, BGHZ 200, 188=NJW 2014, 2577 (Rn. 9); BGH 9.4.2015 VII ZR 36/14, NJW 2015, 2737 (Rn. 25).

[71] BAG 25.8.2015-1 AZR 685/13, BAGE 152, 260=AP Nr. 183 zu Art. 9 GG Arbeitskampf=NZA 2016, 179 (Rn. 43); Löwisch/*Rieble* TVG § 1 Rn. 1173; *Otto* ArbeitskampfR § 7 Rn. 2.

必要的。[72] 在 GSL 的团体协议和平义务中,第三人保护并不是单独存在的,因为该义务客观上也维护航空公司的利益。关键在于,是否有证据证明团体协议当事人一致同意,将团体协议第 9 条第 2 款中债法上的义务扩展至第三人。这些证据没有出现。[73]

（三）结论

56　　D 既不能依据《民法典》第 823 条第 1 款和第 31 条(所有权或企业经营权的损害),又不能依据《民法典》第 280 条第 1 款和第 31 条(有利于第三人的团体协议保护作用)向 GSL 请求损害赔偿。

---

[72] BGH 24.1.2006-XI ZR 384/03, BGHZ 166, 84 = NJW 2006, 830 (Rn. 56); Staudinger/*Klumpp* (2015) BGB § 328 Rn. 112; *Kort*, NJW 2006, 1098.

[73] 另见本案的改编判决:BAG 26.7.2016-1 AZR 160/14, BAGE 155, 347 (Rn. 105)。

案例 10　社会事务

Nach BAG 27.1.2004-1 ABR 7/03，BAGE 109，235=AP Nr. 40 zu § 87 BetrVG 1972 Überwachung = NZA 2004，556（Fingerprint-Scanning）

企业组织法：裁定程序中的合法性审查；《企业组织法》第 87 条第 1 款第 1 项、第 6 项的共同决策；企业职工委员会的不作为请求权；警告

深入学习参见：*Junker* ArbR § 10 VI（Rn. 736-756）

案件事实

位于美因河畔法兰克福的 Bauer + Koenig 有限责任公司（B）生产和维修大型商业银行使用的货币处理机，这种机器可以用于硬币和纸币的分类、点算和真伪查验。Diskonto 银行股份公司（D）的保险库中安装了很多货币处理机，B 与 D 签订了一项 24 小时故障维修的服务合同。因为 D 认为证件检查不够安全，所以于 12 月 15 日在设立于 D 内部的企业职工委员会的参与下，在保险库的门口安装了一个配备有生物识别监控系统的人员闸机。为了保证识别成功，需要授权进入的人员以及 B 的维修工程师必须在 12 月 15 日之后，在第一次进入入口时通过光学测定系统进行视网膜识别扫描。在之后进入保险库的入口检测时，光学测定系统会将检测到的视网膜信息与储存的视网膜特征进行比对。如果视网膜数据一致，那么入口闸机会打开。离开保险库以相应的

方式完成。

12月16日，B和D签订了一份"进入流程补充协议"，根据该协议，入口检查系统也适用于B的维修工程师。此前，D告知B，本质上，自动的生物识别监控系统必须适用于所有需要授权进入的人。如果B不同意对其工作人员适用该识别监控系统，那么12月31日到期的维修合同将不再续约。

B的企业职工委员会认为，入口检查的程序只要涉及B的维修工程师，就需要进行共同决策。B的企业职工委员会向美因河畔法兰克福劳动法院提出书面申请，要求在必须遵守视网膜识别的入口检查规定的情况下，如果没有征得企业职工委员会同意或者调解机构的裁决替代企业职工委员会的同意，那么应当禁止B将负责维修货币处理机的劳动者委派到D。B通过其律师发表声明，表达了对共同决策权的质疑。劳动法院会如何裁决？

附加问题：下一个年度的1月4日，B的维修工程师W被委派到D的企业，以清除货币处理机的功能故障。尽管W的上级主管告诉了他生物识别入口检查的事情，但是W还是以缺少企业职工委员会的同意为由拒绝录入视网膜数据。所以W什么也没做就回到了B。B的总经理想知道，是否可以基于W的行为对W进行警告，以及在发出警告前，企业职工委员会是否必须参与协商？

初步思考

1　　**基础案例**（Ausgangsfall）是关于法院判决的问题。所以需要审查申请的合法性和有理由性。在**合法性审查**（Zulässigkeitsprüfung）的框架下必须认识到此时并不涉及劳动法院的**判决程序**（Urteilsverfahren）（《劳动法院法》第2条第5款、第46条至第79条），而是劳动法院的**裁定程序**(Beschlussverfahren)(《劳动法院法》第2a条第2款、第80条之后)。[1] 裁定程序源于《劳动法院法》第2a条第1款,《破产条例》第122条、第126条的规定;裁定程序是集体劳动法层面特定争议的特殊程序类型。[2]

与判决程序相比,裁定程序表现出一系列术语上和事务上的特殊性:裁定程序不是通过起诉,而是通过**申请**(Antrag)启动(详情参见《劳动法院法》第81条)。《劳动法院法》第46条第2款第1句对判决程序中**地域管辖**(örtliche Zuständigkeit)的规定参照适用《民事诉讼法》,而在裁定程序中,地域管辖完全由《劳动法院法》第82条规定。裁定程序最后的结果——如名称所示——不是判决,而是**裁定**(Beschluss)(《劳动法院法》第84条)。

2

裁定程序中使用的称谓不是"当事人",而是"参与人"(《劳动法院法》第83条)。对于**参与人资格**(Beteiligtenfähigkeit)起主要作用的是《**劳动法院法**》**第10条**,参与人——超出了《民事诉讼法》对当事人资格的规定(《民事诉讼法》第50条结合《劳动法院法》第46条第2款第1句、第80条第2款第1句)——是集体法的争议中特定的活动者,例如,有参与人资格的企业职工委员会。[3] 参与裁定程序的是**申请人**(Antragsteller)。"申请相对人"并不存在。[4] 更确切地说,劳动法院应当依据职权确定**其他参与人**(übrigen

3

---

[1] Einführend:*Dütz/Thüsing* ArbR Rn. 1059 ff.;*Junker* ArbR Rn. 884 ff.;*Löwisch/Caspers/Klumpp* ArbR Rn. 1723 ff.;*Waltermann* ArbR Rn. 28 ff.;ausf. *Weth*, Das arbeitsgerichtliche Beschlussverfahren, 1995.

[2] GWBG/*Greiner* ArbGG § 80 Rn. 1;Schwab/Weth/*Weth* ArbGG § 80 Rn. 4;*Zöllner/Loritz/Hergenröder* ArbR § 58 Rn. 44.

[3] 虽然《劳动法院法》第10条规定了"当事人资格",但是从《劳动法院法》第2a条的规定中可以看出,该规定也适用于裁定程序中的"参与人资格":GWBG/*Waas* ArbGG § 10 Rn. 3;Schwab/*Weth*/Weth ArbGG § 10 Rn. 16。

[4] BAG 20.4.1999-1 ABR 13/98, AP Nr. 43 zu § 81 ArbGG 1979 = NZA 1999, 1235;BAG 2.6.2008-3 AZB 24/08, AP Nr. 11 zu § 85 ArbGG 1979 = EzA Nr. 2 zu § 23 BetrVG 2001;a. A. Schwab/Weth/*Weth* ArbGG § 83 Rn. 45.

Beteiligten)并让他们参与到程序当中(详情参见《劳动法院法》第83条)。

4   只有当直接涉及个别**劳动者**(Arbeitnehmer)在企业组织法上的立场时,该劳动者才会参与到裁定程序中(例如,因为他的选举权产生的争议)。如果劳动者仅仅受到间接影响,则不能参与裁定程序(例如,因为企业职工委员会是否同意调岗产生的争议)。[5] 需要与参与人资格区分的是申请人的**申请权限**(Antragsbefugnis)。[6] 当申请人主张自己的权利[7]或者法律——例如,在《企业组织法》第19条第2款中企业内具有代理权的工会——明确规定其享有申请权限时,申请人才具有申请权限。以下梗概的总结,说明了裁定程序的合法性前提条件:

梗概11:裁定程序的合法性审查

5   1. 事务管辖(《劳动法院法》第2a条、第3条)

2. 地域管辖(《劳动法院法》第82条)

3. 参与人资格(《民事诉讼法》第50条;《劳动法院法》第10条),申请权限

4. 诉讼能力(《民事诉讼法》第51条第1款、第52条)

5. 诉讼行为能力(《劳动法院法》第11条)

6. 申请(《劳动法院法》第81条第1款),确定性

6   在**有理由性审查**(Begründetheitsprüfung)的框架下,首先需要检索请求权基础,因为企业职工委员会主张的是不作为请求权的

---

[5] BAG 27.5.1982-6 ABR 105/79, BAGE 39, 102 (105) = AP Nr. 3 zu § 80 ArbGG 1979 = NJW 1983, 192; a. A. GWBG/*Greiner* ArbGG § 83 Rn. 29; Schwab/Weth/*Weth* ArbGG § 83 Rn. 66.

[6] BAG 30.9.2008-1 ABR 54/07, BAGE 128, 92 = AP Nr. 71 zu § 80 BetrVG 1972 = NZA 2009, 502 (Rn. 20); Schwab/Weth/*Weth* ArbGG § 81 Rn. 50.

[7] BAG 18.2.2003-1 ABR 17/02, AP Nr. 11 zu § 77 BetrVG 1972 Betriebsvereinbarung = NZA 2004, 336 (340); BAG 7.6.2016-1 ABR 30/14, AP Nr. 3 zu § 33 BetrVG 1972 = NZA 2016, 1350 (Rn. 14).

事实。法定的**规范化请求权基础**(normierte Anspruchsgrundlage)来自《**企业组织法**》第23条第3款第1句,但是该条要求雇主(B)严重违反其企业组织法上的义务。如果要否认严重违反义务的行为,就必须考虑**一般的不作为请求权**(allgemeine Unterlassungsanspruch),这是联邦劳动法院第一判决委员会在无视社会事务重要的共同决策权时,依据《企业组织法》第87条第1款得出的结论。[8]

因为在**基础案例**中,企业职工委员会主张企业组织法上(不作为)的请求权,所以本案的类型是**请求权案例考试**(Anspruchsklausur)(→导论,边码9、11之后)。虽然基础案例只与企业组织法有关,但是**附加问题**(Zusatzfrage)的答案首先要回答雇主在个体劳动法上的权限,即发出**警告**(Abmahnung)。[9] 雇主因为不满劳动者违反合同义务而发出了警告,与此同时提出了符合合同行为的要求并且提示,如果再次违反义务将会产生劳动法上后果的风险。[10]

解答

第一部分:基础案例

如果申请是合法的并且是有理由的,那么美因河畔法兰克福劳动法院可以受理企业职工委员会的申请。

---

[8] Grundlegend BAG 3.5.1994-1 ABR 24/93, BAGE 76, 364 (372 ff.) = AP Nr. 23 zu § 23 BetrVG 1972 = NZA 1995, 40 = *Junker* ArbR Rn. 709 ff.(Übungsfall 10.1).

[9] Einführend: *Dütz/Thüsing* ArbR Rn. 211 f.; Junker ArbR Rn. 405 f.; *Krause* ArbR § 15 Rn. 12; ausf. Kamanabrou ArbR Rn. 1394ff.; Preis ArbRI Rn. 3042ff.; *Hromadka/Maschmann* ArbRI § 6 Rn. 157-165.

[10] BAG 6.3.2003-2 AZR 128/02, AP Nr. 30 zu § 611 BGB Abmahnung = NZA 2003, 1388 (1389 f.); BAG 23.6.2009-2 AZR 283/08, AP Nr. 5 zu § 1 KSchG 1969 Abmahnung = DB 2009, 2052 (Rn. 21 f.).

（一）申请的合法性

9　　企业职工委员会的申请必须是合法的。企业职工委员会主张其享有共同决策权,该权利仅能依据《企业组织法》产生。因此,依据《劳动法院法》第 2a 条第 1 款第 1 项——同时美因河畔法兰克福劳动法院还有**事务管辖权**(sachliche Zuständigkeit)——存在通向劳动法院的法律途径。法院在**裁定程序**(Beschlussverfahren)中进行裁决(《企业组织法》第 2a 条第 2 款)。因为企业属于法院的管辖区域,所以法院依据《劳动法院法》第 82 条第 1 款第 1 句享有**地域管辖权**(örtliche Zuständigkeit)。申请人——企业职工委员会——的**参与人资格**(Beteiligtenfähigkeit)遵循《企业组织法》第 10 条第 1 句第 2 半句。其他参与人由法院依据职权确定。参与人——除作为申请人的**企业职工委员会**(Betriebsrat)外——只有**雇主**(Arbeitgeberin)(《劳动法院法》第 83 条第 3 款)。B 的参与人资格源于《劳动法院法》第 80 条第 2 款、《民事诉讼法》第 50 条第 1 款结合《有限责任公司法》第 13 条第 1 款;B 将由其经理人代理参与裁定程序(《有限责任公司法》第 35 条第 1 款)。

10　　由企业职工委员会提出的**申请**(Antrag)(《劳动法院法》第 81 条第 1 款)如果足够确定(类推适用《民事诉讼法》第 253 条第 2 款第 2 项),就是合法的。即使 B 的企业职工委员会没有使用动词"不作为"或名词"不作为",该申请的措辞都已经足够清晰地表达了关于**不作为申请**(Unterlassungsantrag)的内容。如果要求雇主不作为的行为非常明确,即对打算采取何种措施没有任何疑问,并且参与人之间有能够产生法律强制力判决的真正争议,那么该不作为的申请就满足**确定性**(Bestimmtheit)的要求。[11] 倘若

---

[11] BAG 3.5.1994-1 ABR 24/93, BAGE 76, 364 (368) = AP Nr. 23 zu § 23 BetrVG = NZA 1995, 40; BAG 3.5.2006-1 ABR 63/04, AP Nr. 61 zu § 81 ArbGG 1979 = NZA 2007, 285 (Rn. 16); AR/*Spelge* ArbGG § 81 Rn. 2; GWBG/*Greiner* ArbGG § 81 Rn. 5; Schwab/*Weth*/Weth ArbGG § 81 Rn. 4.

B无法进一步预知其应当放弃哪些措施,那么B的行为义务就被具体化了。企业职工委员会的申请已经足够明确。裁定程序的合法性前提条件予以满足。

(二)申请的有理由性

如果所主张的不作为请求权具有请求权基础并且满足该请求权基础的前提条件,那么企业职工委员会的申请就是有理由的。

1.违反法定义务(《企业组织法》第23条第3款第1句)

有可能存在基于《企业组织法》第23条第3款第1句的请求权。根据《企业组织法》第23条第3款第1句的规定,企业职工委员会可以基于雇主严重违反《企业组织法》规定的义务,要求雇主不作为。当雇主客观上明显违反了企业组织法上的义务时,成立该条意义上的**严重违反**(grober Verstoß);不必考虑雇主是否有过错。[12] B的经理与客户D签订了一份覆盖B的劳动者的关于生物识别入口检查的协议。企业职工委员会是否对于该协议具有共同决策权并没有明确规定,这取决于复杂的法律考虑因素。即使企业职工委员会应当具有可强制执行的共同决策权,雇主的行为也只不过是"轻微地",而不是"严重地"违反了企业组织法上的义务。所以,企业职工委员会不享有《企业组织法》第23条第3款第1句规定的不作为请求权。

2.一般原则(《企业组织法》第75条第2款第1句、第80条第1款第1项)

不作为请求权也有可能依据《企业组织法》第75条第2款第1句成立,根据该条规定,企业协议当事人应当保护和促进在企业

---

[12] BAG 18.4.1985-6 ABR 19/84, BAGE 48, 246 = AP Nr. 5 zu § 23 BetrVG 1972 = NZA 1995, 783; BAG 18.3.2014-1 ABR 77/12, AP Nr. 48 zu § 23 BetrVG 1972 = NZA 2014, 987 (Rn. 15); HWK/*Reichold* BetrVG § 23 Rn. 31; GK-BetrVG/*Oetker* § 23 Rn. 234.

中工作的劳动者自由的人格发展。该条规定了企业协议当事人的一般保护任务和促进任务。但是,如果雇主没有针对全部劳动者或个别劳动者采取损害人格权的措施,那么企业职工委员会对雇主的请求权不能成立。[13] 即使企业职工委员会依据《企业组织法》第 80 条第 1 款第 1 项中企业职工委员会的一般监督权,但是对于雇主违法行为的不作为,企业职工委员会也没有请求权。监督权仅在雇主不遵守或者没有正确履行法律规范的情况下产生,并且只有在上述情况下,企业职工委员会才能要求雇主承担相应的赔偿。[14]

3. 依据《企业组织法》第 87 条第 1 款固有的不作为请求权

但是,也可能直接依据《企业组织法》第 87 条第 1 款推导出作为不成文的**从义务请求权**(Nebenleistungsanspruch)的不作为请求权。根据司法判例,《企业组织法》第 23 条第 3 款不包括确定性的规则。更确切地说,如果共同决策权的构成要件足够重要,那么不作为请求权的共同决策构成要件是固有的;雇主与企业职工委员会之间的关系——如司法判例所言——与**法定的持续性债权债务关系**(gesetzlichen Dauerschuldverhältnis)类似;通过《企业组织法》第 2 条的规定可以知道它们之间的法律关系具有如下特征,即将诚实信用原则(《民法典》第 242 条)具体化为类似合作伙伴的关系。违反《企业组织法》第 87 条第 1 款的共同决策构成要件非常严重,所以企业职工委员会必须享有不作为请求权。[15]

---

[13] BAG 28. 5. 2002-1 ABR 32/01, BAGE 101, 216 (224 ff.) = AP Nr. 39 zu § 87 BetrVG 1972 Ord-nung des Betriebes = NZA 2003, 166; BAG 27. 1. 2004-1 ABR 7/03, BAGE 109, 235 (243); HWK/*Reichold* BetrVG § 75 Rn. 23; GK-BetrVG/*Kreutz/Jacobs* § 75 Rn. 155.

[14] BAG 28. 5. 2002-1 ABR 40/01, AP Nr. 96 zu § 87 BetrVG 1972 Arbeitszeit = NZA 2003, 1352 (1355); BAG 27. 1. 2004-1 ABR 7/03, BAGE 109, 235 (243); DKKW/*Buschmann* BetrVG § 80 Rn. 172; GK-BetrVG/*Weber* § 80 Rn. 162.

[15] BAG 3. 5. 1994-1 ABR 24/93, BAGE 76, 364 (372 ff.) = AP Nr. 23 zu § 23 BetrVG 1972 = NZA 1995, 40 = *Junker* ArbR Rn. 709 ff. (übungsfall 10. 1); BAG 25. 9. 2012-1 ABR 49/11, AP Nr. 129 zu § 87 BetrVG 1972 Arbeitszeit = NZA 2013, 159 (Rn. 19).

(1) 基于《企业组织法》第 87 条第 1 款第 1 项的共同决策权

企业职工委员会基于《企业组织法》第 87 条第 1 款享有不作为请求权的前提条件是,对于生物识别入口检查,企业职工委员会依据《企业组织法》第 87 条第 1 款享有共同决策权。根据《企业组织法》第 87 条第 1 款第 1 项,企业职工委员会可能享有共同决策权。为此,参与入口检查应当是必须共同决策的"劳动者的行为"(→边码 16 之后)。此外,如果不是在雇主企业内的入口检查,而是在客户企业内的检查,那么还必须满足"企业内"这一构成要件的特征(→边码 19 之后)。最后还需要回答,共同决策权不成文的界限是否源于以下事实,即客户 D 明确要求遵守入口检查的规则,并且 B 对于这种情况没有任何谈判空间(→边码 22 之后)。

① 劳动者的规章行为

接受生物识别入口检查应当可以归入《企业组织法》第 87 条第 1 款第 1 项。"企业的规章"和"劳动者在企业内部的行为"的构成要件之间没有很严格的区分:关于**劳动者行为**(Verhalten der Arbeitnehmer)的规则只有在**企业规章**(Ordnung des Betriebs)涉及该行为时,才需要共同决策。[16] 所以,司法判例区分了无须共同决策的给付行为(工作行为)与必须共同决策的劳动者的规章行为:**无须共同决策**(Mitbestimmungsfrei)的给付行为指的是,根据客观的规则目的,应当具体化和控制劳动者提供劳动给付的所有措施(工作行为)。**必须共同决策**(Mitbestimmungspflichtig)的劳动者的规章行为指的是,在企业内——超出工作义务的具体化——

---

[16] BAG 7.2.2012-1 ABR 63/10, BAGE 140, 343 = AP Nr. 42 zu § 87 BetrVG 1972 Ordnung des Betriebes = NZA 2012, 685 (Rn. 16 ff.); BAG 25.9.2012-1 ABR 50/11, AP Nr. 43 zu § 87 BetrVG 1972 Ordnung des Betriebes = NZA 2013, 467 (Rn. 145); GK-BetrVG/*Wiese* § 87 Rn. 182; Richardi/*Richardi* BetrVG § 87 Rn. 174.

对劳动者的共同生活和共同工作采取的措施(规章行为)。[17]

17　　关于进入和离开工作场所的规定涉及的是**通常**(regelmäßig)必须共同决策的规章行为,因为该规则并不直接影响劳动关系中的给付与对待给付。[18] 本案中,由于保险库入口检查的工作与履行工作义务具有特别紧密的联系,上述规则可能会存在**例外**(Ausnahme)。进入保险库[thesauros(希腊语),金库]的要求非常严格。正如本案所体现的那样,保险库的入口检查会有不同的可能性,涉及被监控人不同的人格权;单纯的证件检查相较于视网膜检测或者指纹采集来说,会让当事人感受到更小的压力。

18　　所以,进入保险库的监控不仅要满足《企业组织法》第 87 条第 1 款第 1 项的**文义**(Wortlaut),还要满足该条的**意义和目的**(Sinn und Zweck),即被监控人通过企业职工委员会参与安装监控的事务。接受生物识别的入口检查涉及的是《企业组织法》第 87 条第 1 款第 1 项意义上的规章行为。

② "企业内"的构成要件特征

19　　《企业组织法》第 87 条第 1 款第 1 项规定的是"企业的"规章和"企业内"的行为。问题在于,这里指的是否只是**雇主的企业**(Betrieb des Arbeitgebers),这样的话,在**客户企业**(Betrieb eines Kunden)中的入口检查就从企业职工委员会的共同决策权中被抽离出来。《企业组织法》第 1 条第 1 款第 1 句意义上的企业具有组织上的统一性,在这种统一性中,公司借助物质或者非物质手

---

[17] BAG 28.5.2002-1 ABR 32/01, BAGE 101, 216 (223) = AP Nr. 39 zu § 87 BetrVG 1972 Ord-nung des Betriebes = NZA 2003, 166; BAG 27.1.2004-1 ABR 7/03, BAGE 109, 235 (238).

[18] BAG 16.12.1986-1 ABR 35/85, BAGE 54, 36 (44 f.) = AP Nr. 13 zu § 87 BetrVG 1972 Ordnung des Betriebes = NZA 1987, 355; BAG 27.1.2004-1 ABR 7/03, BAGE 109, 235 (238).

段持续地追求工作技术上的目的。[19] 但是,《企业组织法》第 87 条第 1 款第 1 项的共同决策权的意义和目的不涉及雇主具有可支配有形资产的组织,而涉及的是劳动者的共同工作与共同生活。所以,对《企业组织法》第 87 条第 1 款第 1 项意义上的企业不能作空间上的理解,而应当作功能上的理解:例如,售货员是否应当在商场中或者公交车司机是否应当"在开车的路上"佩戴名牌,均属于本条的保护范围;在这两种情况下,名牌的引入根据《企业组织法》第 87 条第 1 款第 1 项的规定,必须共同决策。[20]

即使涉及的劳动者规章行为不在雇主的营业场所内,这些行为也属于共同决策的范畴,这不仅适用于劳动者空间上**不在企业内的任何地方**(außerhalb irgendeines Betriebs)工作(公交车司机"在开车的路上"),也适用于规章行为**在其他的企业内**(in einem fremden Betrieb)的情况,此时依然存在共同决策权。[21] B 的劳动者在 D 企业内工作时同样要受到 B 的指示,因此,企业职工委员会原则上也必须享有共同决策权以限制指示权。[22]

至于雇主是否发出了内容上具有独立性的指示或者是否提醒了劳动者注意适用于其他企业内的规则,并不是很重要。[23] 这对于《企业组织法》第 87 条第 1 款第 1 项中的共同决策权原则上没有什么作用,因为这不是关于 B 的企业内部的入口检查,而

20

21

---

[19] BAG 25.9.1986-1 ABR 68/84, BAGE 53, 119 (124) = AP Nr. 7 zu § 1 BetrVG 1972 = NZA 1987, 708; BAG 7.5.2008-7 ABR 15/07, AP Nr. 19 zu § 1 BetrVG 1972 = NZA 2009, 328 (Rn. 22); *Junker* ArbR Rn. 656; *Kamanabrou* ArbR Rn. 2268.

[20] BAG 11.6.2002-1 ABR 46/01, BAGE 101, 285 = AP Nr. 38 zu § 87 BetrVG 1972 Ordnung des Betriebes = NZA 2002, 1299; GK-BetrVG/*Wiese* § 87 Rn. 177.

[21] BAG 22.7.2008-1 ABR 40/07, BAGE 127, 146 = AP Nr. 14 zu § 87 BetrVG 1972 = NZA 2008, 1248 (Rn. 58); *Wiese*, Anm. zu BAG 27.1.2004-1 ABR 7/03, AP Nr. 40 zu § 87 BetrVG 1972 überwachung, Bl. 5 R (7 R).

[22] So auch BAG 27.1.2004-1 ABR 7/03, BAGE 109, 235 (239) in der Entscheidung, der dieser Fall nachgebildet ist.

[23] *Wiese*, NZA 2003, 1113 (1115).

是关于客户企业内的入口检查。

③共同决策权的限制

22   依据《企业组织法》第 87 条第 1 款第 1 项的规定，企业职工委员会的共同决策权可能会通过以下方式受到限制，即客户 D 为雇主 B 提供了两个选择，要么考虑 D 企业内部的入口检查，要么就等着终止维修合同。案件事实没有提供相应的线索证明，B 到底能有多大的谈判空间。鉴于银行保险库的库存价值，如果银行对其他公司的维修人员没有例外地进行入口检查，那么 D 的要求就不是随意的。B 面临两个选择，要么接受入口检查，要么就是丢失订单任务，甚至导致员工失业。这一观点可能会导致对共同决策权的限制。

23   联邦劳动法院基于以下理由否定了这种限制，即雇主作为客户的合同相对人，通常情况下可能会影响到"它的劳动者"在什么样的条件下在客户的企业内工作。在客户企业内设立的企业职工委员会通常是不可能维护这种利益的。所以，雇主就必须通过适当的合同设定来保障"它的"企业职工委员会能够行使共同决策权。[24] 主张的不作为请求权可能会成立；B 的企业职工委员会在行使其共同决策权时必须依据《企业组织法》第 2 条（充满信任共同工作的规定），考虑到可能损害企业的利益，包括丢失订单任务。

24   这一观点遭到了很多反对。第一种观点认为，如果企业职工委员会基于《企业组织法》第 87 条第 1 款第 1 项的共同决策权能够间接决定雇主可以履行哪些任务以及不能履行哪些任务，那么雇主的经营自主权会受到限制。企业职工委员会在行使共同决

---

[24] BAG 27.1.2004-1 ABR 7/03, BAGE 109, 235 (240); zustimmend HWK/*Clemenz* BetrVG § 87 Rn. 62; einschränkend ErfK/*Kania* BetrVG § 87 Rn. 20; krit. GK-BetrVG/*Wiese* § 87 Rn. 236.

策权时应当考虑对客户关系的危害[25]，但是这在实践中的作用很小：在共同决策程序期间，雇主不得指派劳动者前往客户处工作，所以共同决策程序不仅会危害客户关系，甚至还会有丧失客户的风险。第二种观点只是一种形式上的论点，客户企业的企业职工委员会无法维护外来人员的利益，因为它并没有获得授权：如果银行的企业职工委员会基于银行人员的身份没有被进行入口检查，那么就无法知道，为什么银行人员与被指派到银行工作的维修人员的利益基础应当有本质区别。

总的来说，在本案的情形下，更重要的观点认为应当假设《企业组织法》第87条第1款第1项的共同决策权具有固有的限制。所以，这种共同决策权并没有被侵害。 25

(2)基于《企业组织法》第87条第1款第6项的共同决策权

企业职工委员会可能基于《企业组织法》第87条第1款第6项享有共同决策权。为此，生物识别入口检查系统必须是一种旨在监督劳动者行为或者给付的技术设备(→边码27)。此外，必须由雇主引入或者使用该设备(→边码28之后)。最后还有一个问题，即企业职工委员会的共同决策权是否会因为更重要的考量因素受到限制(→边码30之后)。 26

① 为了监控的设备

D保险库的生物识别入口检查系统是一种技术设备。《企业组织法》第87条第1款第6项意义上的**监督**(Überwachung)是一种便于以后入口检查时提取和标记劳动者行为或给付信息的程序。[26] 根据司法判例，技术设备只要具有提取和标记劳动者行为或给付数据的**客观功能**(objektive Eignung)，就是可以用于监督 27

---

[25] BAG 27.1.2004-1 ABR 7/03, BAGE 109, 235 (241).
[26] BAG 6.12.1983-1 AZR 43/81, BAGE 44, 285 (310)= AP Nr. 7 zu § 87 BetrVG 1972 Überwa-chung=NJW 1984, 1476; BAG 29.6.2004-1 ABR 21/03, BAGE 111, 173 (176)= AP Nr. 41 zu § 87 BetrVG 1972 Überwachung=NZA 2005, 1278.

的技术设备;**主观描述**(subjektive Widmung)对此并不重要。[27]
视网膜识别工具是用于入口检查——劳动者行为——的设施;为了以后能够一直重复使用,视网膜数据会在第一次进入时被标记。所以,这是一种旨在监控劳动者(进入)行为的技术设备。

②引入或使用

28　　基于《企业组织法》第 87 条第 1 款第 6 项的必须共同决策的事务,既可以是对技术设备的引入,也可以是对技术设备的使用。对这一构成要件特征要作进一步解释:对**引入**(Einführung)的共同决策,包括"是否"购置技术设备以及所有使用方式;将监督工作分配给第三方并不排除企业职工委员会的共同决策权。[28] **使用**(Anwendung)包括监控设备的使用以及由此引发的监督措施,包括应当受到监督的劳动者的确定。[29] 如果雇主与第三方达成协议,要求第三方的劳动者接受其技术设备的监督,那么也可以视为雇主在使用《企业组织法》第 87 条第 1 款第 6 项意义上的技术监督系统。

29　　本案中的监督既不是无须共同决策的,因为监督首先要实现 D 的利益,也不是必须共同决策的,因为 B 本身没有权限访问所有数据。[30] B 并没有将入口检查系统基于《企业组织法》第 87 条第 1 款第 6 项"引入"D,因为 B 没有将监督工作"分包给第三方",而是 D 主动引入的。如果 B 要求自己的劳动者必须在进入

---

[27]　BAG 27.1.2004-1 ABR 7/03, BAGE 109, 235 (242); BAG 10.12.2013-1 ABR 43/12, AP Nr. 45 zu § 87 BetrVG 1972 Überwachung = NZA 2014, 439 (Rn. 20); AR/*Rieble* BetrVG § 87 Rn. 41; GK BetrVG/*Wiese/Gutzeit* § 87 Rn. 532.

[28]　BAG 18.4.2000-1 ABR 22/99, AP Nr. 33 zu § 87 BetrVG 1972 überwachung = NZA 2000, 1176; AR/*Rieble* BetrVG § 87 Rn. 42; DKKW/Klebe BetrVG § 87 Rn. 170 f.; GK-BetrVG/*Wiese/Gutzeit* § 87 Rn. 593.

[29]　BAG 13.12.2016-1 ABR 7/15, BAGE 157, 220 = AP Nr. 47 zu § 87 BetrVG 1972 Überwachung = NZA 2017, 657 (Rn. 21); ErfK/*Kania* BetrVG § 87 Rn. 59; HWK/*Clemenz* BetrVG § 87 Rn. 125.

[30]　另见本案的改编判决:BAG 27.1.2004-1 ABR 7/03, BAGE 109, 235 (242)。

保险库之前接受入口检查,那么 B 并不构成《企业组织法》第 87 条第 1 款第 6 项意义上对监督系统的使用。

③共同决策权的限制

与《企业组织法》第 87 条第 1 款第 1 项一样,《企业组织法》第 87 条第 1 款第 6 项的问题是,如果雇主对监督不能施加任何影响,那么企业职工委员会的共同决策权是否会受到固有的限制,特别是在客户"不愿配合"且提供了可以理解的理由的情况下。联邦劳动法院也基于《企业组织法》第 87 条第 1 款第 6 项判决,雇主必须通过与第三方签订相应的合同条款,从而确保企业职工委员会能够行使共同决策权。[31] 法院没有说明的是,如果**第三方拒绝**(Weigerung des Dritten) 承认雇主对入口检查系统的影响并且最终宣布终止合同关系,应当如何应对。如果在这种情况下存在共同决策权,就会产生以下无法避免的结果,即企业职工委员会在共同决策程序中仅通过自己的行为就可以决定雇主可以完成哪些任务以及不可以完成哪些任务。

如果**客户企业中存在企业职工委员会**(Betriebsrat im Kundenbetrieb),客户的劳动者依据《企业组织法》第 87 条第 1 款第 6 项行使了共同决策权,那么上述结果无论如何也不能被接受。鉴于丧失订单任务甚至可能会导致员工失业的这一严重后果,维修企业的劳动者应当能够预期,基于对客户企业中企业职工委员会的信任,该企业职工委员会也能够维护其权利。与《企业组织法》第 87 条第 1 款第 1 项一样,《企业组织法》第 87 条第 1 款第 6 项中的共同决策权在如本案的情形中,也受到固有的限制,所以,基于《企业组织法》第 87 条第 1 款第 6 项的共同决策权也没有被侵害。

---

[31] BAG 27.1.2004-1 ABR 7/03, BAGE 109, 235 (243) unter Berufung auf BAG 18.4.2000-1 ABR 22/99, AP Nr. 33 zu § 87 BetrVG 1972 Überwachung = NZA 2000, 1176 (1178),但最终共同决策权还是被否认了。

（三）结论（基础案例）

32　　B 的企业职工委员会没有共同决策权，因此也就没有《企业组织法》第 87 条第 1 款的不作为请求权。向美因河畔法兰克福劳动法院的申请是合法的，但是不具有有理由性。法院应通过裁定的方式驳回该申请。

第二部分：附加案例

33　　如果 B 的总经理由于 W 的行为对其发出的警告有法律依据（→边码 34），那么该警告合法有效（→边码 35 之后）并且企业职工委员会的参与权与该警告不冲突（→边码 46）。

（一）警告的法律依据

34　　雇主享有警告权的前提是劳动者存在确定的违反合同的行为[**提示功能**(Hinweisfunktion)]，雇主可以要求劳动者未来遵守合同[**劝告功能**(Ermahnungsfunktion)]并且将重复违反劳动合同的行为会造成劳动法上的后果作为警示[**警示功能**(Warnfunktion)]。[32] 只有当雇主的这种意思表示有法律依据时，劳动者才必须接受。雇主对劳动者错误行为的警告权源于**劳动合同**(Arbeitsvertrag)：警告人行使的是每个合同当事人都具备且由合同赋予的合同责问权，依据该权利，警告人应当提示另一方合同的损害以及由此产生的法律后果。[33] 此外，《民法典》第 314 条第 2 款第 1

---

[32] BAG 10. 11. 1988-2 AZR 215/88, AP Nr. 3 zu § 1 KSchG 1969 Abmahnung＝NZA 1989, 633 (634); BAG 23. 6. 2009-2 AZR 606/08, AP Nr. 3 zu § 106 GewO＝NZA 2009, 1011 (Rn. 13); *Dütz/Thüsing* ArbR Rn. 211; *Junker* ArbR Rn. 405; DDZ/*Deinert* BGB § 314 Rn. 3; MüKoBGB/*Henssler* § 626 Rn. 94.

[33] BAG 17. 1. 1991-2 AZR 375/90, BAGE 67, 75 (86)＝ AP Nr. 25 zu § 1 KSchG 1969 Verhaltens-bedingte Kündigung＝NZA 1991, 557; Erman/*Belling/Riesenhuber* BGB § 626 Rn. 54; Soergel/*Teichmann* BGB § 314 Rn. 38.

句将警告规定为解除持续性债权债务关系的前提条件,这是对比例原则[最后手段原则(Ultima-ratio-Grundsatz)]的具体化。[34] 所以,如果符合有效的前提条件,那么 B 就有权限发出警告。

(二)警告的法律效力

如果满足警告的形式要件并且——作为实质要件——劳动者存在违反合同的行为,那么该警告具有法律效力。　35

1. 形式要件

形式要件源于警告的权利本质:警告不是意思表示,而是所谓的准法律行为,但是关于意思表示的条款也可以相应地予以适用。[35]　36

(1)警告必须由**有警告权的人**(abmahnungsberechtigte Person)作出。有警告权的人指的是——不依赖于解除权——每一个有权基于时间、地点以及劳动合同约定的给付作出指示的主管人员。[36] B 的总经理的指示权以及警告权,源于《有限责任公司法》第 35 条第 1 款规定的代理权。　37

(2)类似于需要有受领人的意思表示,警告必须具备**足够的确定性**(hinreichender Bestimmtheit),即雇主想要送达受领人——劳动者。警告必须具体写明劳动者的行为("您于 1 月 4 日拒绝接受 Diskonto 银行股份公司的入口检查")、存在该行为("所以您违反了合同义务")、敦促劳动者尽快按照合同履行义务("我们希望,您未来在进入 Diskonto 银行股份公司时能够接受视网膜识别"),并且警　38

---

[34] AR/*Löwisch* BGB § 314 Rn. 2; DDZ/Deinert BGB § 314 Rn. 4; Staudinger/Preis (2016) BGB § 626 Rn. 105.

[35] *Hromadka/Maschmann* ArbR I § 6 Rn. 158; DDZ/Deinert BGB § 314 Rn. 5; MüKoBGB/*Henssler* § 626 Rn. 93; abweichend (Willenserklärung) Erman/*Belling/Riesenhuber* BGB § 626 Rn. 54.

[36] BAG 18.1.1980-7 AZR 75/78, AP Nr. 3 zu § 1 KSchG 1969 Verhaltensbedingte Kündigung (Bl. 2R)= BB 1980, 1269; MüKoBGB/*Henssler* § 626 Rn. 93; a. A. (nur Kündigungsberechtigte) DDZ/*Deinert* BGB § 314 Rn. 72.

告劳动者再次违反合同义务的劳动法上的后果("对于再次违反合同的行为,我们将对您采取包括解雇在内的惩罚措施")。

39　　(3)警告**无须确定的形式**(keiner bestimmten Form),所以也可以以口头的形式作出。[37] 但是,为了将来能够证明,B 以书面的形式发出了警告。本案中,警告还满足了备案功能。原则上,没有必要举行警告前的**劳动者听证**(Anhörung des Arbeitnehmers)[38](例外可能源于团体协议)。最后,基于对意思表示条款的合理适用,还必须遵守《民法典》的规则将**警告送达**(Zugang der Abmahnung)至 W。[39]

2. 违反合同的行为

40　　警告的实质要件是劳动者违反合同的行为,无论是违反劳动义务还是忽视从义务都是如此。[40] W 在 1 月 4 日没有履行其劳动合同的**主义务**(Hauptleistungspflicht)——关于对 D 的货币处理机的修缮——因为 W 拒绝接受 D 的生物识别入口检查。无法得出这样的结论,即**劳动合同**(Arbeitsvertrag)本身预先拟定了关于接受入口检查的规则。

41　　然而,W 必须将上级主管关于接受生物识别入口检查的提示当作**指示**(Weisung)来理解。所以,如果雇主的提示受到雇主**指示权**(Weisungsrecht)的保护,那么 W 的行为就违反了合同。指示权是属于劳动关系必要组成部分的形成权[41],并且在《经营条

---

[37] *Hromadka/Maschmann* ArbR I § 6 Rn. 158; DDZ/*Deinert* BGB § 314 Rn. 64 m. w. N.

[38] BAG 21.5.1992-2 AZR 551/91, AP Nr. 28 zu § 1 KSchG 1969 Verhaltensbedingte Kündigung=NZA 1992, 1028 (1030).

[39] *Kamanabrou* ArbR Rn. 1397; DDZ/*Deinert* BGB § 314 Rn. 76; Erman/*Belling/Riesenhuber* BGB § 626 Rn. 56; vHHL/*Krause* KSchG § 1 Rn. 527.

[40] *Hromadka/Maschmann* ArbR I § 6 Rn. 161; Erman/*Belling/Riesenhuber* BGB § 626 Rn. 54; Staudinger/*Preis* (2016) BGB § 626 Rn. 106.

[41] BAG 23.1.1992-6 AZR 87/90, AP Nr. 39 zu § 611 BGB Direktionsrecht=NZA 1992, 795 (796 f.); BAG 2.11.2016-10 AZR 596/15, BAGE 157, 153=AP Nr. 31 zu § 106 GewO=NZA 2017, 183 (Rn. 23).

例》第 106 条中可以找到相应的法律规范。如果指示没有超出雇主一方的指示权界限,那么上级主管的指示对于 W 具有约束力。

(1)指示不得违反**上位的法律渊源**(höherrangige Rechtsquellen)——尤其是法律规定。有可能存在违反数据保护法的行为:收集涉及员工个人的数据仅在满足劳动关系要求的情况下才被允许。[42] 这一要求在工作场所的入口检查时原则上已经满足了。本案中,入口检查与履行工作义务具有很紧密的联系,因为在保险库工作,对于进入具有很严格的要求。没有证据显示,生物识别的入口数据将会用于入口检查以外的目的。所以,不存在违反数据保护法的行为。 42

(2)指示权的另外一个界限是**企业职工委员会的参与权**(Beteiligungsrechte des Betriebsrats)。如前所述(→边码 15 之后、边码 32),根据《企业组织法》第 87 条第 1 款,企业职工委员会没有共同决策权。如果要求 W 在保险库提供劳动给付满足调动工作的构成要件(《企业组织法》第 95 条第 3 款第 1 句),那么根据《企业组织法》第 99 条第 1 款第 1 句可能成立参与权。但是,W 作为维修技术工程师通常会在不同的客户企业工作;所以,具体的工作场所的规定不能视为工作的调岗(《企业组织法》第 95 条第 3 款第 2 句)。指示没有侵害企业职工委员会的参与权。 43

(3)在具体案件中,指示权的形式必须遵循**公平裁量原则**(billigem Ermessen)(《经营条例》第 106 条第 1 句)。公平裁量原则首先应当通过劳动者的基本权利被具体化[43],通过实际协调的方式来尝试平衡雇主冲突的基本权利。[44] 采集 W 的视网膜数 44

---

〔42〕 Preis ArbR I Rn. 1733 ff.(在编写本案时也会受到现有法律依据的影响)。

〔43〕 BAG 25. 9. 2013-10 AZR 270/12, BAGE 146, 109 = AP Nr. 25 zu § 106 GewO = NZA 2014, 41(Rn. 37); *Kamanabrou* ArbR Rn. 476; AR/*Kolbe* GewO § 106 Rn. 50 ff.; Erman/*Hager* BGB § 315 Rn. 19; MüKoBGB/*Würdinger* § 315 Rn. 68.

〔44〕 BAG 23. 8. 2012-8 AZR 804/11, BAGE 143, 62 = AP Nr. 67 zu § 307 BGB = NZA 2013, 268(Rn. 36); Hromadka/Maschmann ArbR I § 6 Rn. 18; Staudinger/*Rieble*(2015)BGB § 315 Rn. 206.

据是对劳动者**人格权**(Persönlichkeitsrecht)的侵害(《基本法》第 1 条第 1 款、第 2 条第 1 款)。另外,银行**财产**(Eigentum)和**企业经营**(Gewerbebetrieb)(《基本法》第 12 条第 1 款、第 14 条第 1 款)的利益也值得被高度保护。鉴于对生物识别的个人审查侵入了私人与公共生活的各个领域,例如,在保险库使用这种检查,所以似乎是不合适的。

45 这一事实在某种程度上会影响**雇主的自主权**(Freiheitsrechte der Arbeitgeberin)(《基本法》第 12 条第 1 款、第 14 条第 1 款),因为雇主只能以中断业务关系为代价来避免检查。本案中,负有维修银行保险库内货币处理机劳动合同义务的技术人员,必须考虑依据最新的保障技术水平对人员进行检查,这对于基本权利地位的权衡起决定性作用。对人格权的限制某种程度上是劳动合同固有的。基于这种情况,B 的指示没有超出公平裁量原则的行使界限。因为上级主管的指示符合法律,所以 W 在 1 月 4 日违反了劳动合同的义务。

(三)企业职工委员会的参与权

46 最后的问题是,企业职工委员会**在发出警告时**是否应当参与。仅仅由于被警告的行为可能违反《企业组织法》第 87 条第 1 款第 1 项意义上的企业规章,不必然导致对警告的共同决策权。[45] 依据本条款的共同决策权,仅在警告——产生劝告和警示功能时——具有刑罚(企业罚金)特征时,才能够成立:**警告**(Abmahnung)是为了在未来对违反劳动合同义务的行为采取惩罚性措施,而**企业罚金**(Betriebsbuße)是对过去违反企业规章行为的处罚,所以应当符合《企业组织法》第 87 条第 1 款第 1 项的构

---

[45] BAG 30.1.1979-1 AZR 372/76, AP Nr. 2 zu § 87 BetrVG 1972 Betriebsbuße (Bl. 3)= NJW 1980, 856 (Ls.); *Hromadka/Maschmann* ArbR I § 6 Rn. 159; GK-BetrVG/*Wiese* § 87 Rn. 251.

成要件。[46]

如果**警告**如前文(→边码38)所述("对于再次违反合同的行为,我们将采取包括解雇在内的惩罚措施"),那么它并不涉及**企业罚金**,而涉及对劳动者违反义务行为的提示,以及对未来忠实义务的要求。通过这种**要求**(Aufforderung),雇主可以依据劳动合同主张履行请求权。雇主行使**债权人**(Gläubigerrechte)的权利,不会因为企业章程而受到限制。[47] 因此,企业职工委员会在作出警告时,无权参与。

47

(四)结论(附加问题)

B 的总经理有权基于 W 的行为向其发出警告;在发出警告时,企业职工委员会不应当参与。

48

---

[46] BAG 7. 11. 1979-5 AZR 962/77, AP Nr. 3 zu § 87 BetrVG 1972 Betriebsbuße =SAE 1981, 236 (237); BAG 17. 1. 1991-2 AZR 375/90, BAGE 67, 75 (86f.) = AP Nr. 25 zu § 1 KSchG 1969 Verhaltensbedingte Kündigung=NZA 1991, 557; GK-BetrVG/*Wiese* § 87 Rn. 256; DKKW/*Klebe* BetrVG § 87 Rn. 79.

[47] *Hromadka/Maschmann* ArbR I § 6 Rn. 159; *Gamillscheg* ArbR II S. 886 f. ; DDZ/*Deinert* BGB § 314 Rn. 78; GK-BetrVG/*Wiese* § 87 Rn. 252; MüKoBGB/*Henssler* § 626 Rn. 96.

案例 11　人事事务

Nach BAG 25. 1. 2005-1 ABR 59/03, BAGE 113, 206 = AP Nr. 114 zu § 87 BetrVG 1972 Arbeitszeit = NZA 2005, 945 und BAG 16. 12. 2008-9 AZR 893/07, BAGE 129, 56 = AP Nr. 27 zu § 8 TzBfG = NZA 2009, 565

企业组织法：基于《企业组织法》第 99 条至第 105 条的共同决策权；企业职工委员会的不作为请求权；《非全日制与固定期限法》；基于《非全日制与固定期限法》第 8 条的非全日制请求权

深入学习参见：*Junker* ArbR § 10 VII (Rn. 757-778)

案件事实

Baumax 有限责任公司(B)雇用了 50 名劳动者。B 经营了一家建材市场,每周一至周六 8 点至 20 点开放营业。劳动合同对工作时间作了灵活规定,根据该规定,劳动者按照轮班制工作。轮班制的目的是将晚上和周六的工作时间平均分配给所有人。

Anette Arend(A)在建材市场工作了 6 年,独自抚养她 3 岁的儿子,她的育儿假到 5 月 10 日截止。A 的儿子应当从 5 月 11 日开始上幼儿园,幼儿园开放的时间为周一至周五每天 8 点至 15 点。3 月 7 日,A 以电子邮件的方式向 B 提出申请,要求从 5 月 11 日起将其工作时间从每周 40 小时缩减到每周 30 小时并且分配至周一至周五的每天 8:30 至 14:30。B 在 3 月 21 日的回信中同意将每周的工作时间降低到 30 小时,但是"根据实际原因"直接拒绝了 A 希望调整的工作时间分配。

基于幼儿园固定的开放时间,A 以律师信的形式继续坚持其时间分配的要求,B 向企业职工委员会申请批准 A 要求的工作时间分配。4 月 19 日,设立在 B 的企业职工委员会作出了如下决定:"即使考虑到 A 女士的家庭情况也不能同意她的申请,因为其他所有的工作人员都必须变相地在晚上和周六工作。将个别劳动者从轮班制当中抽出来可能会扰乱企业的和平秩序。"B 采纳企业职工委员会的意见,并且询问,A 是否对她所期望的工作时间分配享有请求权?

Elfi Eilers(E)在 B 工作了 6 年,每周工作时间为 20 小时,她是一位独自抚养 10 岁女儿的母亲。她请求 B 的总经理从 2 月 26 日起将其工作变更为全职,因为她的女儿从 7 月 1 日起要开始读寄宿学校。总经理本来也准备发布另外一个半天的职位,所以欣然接受了各方面都值得称赞并且非常可靠的 E 的要约。双方于 2 月 26 日协议变更现有的劳动合同约定,自 7 月 1 日起将每周的工作时间提升至 40 小时。在 5 月 15 日的企业年会上,设立在 B 内部的企业职工委员会委员偶然获悉了合同变更的事宜。尽管 B 的总经理没有意识到错误的行为,也令企业职工委员会委员感到生气,因为企业职工委员会没有参与该事务。企业职工委员会在 5 月 17 日想知道,它能否请求劳动法院阻止 B 和 E 在 2 月 26 日约定的工作时间增加从 7 月 1 日开始实施?

初步思考

本案由两部分组成。这两部分处理的是包括企业职工委员会在内并且通过相同雇主(B)相互联系的工作时间问题。这两部分均以对"案例分析者友好的"精确问题结束,精确的问题明确限定了鉴定式报告的对象(针对性的案例问题,→导论,边码 1

38)。不仅是第一部分("B询问，A是否对她期望的工作时间分配享有请求权？")，而且第二部分涉及的也是**请求权案例考试**(→导论，边码9、11之后)：如果企业职工委员会对雇主享有企业组织法上的请求权，那么它可以阻止合同变更的实施。所以，对于第二部分的答案也必须找到**请求权基础**(Anspruchsgrundlagen)。

2　　第二部分主要是在**企业组织法**(Betriebsverfassungsrecht)的范围内并且(仅仅)要求掌握这一领域的特殊知识，第一部分案例分析的难点在于与**个体劳动法**(Individualarbeitsrecht)的联系：劳动者向雇主主张的是个体劳动法上分配特定工作时间的请求权；在雇主内部设立的企业职工委员会不同意此类时间分配。原始案例的分析(在大学重点领域中4小时的结课考试)在将企业职工委员会决定与劳动者的请求权联系在一起时遇到了最大的问题。这一联系建立在所谓的**有效要件理论**(Theorie der Wirksamkeitsvoraussetzung)上[1]：雇主单方采取对劳动者造成负担的措施——若认可个别劳动者的特别权利对于其他员工来说是不利的——未经企业职工委员会同意不得执行；如果缺少企业职工委员会的同意，劳动者针对雇主的个体劳动法上的请求权也不得成立。

解答

一、A对B的请求权

3　　A的请求应当这样来解释，即她要求B**同意**(Zustimmung)分配工作时间的申请(周一至周五每天8:30至14:30)。这一请求

---

[1] Siehe dazu *Dütz/Thüsing* ArbR Rn. 937; *Hromadka/Maschmann* ArbR II § 16 Rn. 436; *Junker* ArbR Rn. 736, 747; *Kamanabrou* ArbR Rn. 2661; *Löwisch/Caspers/Klumpp* ArbR Rn. 1405; *Preis* ArbR II Rn. 2237; *Waltermann* ArbR Rn. 840.

权可以源于《非全日制与固定期限法》第 8 条第 4 款第 1 句。该请求针对的是雇主作出的意思表示,即对劳动合同的预期变更表示同意。

(一)《非全日制与固定期限法》第 8 条第 4 款第 1 句的可适用性

请求权基础的可适用性取决于是否满足企业和人员的前提条件。前提条件必须在提出合同变更要求时(3月7日)予以满足。[2]《非全日制与固定期限法》第 8 条的**企业适用范围**(betriebliche Anwendungsbereich)指的是,通常雇用 15 名以上劳动者的雇主,不包括接受职业教育人员的数量(小型公司条款,《非全日制与固定期限法》第 8 条第 7 款)。B 雇用了 50 名劳动者。《非全日制与固定期限法》第 8 条的**人员适用范围**(persönliche Anwendungsbereich)包括与雇主存在 6 个月以上劳动关系的劳动者(等待时间,《非全日制与固定期限法》第 8 条第 1 款)。A 与 B 的劳动关系已经存在了 6 年。《非全日制与固定期限法》第 8 条第 4 款第 1 句的请求权基础可以适用。

4

(二)合法地提起申请

满足等待时间条件的劳动者,能够依据《非全日制与固定期限法》第 8 条第 1 款要求缩短合同约定的工作时间。劳动者最晚必须在预期缩短工时开始前的 3 个月主张请求权(《非全日制与固定期限法》第 8 条第 2 款第 1 句)并且应当提交预期工时分配的方案(《非全日制与固定期限法》第 8 条第 2 款第 2 句)。

5

1. 缩短工作时间与新的分配

反对 A 请求的合法性的观点可能会认为,A 最终只是想要追

6

---

[2] BAG 24.6.2008-9 AZR 514/07, BAGE 127, 95 = AP Nr. 26 zu § 8 TzBfG = NZA 2008, 1289 (Rn. 17); BAG 16.12.2008-9 AZR 893/07, BAGE 129, 56 (Rn. 36); AR/*Schüren* TzBfG § 8 Rn. 11; ErfK/*Preis* TzBfG § 8 Rn. 10 (在预期的缩短期限内)。

求对**工作时间的新分配**(Neuverteilung der Arbeitszeit)。从《非全日制与固定期限法》第 8 条第 2 款至第 5 款的文本来看,本条**无法保障**工时新分配的**独立请求**(keinen isolierten Anspruch)。其实,本条意在构建预期工作时间的分配与缩短工时("非全日制请求")之间的直接联系:确认工作时间状态的请求只是**缩短工时请求权的附属**(Annex zum Verringerungsanspruch)。[3] 本案中,工时分配的请求与缩短工时的请求之间有直接的联系,双方于 3 月 21 日已经就缩短工时达成了一致。在这种情况下,劳动者有权"独立"继续追求工时新分配请求权的实现。[4]

2. 对立的劳动合同

7　　A 主张的请求权还可能受到劳动合同的阻碍,因为劳动合同之前已经明确约定了"可变的工作时间"并且这一规定可能会排除预期固定的工作时间。根据《非全日制与固定期限法》第 8 条第 1 款的**文义**(Wortlaut),本条针对的是缩短"合同约定的工作时间"的非全日制请求权。由此可以推断,预期工作时间的分配必须在合同约定的框架下进行。但是,这种仅靠字面意思作出的狭义解释可能无法实现促进非全日制工作(《非全日制与固定期限法》第 1 条)法律的**意义和目的**(Sinn und Zweck)。所以,劳动者可以不受限于合同约定的工作时间分配模式,在满足请求权的其他前提条件时,也可以对于合同约定的有关工作时间的分配享有变更的请求权。[5]

3. 通知期间(《非全日制与固定期限法》第 8 条第 2 款第 1 句)

8　　劳动者必须最晚在缩短工时开始前的 3 个月提出非全日制

---

[3] BAG 16.3.2004-9 AZR 323/03, BAGE 110, 45 (52) = AP Nr. 10 zu § 8 TzBfG m. Anm. *Waas* = NZA 2004, 1047; ErfK/*Preis* TzBfG § 8 Rn. 14; MHdB ArbR/*Schüren* § 46 Rn. 57.

[4] BAG 16.12.2008-9 AZR 893/07, BAGE 129, 56 (Rn. 28).

[5] BAG 16.12.2008-9 AZR 893/07, BAGE 129, 56 (Rn. 29 ff.); BAG 18.8.2009-9 AZR 517/08, AP Nr. 28 zu § 8 TzBfG = NZA 2009, 1207 (Rn. 27).

请求权(《非全日制与固定期限法》第 8 条第 2 款第 1 句)。因为缩短的工作时间将从 5 月 11 日开始,所以 3 月 7 日的电子邮件不满足最低通知期间的要求。但是,该期限仅仅是为了保护雇主的利益,所以雇主可以放弃遵守该期限。[6]《非全日制与固定期限法》第 22 条第 1 款也没有禁止这种放弃,因为该条只是禁止给劳动者造成负担的不一致规定。[7] 本案中,B 在 3 月 21 日的书信中已经毫无保留地准许了非全日制申请,也就是放弃了遵守该通知期间。对该信件的这一解释并不影响 B 拒绝预期工作时间的分配:B 也没有以分配请求权违反期间规定的程序瑕疵为由进行责问,而是"根据实际原因"拒绝了该请求。A 合法地主张了非全日制请求权。

(三)《非全日制与固定期限法》第 8 条第 5 款第 3 句的拟制同意

在 B 没有按照法律规定及时(非全日制规则预期开始时间前的一个月)拒绝申请的情况下,《非全日制与固定期限法》第 8 条第 5 款第 3 句采取了有利于 A 的法定拟制同意。法律在这种情况下拟制了一种合同变更:雇主被视为已经同意了向其提出申请的劳动合同的变更。[8]

9

《非全日制与固定期限法》第 8 条第 5 款第 3 句的拟制同意仅在缩短工时的申请与分配工时的愿望能够**一起被拒绝或接受时**(nur einheitlich abgelehnt oder angenommen) 才能够成立,那么 3 月 21 日同意缩短工时申请的通知,可以被视为同时同意了分配

10

---

[6] BAG 20. 7. 2004-9 AZR 626/03, BAGE 111, 260 (263) = AP Nr. 11 zu § 8 TzBfG = NZA 2004, 1090; BAG 16. 12. 2008-9 AZR 893/07, BAGE 129, 56 (Rn. 39).

[7] BAG 14. 10. 2003-9 AZR 636/02, BAGE 108, 103 (109) = AP Nr. 6 zu § 8 TzBfG = NZA 2004, 975; AR/*Schüren* TzBfG § 8 Rn. 13; ErfK/*Preis* TzBfG § 8 Rn. 13.

[8] BAG 20. 1. 2015-9 AZR 960/13, AP Nr. 33 zu § 8 TzBfG = NZA 2015, 805 (Rn. 22); AR/*Schüren* TzBfG § 8 Rn. 44; ErfK/*Preis* TzBfG § 8 Rn. 19.

愿望的通知,而对愿望明确表示的拒绝则不予考虑。但是,这不是《非全日制与固定期限法》第 8 条第 5 款的立法本意:雇主可以有效接受缩短工作时间的申请,但是也能够拒绝工作时间的重新分配。[9]

11　　然而,如果 B 在 4 月 19 日**企业职工委员会作出决定后**——因而也超出了自 5 月 11 日开始的预期非全日制工作期间——才作出决定性的拒绝,那么《非全日制与固定期限法》第 8 条第 5 款第 3 句的拟制同意也可以成立。然而,具有决定性的拒绝信已经在 3 月 21 日当天发出,那么根据日常运送物品的时间,可以假定在 4 月 11 日时该信件已经送达了。即使雇主在拒绝信送达之后继续努力征得企业职工委员会的同意,也不会改变外部关系中继续存续的对分配愿望的拒绝。[10] 由于《非全日制与固定期限法》第 8 条第 5 款第 3 句意义上的法定拟制,A 的工作时间分配没有生效。

(四)实质的请求权条件

12　　实质上,"只要与业务上的事由不冲突"(《非全日制与固定期限法》第 8 条第 4 款第 1 句),雇主就应当确定符合劳动者愿望的工时分配。根据这一表述,是否对有效缩短工作时间的重新分配享有实质上的请求权,仅取决于"不冲突的业务上的事由"这一不确定的概念。[11] 但是,《非全日制与固定期限法》不应被独立考虑,而应当根据**法律秩序统一**(Einheit der Rechtsordnung)的原则与其他劳动法上的法律建立联系。赋予 B 内部选举的企业职工委员会**强制性的共同决策权**(erzwingbare Mitbestimmungsrechte)

---

〔9〕　BAG 16. 12. 2008-9 AZR 893/07, BAGE 129, 56 (Rn. 34); ErfK/*Preis* TzBfG § 8 Rn. 14; MHdB ArbR/*Schüren* § 46 Rn. 58.

〔10〕　BAG 16. 12. 2008-9 AZR 893/07, BAGE 129, 56 (Rn. 41).

〔11〕　Konkretisiert durch BAG 16. 10. 2007-9 AZR 239/07, BAGE 124, 219＝AP Nr. 23 zu § 8 TzBfG＝NZA 2008, 289 (Rn. 30 ff.); BAG 13. 10. 2009-9 AZR 910/08, AP Nr. 29 zu § 8 TzBfG＝NZA 2010, 339 (Rn. 20ff.).

的《企业组织法》就属于其他劳动法上的法律。

在审查"冲突的业务上的事由"(《非全日制与固定期限法》第 8 条第 4 款第 1 句)的消极要件之前,必须审查《企业组织法》的规则是否会阻碍 A 的分配愿望:如果存在《非全日制与固定期限法》第 8 条第 4 款第 1 句的消极要件,那么雇主仅**有权**(berechtigt)(但是没有义务)拒绝同意劳动者希望的工作时间的新分配。但是,如果满足分配愿望会损害企业职工委员会的权利,那么雇主就**有义务**(verpflichtet)拒绝 A 关于工作时间分配的变更要约。[12] 从这一考虑可以得出以下结论,即对《**企业组织法**》**的审查逻辑上优先于**(Vorrang der Prüfung des BetrVG)对《非全日制与固定期限法》第 8 条第 4 款第 1 句的审查。所以,此时应当审查企业职工委员会是否存在共同决策权(→边码 14 之后)、共同决策权是否被有效行使(→边码 19 之后),以及行使共同决策权在 A 和 B 的劳动关系中会有什么样的后果(→边码 23)。

13

1.基于《企业组织法》第 87 条第 1 款的共同决策权

(1)相关的共同决策构成要件

① 值得注意的是基于《企业组织法》第 87 条第 1 款第 2 项或第 3 项的共同决策权。《**企业组织法**》**第 87 条第 1 款第 3 项的构成要件**以暂时缩短企业通常工作时间为前提。B 整个企业的"**企业通常工作时间**"(betriebsübliche Arbeitszeit)无须完全一致;更确切地说,不同工作岗位或者不同的劳动者可以有不同的企业通常工作时间。[13] 本案中,只有 A 涉及缩短工时,因此,根据《企业组

14

---

[12] BAG 16.12.2008-9 AZR 893/07, BAGE 129, 56 (Rn. 42); BAG 18.8.2009-9 AZR 517/08, AP Nr. 28 zu § 8 TzBfG=NZA 2009, 1207 (Rn. 42); ErfK/*Preis* TzBfG § 8 Rn. 41; *Rieble/Gutzeit*, NZA 2002, 7 (9).

[13] BAG 3.6.2003-1 AZR 349/02, BAGE 106, 204 (211)= AP Nr. 19 zu § 77 BetrVG 1972 Tarif-vorbehalt m. Anm. *Lobinger* = NZA 2003, 1155; BAG 24.4.2007-1 ABR 47/06, BAGE 122, 127 (130)= AP Nr. 124 zu § 87 BetrVG 1972 Arbeitszeit =NZA 2007, 818; AR/*Rieble* BetrVG § 87 Rn. 28; DKKW/*Klebe* BetrVG § 87 Rn. 110.

织法》第 87 条第 1 款第 3 项,共同决策权不被排除。

15 　《企业组织法》第 87 条第 1 款第 3 项意义上的"**暂时**"(Vorübergehend)指的是一开始就受到限制和控制的期限,无须在变更开始时确定结束时间。[14] 本案中有疑问的是,A 产生的工时缩短请求是否从一开始就受到限制和控制:劳动合同当事人没有将缩短工作时间与上"幼儿园"联系在一起,"幼儿园时间"的结束应当适用其他的规则。但是,对于本案是否满足"暂时"的特征,答案是开放性的:企业职工委员会没有表达反对工时缩短的想法,而仅仅拒绝了对预期固定工时的分配。即使存在《企业组织法》第 87 条第 1 款第 3 项的共同决策权,该权利也不会由于满足了 A 的非全日制请求权而被侵害。

16 　②如果明确的工作时间分配包含每个工作日,以及每天工作时间的开始和结束,也有可能**依据《企业组织法》第 87 条第 1 款第 2 项**存在**共同决策权**。因此,将周一至周六每天 8:00 至 20:00 的灵活工作时间分配调整为未来周一至周五每天 8:30 至 14:30 的固定工作时间的决定,受制于《企业组织法》第 87 条第 1 款第 2 项的共同决策构成要件。但是可以推论,本案中直接涉及的只是个体劳动者——A。

(2)案件事实的具体关联性

17 　《企业组织法》第 87 条第 1 款的构成要件成立有利于企业劳动者的**集体保护权**(kollektive Schutzrechte)。依据《非全日制与固定期限法》第 8 条第 2 款第 2 句的规定,只有当预期的工时分配具有集体关联性时,企业职工委员会才能够依据《企业组织法》第

---

[14] BAG 9.7.2013-1 ABR 19/12, BAGE 145, 330＝AP Nr. 130 zu § 87 BetrVG 1972 Arbeitszeit＝NZA 2014, 99 (Rn. 18); ErfK/*Kania* BetrVG § 87 Rn. 33; GK-BetrVG/*Wiese/Gutzeit* § 87 Rn. 407.

87条第1款第2项的共同决策权反抗分配的愿望。[15] 如果涉及劳动者的**普遍利益**(allgemeine Interessen),那么依据《非全日制与固定期限法》第8条第4款第1句提出的工作时间新分配的申请具有集体关联性。具体来说就是,个体劳动者预期的工作时间分配影响了整个企业、一组劳动者或者其他个别工作岗位。[16]

A所期望的**工时分配**(Verteilung der Arbeitszeit)会影响其他在灵活交换体系下工作的劳动者。这些劳动者的变动工作时间就必须以A的固定工作时间为基准并进行换组。对于其他劳动者来说,在周一至周五每天8:30至14:30的有益期间内能够支配的工作时间越来越少;他们必须经常被安排在下午、晚上和周六工作。所以,A预期的工作时间新分配**不是个体措施**(keine Individualmaßnahme),而是具有集体关联性的措施。[17]

18

2. 共同决策权的有效行使

(1) 与《非全日制与固定期限法》第8条的关系

根据《企业组织法》第87条第1款第1句,企业职工委员会的共同决策权只有"在不存在法定的或团体协议的规则时"才予以适用。问题在于,《非全日制与固定期限法》第8条的适用是否先于共同决策权行使的**法定特殊规则**(gesetzliche Spezialregelung)。**基于《非全日制与固定期限法》第8条的非全日制请求权**赋予了雇主一定的空间,从而能够确定其企业的任务设定并由此进行工时分配。所以,依据《非全日制与固定期限法》第8条的工时分配也存在并且需要企业职工委员会的共同决策权。《非全日制与固定期限法》第8条的规定因而不属于《企业组织法》第87

19

---

[15] BAG 24.6.2008-9 AZR 313/07, AP Nr.8 zu § 117 BetrVG 1972=NZA 2008, 1309 (Rn.37); BAG 16.12.2008-9 AZR 893/07, BAGE 129, 56 (Rn.43)。

[16] BAG 16.3.2004-9 AZR 323/03, BAGE 110, 45 (58)= AP Nr.10 zu § 8 TzBfG=NZA 2004, 1047; BAG 16.12.2008-9 AZR 893/07, BAGE 129, 56 (Rn.44)。

[17] 另见本案的改编判决:BAG 16.12.2008-9 AZR 893/07, BAGE 129, 56 (Rn.45)。

条第 1 款第 1 句意义上排除共同决策权的法律。[18]

(2)《企业组织法》第 80 条第 1 款的限制

20 　《企业组织法》第 80 条第 1 款第 2 项 b 目确定的企业的一般任务,旨在保证对家庭和工作的兼顾(Vereinbarkeit von Familie und Beruf),同样没有排除《企业组织法》第 87 条第 1 款第 2 项的共同决策权。但是,在行使共同决策权时必须考虑到企业职工委员会。[19] 这是依据案件事实可以推断出来的("……考虑到 A 女士的家庭情况……")。《企业组织法》第 80 条第 1 款第 2 项 b 目的规定保护了需要履行家庭义务的劳动者利益(Interessen des Arbeitnehmers),并不是要将这种利益强制优先于全体职工的利益。企业职工委员会在权衡个体利益与集体利益时享有决定空间与裁量权。[20]

21 　接下来的问题是,企业职工委员会是否正确使用了裁量权。它依据旨在保护所有劳动者的企业组织概念(betriebliche Organisationskonzept):为了将下午、晚上和周六的工作任务平均分配给所有劳动者,建材市场的劳动者以不固定工作时间的轮班制方式工作。企业职工委员会在权衡个体利益与集体利益之后,基于劳动者平等待遇(Gleichbehandlung der Arbeitnehmer)的考量,作出了排除有利于 A 的例外规则的决定。

22 　在判断该权衡结果时必须考虑到,根据生活经验,其他劳动者也会承受较大的家庭压力(häuslichen Belastungen)(例如,护理

---

〔18〕 BAG 18. 2. 2003-9 AZR 164/02, BAGE 105, 107(120)= AP Nr. 2 zu § 8 TzBfG = NZA 2003, 1392; BAG 16. 12. 2008-9 AZR 893/07, BAGE 129, 56(Rn. 46, 47); DKKW/Klebe BetrVG § 87 Rn. 107; GK BetrVG/*Wiese/Gutzeit* § 87 Rn. 325; Schüren, AuR 2001, 321(324).

〔19〕 BAG 16. 12. 2008-9 AZR 893/07, BAGE 129, 56(Rn. 50).

〔20〕 BAG 22. 3. 2005-1 AZR 49/04, BAGE 114, 179(182 f.)= AP Nr. 48 zu § 75 BetrVG 1972, = NZA 2005, 773; BAG 16. 12. 2008-9 AZR 893/07, BAGE 129, 56(Rn. 72); zustimmend GK-BetrVG/*Wiese/Gutzeit* § 87 Rn. 326.

或照料家庭成员),这与**单亲母亲**(alleinerziehenden Mutter)的状况是相同的。A 在适用轮班制时,与这些劳动者没有不同。企业职工委员会没有超出其法律上的裁判空间。[21] 基于 4 月 19 日作出的决定,企业职工委员会有效行使了《企业组织法》第 87 条第 1 款第 2 项的共同决策权。

3. 企业职工委员会决定的后果

接下来的问题是,4 月 19 日的企业职工委员会决定是否意味着 B 必须拒绝 A 的分配请求。《企业组织法》第 87 条第 1 款的构成要件受制于**企业协议当事人平等的决定**(gleichberechtigten Entscheidung der Betriebsparteien):如果企业职工委员会同意,那么雇主只能执行符合《企业组织法》第 87 条第 1 款一系列构成要件的措施。雇主单方采取的给劳动者造成负担的措施——如本案中赋予个别劳动者特别权利而造成对其他员工不利的限制——**依据有效要件理论**(Theorie der Wirksamkeitsvoraussetzung)不得予以执行。[22] 所以,由于企业职工委员会的决定,B 被阻止对 A 的分配请求作出让步。

(五)结论

A 对于她所期望的工作时间分配不享有请求权。

二、企业职工委员会针对 B 的措施

《企业组织法》提供了很多路径,使得设立在 B 内部的企业职工委员会能够通过劳动法院阻止 B 和 E 之间约定的自 7 月 1 日

---

[21] 本案按照以下判决编写,以下判决与本案观点一致:BAG 16.12.2008-9 AZR 893/07, BAGE 129, 56 (Rn. 74, 75)。

[22] BAG 11.6.2002-1 AZR 390/01, BAGE 101, 288 (295 f.) = AP Nr. 113 zu § 87 BetrVG 1972 Lohngestaltung = NZA 2003, 75; BAG 24.1.2017-1 AZR 772/14, AP Nr. 151 zu § 87 BetrVG 1972 m. Anm. *Reichold* = NZA 2017, 931 (Rn. 34); s. auch *Junker* ArbR Rn. 747; *Waltermann* ArbR Rn. 840; *Lobinger*, RdA 2011, 76 (86 ff.)。

起生效的工作时间的增加。需要考虑的是依据《企业组织法》第101条的撤销申请(→边码26之后),由司法判例发展出来的一般不作为申请(→边码40之后),以及依据《企业组织法》第23条第3款第1句的不作为申请(→边码46之后)。

(一)依据《企业组织法》第101条申请撤销措施

26　　根据《企业组织法》第101条第1句的规定,如果雇主执行的人事措施没有经过企业职工委员会同意,那么企业职工委员会可以向劳动法院申请,要求雇主停止行为并撤销《企业组织法》第99条第1款第1句意义上的人事措施。如果申请是合法并且有理由的,那么该申请根据《企业组织法》第101条第1句成立。

1. 申请的合法性

27　　对于企业职工委员会的请求,劳动法院可以启动**裁定程序**(Beschlussverfahren)。劳动事务通向法院的法律途径以及裁定程序的**事务管辖**(sachliche Zuständigkeit)适用《劳动法院法》第2a条和第3条。根据《企业组织法》第99条第1款第1句和第101条第1句的规定,关于撤销人事措施的申请属于企业组织法的事务,劳动法院根据《劳动法院法》第2a条第1款第1项对此享有事务管辖权。[23] **地域管辖**(örtliche Zuständigkeit)由《劳动法院法》第82条第1款第1句规定:B企业所在地的劳动法院具有管辖权。《劳动法院法》第83条第3款意义上的**程序参与人**(Verfahrensbeteiligte)只能是企业职工委员会(申请人)和雇主(其他参与人),而不能是劳动者E——《企业组织法》第99条的规定并不规制个体法上的关系,而只规制集体法上的关系。[24] 企业职工

---

[23] GWBG/*Waas* ArbGG § 2a Rn. 17; Schwab/Weth/*Walker* ArbGG § 2a Rn. 34.
[24] BAG 27.5.1982-6 ABR 105/79, BAGE 39, 102 (105) = AP Nr. 3 zu § 80 ArbGG 1979 = NJW 1983, 182; BAG 12.12.2006-1 ABR 38/05, AP Nr. 27 zu § 1 BetrVG 1972 Gemeinsamer Betrieb = DB 2007, 1361 (Rn. 10); AR/*Reinfelder* ArbGG § 83 Rn. 11; a. A. GWBG/*Greiner* ArbGG § 83 Rn. 29; Schwab/Weth/*Weth* ArbGG § 83 Rn. 66.

委员会的**参与人资格**(Beteiligtenfähigkeit)源于《劳动法院法》第10条第1句第2半句。

根据《企业组织法》第101条第1句的规定,**申请**(Antrag)内容为要求B停止行为并撤销人事措施。所以问题就在于,《企业组织法》第99条第1款第1句意义上的哪些**人事措施**(personelle Maßnahme)必须由企业职工委员会申请撤销。依据《企业组织法》第101条第1句的规定,申请撤销7月1日对双倍工时**工作的接受**(Aufnahme der Arbeit)是一种空谈,因为"约定工时增加的措施"还没有实施,所以在7月1日之前也不能被撤销。

所以,**企业职工委员会的请求**必须旨在于7月1日之前撤销2月26日的合同变更,从而使工时增加不能付诸实践。基于此,《企业组织法》第101条第1句和《企业组织法》第99条第1款第1句意义上的"人事措施"指的应当是今年2月26日的**合同变更**(Vertragsänderung)。根据《企业组织法》第99条之后的体系,合同变更属于《企业组织法》第101条第1句规定的内容。[25] 所以,企业职工委员会必须提出申请,要求B放弃2月26日与E达成的应当于7月1日生效的关于将工作时间从每周20小时增加至每周40小时的协议,并取消该协议。

2. 申请的有理由性

如果企业职工委员会对撤销B与E约定的合同变更享有企业组织法上的请求权,那么该申请就可以成立。这种请求权可以源于**《企业组织法》第101条第1句**:该条不仅赋予了企业职工委员会劳动法院的程序申请权限,还赋予了企业职工委员会消除雇主违反企业组织法状态的请求权。[26]《企业组织法》第101条第1句**请求权基础**的前提是,《企业组织法》第99条之后的条款可

---

[25] GK-BetrVG/*Raab* § 101 Rn. 2; Richardi/*Thüsing* BetrVG § 101 Rn. 9.
[26] BAG 20.2.2001-1 ABR 30/00, AP Nr. 23 zu § 101 BetrVG 1972=DB 2001, 2055; GK-BetrVG/*Raab* § 101 Rn. 1; Richardi/*Thüsing* BetrVG § 101 Rn. 3.

以适用(→边码 31)、《企业组织法》第 99 条第 1 款第 1 句意义上的人事措施被执行(→边码 32 之后),以及执行上述措施没有征得企业职工委员会的同意(→边码 37)。

(1)《企业组织法》第 99 条之后条款的可适用性

31 　　如果某企业通常有 20 名以上有选举权的劳动者并且在采取人事措施时存在企业职工委员会(《企业组织法》第 99 条第 1 款第 1 句),那么《企业组织法》第 99 条之后的条款就可以适用。B 雇用了 50 名劳动者;2 月 26 日,B 的企业职工委员会正在履职。

(2)《企业组织法》第 99 条第 1 款第 1 句意义上的人事措施

32 　　2 月 26 日的合同变更必须属于《企业组织法》第 99 条第 1 款第 1 句所列举的四类人事措施之一。增加每周的工作时间不是**调岗**(Versetzung):《企业组织法》第 95 条第 3 款第 1 句意义上的工作范围不是由工作的持续时间来确定的。即使通过延长或缩短工作时间改变了**工作状态**(Arbeitsumstände),但仅凭这一点也不会涉及《企业组织法》第 95 条第 3 款第 1 句意义上的**工作范围**(Arbeitsbereich)。[27] 所以,只需要考虑将工时的增加涵摄到**招聘**(Einstellung)的概念之下。有争议的是,延长工作时间——尤其是从非全日制工作变为全日制工作——是否能够体现出《企业组织法》第 99 条第 1 款第 1 句意义上的招聘。

33 　　①在增加的范围和期限"非常明显"并且约定增加的期间超过一个月的情况下,新的**司法判例**(Rechtsprechung)将合同约定的工作时间总和的增加定义为《企业组织法》第 99 条第 1 款第 1

---

[27] BAG 16.7.1991-1 ABR 71/90, BAGE 68, 155(159)= AP Nr. 28 zu § 95 BetrVG 1972=NZA 1992, 80; BAG 25.1.2005-1 ABR 59/03, BAGE 113, 206(209); GK-BetrVG/*Raab* § 99 Rn. 104; Richardi/*Thüsing* BetrVG § 99 Rn. 125; einschränkend DKKW/*Bachner* BetrVG § 99 Rn. 116.

句意义上的招聘。[28] 如果每周增加的工作时间超过 10 个小时，无论如何都会构成"非常明显"的工时增加。[29] 因此，本案中可以确认存在《企业组织法》第 99 条第 1 款第 1 句意义上的招聘，因为 2 月 26 日约定的工时增加总额超过了每周 10 个小时并且将持续超过 1 个月；缺少招聘信息在此并不重要。

根据《企业组织法》第 99 条，论证(Begründung)首先应当注意参与权的意义和目的(Sinn und Zweck)：如果非全日制工作员工的工作时间显著增加，那么员工的利益就会受到影响，就像是新招聘一名员工一样。一般情况下，共同决策权方面具有重要意义的问题同样会在第一次招聘时提出。通常情况下，在适用人事代表法的公共服务(öffentlichen Dienst)领域，非全日制工作人员长期和显著的工作时间增加也会被视为招聘。[30]

②相当一部分文献(Teil der Literatur)否认这一司法判例，因为法律的文义(Wortlaut des Gesetzes)("招聘")设立了解释的界限。即使从"体系性—目的性"上来看，该司法判例也是有问题的：当某人刚要被企业雇用时，企业职工委员会享有参与权是可以理解的；但是，延长工作时间涉及的是已经在企业工作的劳动者。联邦劳动法院也在自己的司法判例中反对上述法院对"招聘"的定义，因为《企业组织法》第 99 条不是为了进行合同内容的审查。最后，司法判例与《企业组织法》第 87 条第 1 款第 3 项的立法上的决定有冲突(Widerspruch)，工作时间的持续性变更不应

34

35

---

[28] BAG 25. 1. 2005 – 1 ABR 59/03, BAGE 113, 206（209 f.）; zustimmend DKKW/*Bachner* BetrVG § 99 Rn. 44; MHdB ArbR/*Matthes* § 263 Rn. 13; *Brors*, SAE 2006, 80（83）.

[29] BAG 15. 5. 2007–1 ABR 32/06, BAGE 122, 280 = AP Nr. 30 zu § 1 BetrVG 1972 Gemeinsamer Betrieb = NZA 2007, 1240（Rn. 55f.）.

[30] BAG 25. 1. 2005–1 ABR 59/03, BAGE 113, 206（211ff.）.

受制于共同决策。[31]

36　③在**解决争议**(Streitentscheidung)时,目的性观点尤为重要。联邦劳动法院应当承认,与招聘特定工作小时数的非全日制员工一样,增加工作时间可能也会产生《企业组织法》第 99 条第 2 款第 3 项意义上的对其他员工相同的不利影响;《企业组织法》第 99 条第 2 款第 6 项的问题(扰乱企业和平秩序)也可能以同样的方式产生。由企业职工委员会进行合同内容审查的风险,只有在企业职工委员会受到《企业组织法》第 99 条第 2 款所列拒绝理由的约束时才受到限制。如果遵循司法判例的观点,那么在 2 月 26 日签订协议时就已经是在执行《企业组织法》第 99 条第 1 款第 1 句意义上的人事措施了(招聘)。

(3) 缺少企业职工委员会的同意

37　依据《企业组织法》第 101 条第 1 句,撤销请求权的前提条件是 2 月 26 日的人事措施"没有征得企业职工委员会的同意"。此时,企业职工委员会是否明确拒绝同意(并且没有被劳动法院依据《企业组织法》第 99 条第 4 款的判决替代),或者是否压根就不存在同意并不重要,因为雇主没有履行其通知义务(所以,依据《企业组织法》第 99 条第 3 款第 2 句无法产生拟制同意)。[32] 本案属于后一种情况。

3. 撤销请求的内容

38　企业职工委员会基于《企业组织法》第 101 条第 1 句对 B 的请求,旨在撤销(取消) 2 月 26 日约定的合同变更:合同变更的有效性不会因《企业组织法》第 101 条第 1 句的程序受到

---

[31] ErfK/*Kania* BetrVG § 99 Rn. 6; GK-BetrVG/*Raab* § 99 Rn. 60; Bengelsdorf, FS Kreutz, 2010, S. 41 (56 f.); *Thüsing/Fuhlrott*, Anm. zu BAG 25. 1. 2005–1 ABR 59/03, EzA § 99 BetrVG 2001 Einstellung Nr. 3.

[32] HWK/*Ricken* BetrVG § 101 Rn. 3; GK-BetrVG/*Raab* § 101 Rn. 2; Richardi/*Thüsing* BetrVG § 101 Rn. 9.

影响。[33] B 必须消除与 E 的合同变更,实现这一目标的方式留给了 B 自己:如果 E 不同意和平撤销合同变更,那就要考虑与经营状况相关的变更解除。《解雇保护法》第 1 条第 1 款及第 2 款第 1 句意义上的重大经营需求属于《企业组织法》第 101 条第 1 句中企业职工委员会的撤销请求权。雇主负有不得允许 2 月 26 日的合同变更中约定的实际情况出现的义务,该义务对于撤销请求来说是固有的[34],也就是说,雇主不得允许 E 从 7 月 1 日起每周工作超过 20 小时。

4. 小结

如果遵循司法判例在《企业组织法》第 99 条第 1 款第 1 句中对"招聘"的定义,那么企业职工委员会依据《企业组织法》第 101 条第 1 句的撤销申请是合法的也是有理由的。

（二）主张一般的不作为请求权

问题在于,企业职工委员会在《企业组织法》第 101 条第 1 句的撤销请求之外,是否还能够主张不作为请求权？不作为请求权的**请求目标**(Anspruchsziel),是禁止 B 将与 E 约定的自 7 月 1 日起增加工作时间进行调整。该申请与依据《企业组织法》第 101 条第 1 句的撤销申请相同。在《企业组织法》第 101 条第 1 句的撤销请求权之外是否还存在不作为请求权,可能取决于 B 侵害了企业职工委员会的哪些参与权利。

1.《企业组织法》第 87 条第 1 款的侵害

司法判例在雇主有可能侵害《企业组织法》第 87 条第 1 款中的共同决策权时,承认了企业职工委员会的一般不作为请求权:

---

[33] BAG 2.7.1980-5 AZR 56/79, AP Nr. 5 zu § 101 BetrVG 1972（Bl. 5）m. Anm. *Misera* = BB 1981, 119; AR/*Rieble* BetrVG § 101 Rn. 4; HWK/*Ricken* BetrVG § 101 Rn. 5.

[34] ErfK/*Kania* BetrVG § 101 Rn. 5; HWK/*Ricken* BetrVG § 101 Rn. 4; GK-BetrVG/*Raab* § 101 Rn. 13; Richardi/*Thüsing* BetrVG § 101 Rn. 17.

雇主与企业职工委员会的法律关系类似于法定的持续性债权债务关系,并且基于《企业组织法》第 2 条受到相互照顾义务的约束。原则上,可以由此推断出停止一切妨碍维护具体共同决策权的行为规定。[35] 对"一般"不作为请求权的**理论批判观点**(Kritik der Literatur)认为,法律机制是决定性的并且反对联邦劳动法院进行法律续造。[36] 如果在本案中,B 没有侵害《企业组织法》第 87 条第 1 款中的共同决策权,那么该批判观点就可以自圆其说。

42   只需要考虑违反**《企业组织法》第 87 条第 1 款第 3 项**的情形,根据该条规定,企业职工委员会在暂时延长企业通常工作时间时有共同决策权。雇主违反该条规定原则上会引发企业职工委员会的不作为请求权。[37] "企业通常工作时间"与"暂时"的概念已经被解释过了(→边码 14 之后)。2 月 26 日的合同变更提到了 E 想要将自己的岗位根据**"持续性"增加**(„dauerhaften" Aufstockung)调整为全职的愿望。工作时间增加不应从一开始就限制和控制相应的期限,所以缺少《企业组织法》第 87 条第 1 款第 3 项中的"暂时"要件。B 没有侵害企业职工委员会的共同决策权。因此,基于侵害《企业组织法》第 87 条第 1 款保护的不作为的请求权也不成立。

2.《企业组织法》第 99 条的侵害

43   如前文所述(→边码 32 之后),B 在 2 月 26 日的合同变更依

---

[35] BAG 3. 5. 1994-1 ABR 24/93, BAGE 76, 364 (372 ff.) = AP Nr. 23 zu § 23 BetrVG 1972 = NZA 1995, 40 = *Junker* ArbR Rn. 709 ff. (übungsfall 10. 1.); BAG 13. 12. 2016-1 ABR 7/15, BAGE 157, 220 = AP Nr. 47 zu § 87 BetrVG Überwachung = NZA 2017, 657 (Rn. 35); weitere Nachw. bei GK-BetrVG/*Oetker* § 23 Rn. 176.

[36] *Adomeit*, NJW 1995, 1004 (1005); *Bengelsdorf*, SAE 1996, 139 (141); *Konzen*, NZA 1995, 865 (869); *Lobinger*, ZfA 2004, 101 (144); *Prütting*, RdA 1995, 257 (258); *Reuter*, JuS 1995, 466; *Walker*, DB 1995, 1961 (1963).

[37] BAG 23. 7. 1996-1 ABR 13/96, AP Nr. 68 zu § 87 BetrVG 1972 Arbeitszeit m. Anm. *Heinze* = NZA 1997, 274 (276 f.); BAG 24. 4. 2007-1 ABR 47/06, BAGE 122, 127 = AP Nr. 124 zu § 87 BetrVG 1972 Arbeitszeit = NZA 2007, 818 (Rn. 13).

据《企业组织法》第 99 条侵害了企业职工委员会的参与权。在损害《企业组织法》第 99 条的参与权时,企业职工委员会在《企业组织法》第 101 条的**撤销请求权**(Aufhebungsanspruch)之外是否还存在一般**不作为请求权**(Unterlassungsanspruch),通过临时禁令进行暂时法律保护很有意义:根据主流观点,暂时法律保护并没有开启对《企业组织法》第 101 条的请求权,否则,《企业组织法》第 100 条的规则(人事措施的暂时执行)将沦为空谈。[38] 为了保持立法方向不变,企业职工委员会根据**司法判例**(Rechtsprechung)不享有满足《企业组织法》第 23 条第 3 款的前提条件产生的一般不作为请求权,以防止违反《企业组织法》第 99 条第 1 款的个别人事措施。[39]

应当遵循司法判例:立法者在《企业组织法》第 101 条第 1 句中规定了消除违反共同决策措施的请求权,否定了基于同一违反行为针对的不作为请求权。在保护漏洞中——与《企业组织法》第 87 条第 1 款不同——缺少额外的反制法律保护,根据《企业组织法》第 87 条第 1 款的规定,不作为请求权可以通过法官法律续造的方式进行立法。关于《企业组织法》第 101 条第 1 句的消除请求权暂时的法律保护途径没有开启,这是一种有意为之的立法决定。[40]

3. 小结

企业职工委员会不得主张一般不作为请求权:虽然雇主违反

---

[38] LAG Frankfurt/Main 15. 12. 1987 - 4 TaBV 160/87, NZA 1989, 232 (233); AR/Rieble BetrVG § 101 Rn. 2; GK-BetrVG/Raab § 101 Rn. 23; *Boemke*, ZfA 1992, 473 (523); a. A. DKKW/*Bachner* BetrVG § 101 Rn. 19, 23.

[39] BAG 23. 6. 2009-1 ABR 23/08, BAGE 131, 145 = AP Nr. 48 zu § 99 BetrVG 1972 Versetzung = NZA 2009, 1430 (Rn. 19); BAG 9. 3. 2011-7 ABR 137/09, BAGE 137, 194 = AP Nr. 63 zu § 99 BetrVG 1972 Einstellung m. Anm. *Boemke* = NZA 2011, 871 (Rn. 13).

[40] GK-BetrVG/*Raab* § 101 Rn. 25; AR/*Rieble* BetrVG § 101 Rn. 2; ErfK/*Kania* BetrVG § 101 Rn. 9; HWK/*Ricken* BetrVG § 101 Rn. 1; Richardi/*Thüsing* BetrVG § 101 Rn. 6; *Raab*, ZfA 1997, 183 (235 ff.).

《企业组织法》第 87 条第 1 款的规定能够导致请求权产生,但是并不存在这种违反行为。遭受侵害的是《企业组织法》第 99 条第 1 款第 1 句规定的企业职工委员会的参与权,但是并不存在一般不作为的请求权。

(三)基于《企业组织法》第 23 条主张不作为请求权

46　　根据《企业组织法》第 23 条第 3 款第 1 句的规定,企业职工委员会在雇主明显违反企业组织法上的义务时能够向劳动法院申请,要求雇主停止行为。对损害《企业组织法》第 99 条参与权的**未来人事措施**(künftiger Personalmaßnahmen)的不作为请求权受到《企业组织法》第 23 条第 3 款第 1 句的保护,并且根据司法判例[41]和文献的主流观点[42]不会因为《企业组织法》第 101 条被排除。但是,这仅在与《企业组织法》第 101 条第 1 句无关时才能够适用,因为现在企业职工委员会还无法依据本条能够要求撤销的人事措施。[43]

47　　相反,此处是关于已经存在的、违法执行或者维持**已经采取的人事措施**(vorgenommenen Personalmaßnahme),如果雇主以简单粗暴的方式在维持或执行措施期间违反了其企业组织法上的义务,那么《企业组织法》第 101 条第 1 句就是一项限制该法第 23 条第 3 款第 1 句中不作为请求权的特殊规定。[44] 在本案中,企业

---

[41] BAG 17.3.1987-1 ABR 65/85, AP Nr. 7 zu § 23 BetrVG 1972 = NZA 1987, 786 (787); anders noch BAG 5.12.1978-6 ABR 70/77, AP Nr. 4 zu § 101 BetrVG 1972 (Bl. 2) m. krit. Anm. *Kittner* = BB 1979, 1556.

[42] ErfK/*Kania* BetrVG § 101 Rn. 8; HWK/*Ricken* BetrVG § 101 Rn. 1; DKKW/*Bachner* BetrVG § 101 Rn. 20; GK-BetrVG/*Raab* § 101 Rn. 24; *Hönn*, SAE 1989, 26 (27); *Raab*, ZfA 1997, 183 (240 f.).

[43] BAG 19.1.2010-1 ABR 55/08, AP Nr. 47 zu § 23 BetrVG 1972 = NZA 2010, 659 (Rn. 17 ff.):不同的争议焦点。

[44] Ausf. GK-BetrVG/*Raab* § 101 Rn. 25; s. auch DKKW/*Bachner* BetrVG § 101 Rn. 20 ("对未来的不作为"); HWK/*Ricken* BetrVG § 101 Rn. 1 ("限制《企业组织法》第 101 条的范围")。

职工委员会并不关心其参与工时增加的约定是否会违反《企业组织法》第 99 条第 1 款第 1 句的规定,而仅仅关心如何阻止 2 月 26 日 B 和 E 之间约定的工时增加的实施。对于这一请求,《企业组织法》第 101 条第 1 句是一项排除该法第 23 条第 3 款第 1 句中追偿权的特殊规定。

(四)结论

根据《企业组织法》第 101 条第 1 句结合第 99 条第 1 款第 1 句,企业职工委员会对 2 月 26 日涉及 B 和 E 关于工时增加约定的撤销享有请求权;企业职工委员会能够在劳动法的裁定程序中主张该请求权。不存在其他请求权基础。

案例 12　经济事务

Nach BAG 12. 11. 2002 - 1 AZR 58/02，BAGE 103，321 = AP Nr. 159 zu § 112 BetrVG 1972 = NZA 2003，1288

企业组织法：基于《企业组织法》第 111 条至第 113 条的共同决策权；企业组织法上的平等待遇原则；一般平等待遇法

深入学习参见：*Junker* ArbR § 10 VIII（Rn. 779-795）

案件事实

Baumwoll 股份公司(B)制造纺织品。B 雇用了 90 名劳动者。由于激烈的竞争，B 面临销售的难题，并且"贯穿全厂"的所有部门都存在人员过剩问题。B 的董事会与企业职工委员会约定了一项利益补偿协议，明确列举了 12 名应当被解雇的劳动者* 名单。另外，企业协议当事人就一项社会计划协商达成了一致，部分内容确定如下：

2. 请求权人是因为企业变更进行的与企业经营状况有关的解雇而离开企业的员工。

3. 全日制员工根据工作年限会获得每年 3000 欧元的离职补偿金。未满 1 年的，补偿金按月支付。

4. 在计算工作年限时，只考虑实际供职的时间。不考虑父母

---

* 此处原文为 Arbeitnehmerinnen und Arbeitnehmer，指的是女性劳动者与男性劳动者，即这 12 名被解雇的劳动者既有女性也有男性，鉴于汉语中不区分阴性和阳性，此处统一译为劳动者。——译者注

育儿假。

B 于 6 月 30 日通知了利益补偿协议中列明的 12 个人,他们均在 30 岁至 40 岁之间,大部分人有一个或两个孩子。其中,Karin Kramer(K)是一位单亲母亲,她在儿子 7 岁到 8 岁之间休父母育儿假并且随后基于与 B 的约定,休了 1 年的无薪特别假。到了 6 月 30 日,她在 B 工作就满 10 年了。

在解雇通知中,K 的工作年限被写为 8 年。离职补偿金总额将按照 24000 欧元计算。在计算工作年限时,B 没有注意到 1 年的父母育儿假和 1 年的特别假。B 向 K 转账支付了 24000 欧元。

K 向 B 所在地的劳动法院起诉,主张 6000 欧元的差额。她的理由是,B 没有考虑相关人员的个人情况,就把工作年限作为计算离职补偿金多少的唯一标准构成违法。认可父母育儿假和特别假的义务基于家庭在基本法上受到的特别保护。不考虑父母育儿假是基于她的性别侵害了她的权利。此外,她还引用了官方数据,数据显示在申请父母育儿假的人当中,80% 是女性,20% 是男性。

在答辩中,B 认为,基本法上要求特殊保护家庭的规定,从文义上就可以知道针对的仅仅是国家而非企业协议的当事人。另外需要认识到,如 13 个月工资、公车使用或者参与分红等特殊给付不应适用于父母育儿假期间;没有其他内容适用于社会计划的给付。最后,K 的请求应当被驳回,因为社会计划的条件是在考虑到可支配预算的整体范围内设定的,所以,没有足够的钱来满足 K 的要求。

劳动法院将会如何判决?

初步思考

本案的问题是关于劳动法院的**判决**(Entscheidung)。所以, 1

答案的结构应当分为"诉的合法性"与"诉的有理由性"两个部分。与**案例 10**(→边码 9 之后)和**案例 11** 的第二部分(→边码 27 之后)不同,本案不涉及劳动法院的裁定程序,而是——因为关于劳动合同双方的权利争议——与**判决程序**(Urteilsverfahren)有关。合法性审查应当以**梗概 1** 的**结构模式**为准(→**案例 1**,边码 4)。有理由性的审查框架必须认识到,本案属于**请求权案例考试**(Anspruchsklausur)(→导论,边码 9,11 之后)。所以,答案应当从检索请求权基础入手。

2 本案涉及的是**企业组织法**(Betriebsverfassungsrecht),尤其是企业职工委员会在经济事务中的参与[参见企业职工委员会参与的三个领域,**梗概 6**(→**案例 3**,边码 5)]。此类案例任务可能是作为"企业组织法"课程的结课考试来设定的,这门课程在很多大学的重点领域中开设。本案例任务的难度属于中等。和**案例 9** 一样,案件事实中包含了重复出现的当事人**法律观点**(Rechtsansicht),为需要探讨的案例问题提供了大量的线索,应当特别注意(→导论,边码 32)。

3 对于 K 支付请求的**请求权基础**(Anspruchsgrundlage)并不源于劳动合同,而是直接源于社会计划:社会计划会受到企业协议的影响(《企业组织法》第 112 条第 1 款第 3 句);**企业协议**(Betriebsvereinbarung)直接并强制地(《企业组织法》第 77 条第 4 款第 1 句)适用于其覆盖的所有劳动者[1],即适用于企业的全体员工或者——如本案中——适用于一部分员工(在利益补偿协议中列明的 12 名劳动者)。对基于社会计划请求权的审查要点——简要且与本案有关的内容——按照以下梗概进行[2]:

---

[1] AR/*Rieble* BetrVG § 77 Rn. 8; ErfK/*Kania* BetrVG § 77 Rn. 5; HWK/*Gaul* BetrVG § 77 Rn. 2; GK-BetrVG/*Kreutz* § 77 Rn. 187.

[2] 一份详细的、包含所有可能的案例类型的审查结构参见以下文献中的结构: GK-BetrVG/*Oetker* § § 112, 112a Rn. 132 ff. , 363-392。

梗概 12：基于社会计划的请求权（结构模式）

请求权基础：社会计划的规范结合《企业组织法》第 112 条第 1 款第 3 句、第 77 条第 4 款第 1 句

1. 存在一项社会计划（《企业组织法》第 112 条第 1 款第 2 句）

(1) 以《企业组织法》第 112 条第 1 款第 1 句的形式达成一致

(2)《企业组织法》第 111 条意义上的企业变更

(3) 根据《企业组织法》第 112 条第 1 款第 2 句合法的规则内容（补偿或减轻经济损失）

2. 基于社会计划请求权的前提条件

3. 社会计划不违反上位法，例如：

(1) 违反《企业组织法》第 75 条第 1 款结合《民法典》第 134 条

(2) 违反《一般平等待遇法》第 7 条第 1 款结合第 7 条第 2 款

本案例考试的核心问题是，企业协议当事人是否能够将工作年限（Beschäftigungsdauer）拟定为计算补偿金的唯一标准，并且在计算工作年限时是否能够将特定期间排除在外。**父母育儿假**（Elternzeit）属于《联邦父母津贴与育儿假法》第二部分规定的内容（《联邦父母津贴与育儿假法》第 15 条至第 21 条）。它涉及的是关于劳动者在家庭生活中独自抚养和教育子女（在特定情形下包括孙子女）时的法定休假。[3] 对于本案的答案很有帮助的是，原告已经表明，她认为不考虑父母育儿假具有违法性所基于的理由。

特别休假（Sonderurlaub）（无薪假）指的是劳动者基于与雇主的约定，在没有劳动报酬的情况下的休假。[4] 特别休假不是由

---

[3] Einführend *Dütz/Thüsing* ArbR Rn. 246；*Hromadka/Maschmann* ArbR I § 8 Rn. 175；*Junker* ArbR Rn. 258；*Kamanabrou* ArbR Rn. 3090ff.；*Löwisch/Caspers/Klumpp* ArbR Rn. 412f.；*Waltermann* ArbR Rn. 466.

[4] Einführend *Dütz/Thüsing* ArbR Rn. 242；*Junker* ArbR Rn. 262；*Krause* ArbR § 13 Rn. 18.

法律规定的。因为缺少下位法的规定(团体协议、企业协议或劳动合同),所以雇主对于是否同意无薪休假享有裁量权。[5] 与休父母育儿假相同,同意特别休假会导致**劳动关系的中止**(ruhendes Arbeitsverhältnis)。[6] 从原告的陈述中可以推测出为何不考虑"休假"可能构成违法的理由。

解答

7 如果存在实体判决的要件,并且存在支付差额的请求权,那么劳动法院可以受理 K 的诉。否则,劳动法院将会驳回该诉。

一、诉的合法性

8 如果满足实体判决要件,那么该诉是合法的。通向劳动法院的法律途径——以及受诉劳动法院的**事务管辖权**(sachliche Zuständigkeit)——源于《劳动法院法》第 2 条第 1 款第 3 项 a 目,因为劳动者与其雇主之间的争议涉及**基于劳动关系的请求权**(Anspruch aus dem Arbeitsverhältnis)。"基于劳动关系"的前提条件需要被进一步解释;如果请求权基础不是劳动合同而是企业协议,那么该前提条件也能够被满足。[7] 法院在**判决程序**(Urteilsverfahren)中进行判决(《劳动法院法》第 2 条第 5 款)。劳动法院的**地域管辖权**(örtliche Zuständigkeit)遵循《劳动法院法》第 46 条第 2 款第 1 句结合《民事诉讼法》第 12 条、第 17 条。

9 被告的**当事人资格**(Parteifähigkeit)依据《劳动法院法》第 46

---

[5] Ausf. *Hromadka/Maschmann* ArbR I § 8 Rn. 180 (以及关于裁量权的内容)。
[6] HWK/*Gaul* BEEG Vor §§ 15-21 Rn. 3; *Zöllner/Loritz/Hergenröder* ArbR § 35 Rn. 9.
[7] GWBG/*Waas* ArbGG § 2 Rn. 47; Schwab/Weth/*Walker* ArbGG § 2 Rn. 100; MHdB ArbR/*Jacobs* § 342 Rn. 36.

条第2款第1句结合《民事诉讼法》第50条第1款、《股份公司法》第1条第1款第1句成立。至于**诉讼能力**(Prozessfähigkeit)，由B的董事会在诉讼程序中代理(《股份公司法》第78条第1款)。由此可以推论，K以6000欧元的数额提出了满足确定性要求的合法**诉讼申请**(Klageantrag)(《劳动法院法》第46条第2款第1句结合《民事诉讼法》第253条第2款第2项)。本案涉及的是给付之诉，提起给付之诉不需要特别的法律保护利益：法律保护需求是因为起诉的请求权没有实现。[8] 因为该诉满足实体判决要件，所以是合法的。

二、诉的有理由性

如果K对支付差额享有请求权，那么该诉就是有理由的。该请求权可能依据社会计划第3项结合《企业组织法》第112条第1款第3句、第77条第4款第1句成立。社会计划受到企业协议的影响(《企业组织法》第112条第1款第3句)。依据《企业组织法》第77条第4款第1句的规定，企业协议的规范对于其所覆盖的所有企业劳动者来说，就像团体协议规范一样，是自己的请求权基础。[9] K享有请求权的前提是，社会计划有效成立(→边码11之后)，并且满足社会计划相关规范的前提条件(→边码18之后)。 10

（一）存在社会计划(《企业组织法》第112条第1款第2句)

依据法律定义(Definition)，社会计划是关于补偿或者减轻因计划的企业变更对劳动者造成的经济损失的合意(《企业组织法》第112条第1款第2句)。所以，有效成立的社会计划需要存在公司与企业职工委员会之间生效的合意(→边码12)、存 11

---

[8] Thomas/Putzo/*Reichold* ZPO Vorbem. § 253 Rn. 26; Zöller/*Greger* ZPO Vor § 253 Rn. 18.

[9] DKKW/*Berg* BetrVG § 77 Rn. 14 f.; GK-BetrVG/*Kreutz* § 77 Rn. 186 ff.; *Junker* ArbR Rn. 715, 789; *Preis* ArbR II Rn. 2078; *Waltermann* ArbR Rn. 873.

在《企业组织法》第 111 条意义上的企业变更(→边码 13 之后),以及存在对补偿或减轻劳动者经济损失的措施达成一致的协议(→边码 17)。[10]

1. 以《企业组织法》第 112 条第 1 款第 1 句的形式达成一致

12 　　企业职工委员会与公司之间存在关于签订社会计划的法律行为的**意思一致**(Willenseinigung)。B 由其董事会有效代理(《股份公司法》第 78 条第 1 款)。从《企业组织法》第 112 条第 1 款第 2 句的措辞"同样适用于……"可以推论,社会计划应当以文字形式记录,并且应当由公司和企业职工委员会签字(《企业组织法》第 112 条第 1 款第 1 句)。基于此,签订合法有效的社会计划需要通过**书面形式**(Schriftform)(《民法典》第 126 条第 1 款),由于《企业组织法》第 112 条第 1 款第 1 句的明确表述,社会计划的书面形式不得被电子形式(《民法典》第 126a 条)代替。[11]此处可以假定,社会计划满足了形式要求。所以,本案只涉及有效的合意。

2. 《企业组织法》第 111 条意义上的企业变更

13 　　根据《企业组织法》第 112 条第 1 款第 2 句的法律定义,社会计划必须参照企业变更。与本条规定的文义相反("计划的"企业变更),是否即将执行企业变更[**计划的企业变更**(geplante Betriebsänderung)]或者在签订社会计划时是否已经开始企业变更[**进行的企业变更**(durchgeführte Betriebsänderung)],从意义上和目的上(劳动者保护)对社会计划的效力没有任何作用。[12]所

---

[10] BAG 24. 8. 2004-1 ABR 23/03, BAGE 111, 335 (342) = AP Nr. 174 zu § 112 BetrVG 1972 = NZA 2005, 302; GK-BetrVG/*Oetker* §§ 112, 112a Rn. 133.

[11] BAG 14. 11. 2006-1 AZR 40/06, BAGE 120, 173 = AP Nr. 181 zu § 112 BetrVG 1972 = NZA 2007, 339 (Rn. 17); DKKW/*Däubler* BetrVG §§ 112, 112a Rn. 66; Richardi/*Annuß* BetrVG § 112 Rn. 27, 78; Raab, FS Konzen, 2006, S. 719 (737).

[12] BAG 27. 6. 2006-1 ABR 18/05, BAGE 118, 304 = AP Nr. 14 zu § 112a BetrVG 1972 = NZA 2007, 106 (Rn. 13); DKKW/*Däubler* BetrVG §§ 112, 112a Rn. 65; GK-BetrVG/*Oetker* § 112, 112a Rn. 143, 146; *Hanau*, ZfA 1974, 89 (109).

以,这里仅取决于,从现有的案件事实中是否能够推断出存在企业变更。法律列出了五组可以视为企业变更的情况(《企业组织法》第 111 条第 3 句)。

(1) 整个企业的削减

本案例中,可能会涉及整个企业的削减(《**企业组织法**》**第 111 条第 3 句第 1 项第 1 种情形**)。B 与在其内部设立的企业职工委员会在一项利益补偿协议中约定,解雇企业 90 名劳动者中的 12 名,因为企业"贯穿全厂"存在人员过剩的问题。对整个企业的削减不仅可以通过减少**实体的生产工具**(sächlicher Betriebsmittel),还可以通过缩小人员规模的方式缩减**人力的生产工具**(personellen Betriebsmittel)。[13] 所以,解雇 12 个人以缩小人员规模原则上属于《企业组织法》第 111 条第 3 句第 1 项第 1 种情形。

14

(2) 大部分员工

为了避免过度扩大关于社会计划条款的适用,**不能将每次人员缩减**(nicht jeder Personalabbau)都认定为"整个企业"的削减。主流观点要求,在依据《企业组织法》第 111 条第 1 句时,人员缩减必须包括大部分员工。为了确认人员缩减是否包括"大部分"员工,需要以类推的方式适用**《解雇保护法》第 17 条第 1 款的上限**。[14] 通常应当涉及企业内 60 名劳动者或者在固定雇用劳动者人数的 10% 以上(《解雇保护法》第 17 条第 1 款第 1 句第 2 项)。本案即是这种情形。

15

---

[13] BAG 22.5.1979-1 AZR 848/76, AP Nr. 3 zu § 111 BetrVG 1972 m. Anm. *Birk* = SAE 1980, 85 (86 f.) m. Anm. *Reuter*; BAG 18.10.2011-1 AZR 335/10, BAGE 139, 342 = AP Nr. 70 zu § 111 BetrVG 1972 m. Anm. *Hamann* = NZA 2012, 221 (Rn. 12); DKKW/*Däubler* BetrVG §111 Rn. 68; MHdB ArbR/*Matthes* § 268 Rn. 18; *Kamanabrou* ArbR Rn. 2834.

[14] BAG 6.6.1978-1 AZR 495/75, AP Nr. 2 zu § 111 BetrVG 1972 (Bl. 2 R) m. Anm. *Ehmann* = BB 1978, 1650; BAG 9.11.2010-1 AZR 708/09, BAGE 136, 140 = AP Nr. 69 zu § 111 BetrVG 1972 = NZA 2011, 460 (Rn. 15); GK-BetrVG/*Oetker* § 111 Rn. 94 f.; Richardi/*Annuß* BetrVG § 111 Rn. 72 f.; ErfK/*Kania* BetrVG § 111 Rn. 11.

(3)《企业组织法》第 112a 条第 1 款的含义

16　　反对存在企业变更的观点可以从《企业组织法》第 112a 条第 1 款的上限推论:仅解雇劳动者就可以体现企业变更,所以只有通常至少涉及企业内 60 名劳动者或者全体员工人数的 20%时(《企业组织法》第 112a 条第 1 款第 1 句第 2 项),才可以适用《企业组织法》第 112 条第 4 款和第 5 款。这里显然不是这种情况。虽然本条规定的设定是为了刺激创造新的工作岗位,但是只能通过向调解机构申请调解限制**社会计划的强制执行性**(Erzwingbarkeit eines Sozialplans);公司与企业职工委员会自由制定社会计划的法律权力不受影响。[15] 虽然本案中没有达到《企业组织法》第 112a 条第 1 款中提及的上限,但是并不影响涉及企业变更的社会计划的存在。

3. 经济损失的补偿

17　　根据法律定义,社会计划的前提条件是包含关于补偿或者减轻经济损失的规则(《企业组织法》第 112 条第 1 款第 2 句)。如果缺少这种规则,那么涉及的——只要与企业变更有关的——**利益补偿**(Interessenausgleich)的法律影响就取决于当事人意愿与协商的内容[16](根据《企业组织法》第 112 条第 1 款第 3 句没有规范效应)。B 与企业职工委员会之间约定的离职补偿金是削减工作岗位的补偿或者减轻裁员造成的经济损失的"典型"方式。**小结**:B 与在其内部设立的企业职工委员会之间存在有效的社会计划。

(二)离职补偿金请求权的前提条件

18　　如果请求权人在社会计划的人事效力范围内丧失了劳动关系并且满足社会计划中确定的请求权构成要件,则成立基于社会

---

[15] AR/*Rieble* BetrVG §§ 112, 112a Rn. 12; ErfK/*Kania* BetrVG §§ 112, 112a Rn. 16; GK-BetrVG/*Oetker* §§ 112, 112a Rn. 314 f.; *Boemke/Titze*, DB 1999, 1389 (1390); *Otto*, ZfA 1985, 71 (75).

[16] GK-BetrVG/*Oetker* § 112, 112a Rn. 135.

计划的请求权。[17]

1. 社会计划的效力范围

B 与企业职工委员会约定的社会计划的人事效力范围,包括由于企业变更通过与企业经营状况有关的解雇而离开企业的员工(社会计划第 2 项)。**企业的员工**(Betriebsangehörige)K 收到了**与企业经营状况有关的解雇**(betriebsbedingte Kündigung)通知。她在利益补偿协议所列的名单上(参见《解雇保护法》第 1 条第 5 款)。因此可以推断,企业发出了**由于企业变更**(aufgrund der Betriebsänderung)而进行的与企业经营状况有关的解雇通知。此外还可以假定,K 在解雇通知送达后 3 周的除斥期间内没有提起解雇保护之诉。所以,她**退出**(Ausscheiden)劳动关系同样是可以确定的事实(《解雇保护法》第 4 条第 1 句以及第 7 条)。

2. 构成要件的前提

此外,还必须满足社会计划请求权构成要件的前提。[18] B 和企业职工委员会签订的社会计划保护赋予人事效力范围内的所有劳动者享有离职补偿金的请求权;离职补偿金的数额仅取决于**工作年限**(Beschäftigungsdauer)(社会计划第 3 项)。如果企业协议的当事人不得将工作年限作为计算离职补偿金数额的唯一标准,并且这种**违法**(Rechtsverstoß)行为会产生对更高的离职补偿金的请求权,那么向 K 支付的 24000 欧元不能完全满足《民法典》第 362 条第 1 款意义上的离职补偿金请求权(→边码 22 之后)。

在**计算工作年限时**(Ermittlung der Beschäftigungsdauer)只须考虑实际工作的时间(社会计划第 4 项第 1 句)。B 没有将 K 一年的**特别休假**(Sonderurlaub)认定为实际的供职时间。所以,如

---

[17] BAG 7.6.2011-1 AZR 34/10, BAGE 138, 107=AP Nr. 217 zu § 112 BetrVG 1972=NZA 2011, 1370 (Rn. 17); GK-BetrVG/*Kreutz* § 77 Rn. 187, 193.

[18] BAG 24.7.2008-8 AZR 205/07, AP Nr. 346 zu § 613a BGB=NZA 2008, 1294 (Rn. 40); GK-BetrVG/*Oetker* §§ 112, 112a Rn. 183.

果社会计划的解释不正确,或者社会计划第 4 项第 1 句是违法的,并且基于这种**违法**行为可以产生对差额的请求权(→边码 34 之后),那么 K 享有要求支付 3000 欧元的请求权。**父母育儿假**(Elternzeit)在计算工作年限时被明确排除(社会计划第 4 项第 2 句)。在此基础上,B 在计算离职补偿金时完全没有考虑将 1 年的父母育儿假纳入工作年限中。如果社会计划第 4 项第 2 句违反了强制性法律,而且这种**违法**行为会产生对差额的请求权,那么 K 享有要求额外支付 3000 欧元的请求权。

(三)工作年限作为唯一标准

22 离职补偿金的计算可能违法,因为企业协议当事人不得将工作年限作为计算离职补偿金的唯一标准。根据司法判例,企业协议当事人在制定社会计划时,为了确定与企业变更有关的损害补偿金,享有**较大的裁量空间**(weiten Spielraum)。他们原则上可以**自由**(grundsätzlich frei)决定,是否、在多大范围内以及通过什么方式补偿或者减轻经济损失。[19]

1.《企业组织法》第 75 条第 1 款和《一般平等待遇法》第 7 条第 1 款的关系

23 企业协议当事人规则裁量空间的**界限**(Grenzen),一方面是在对待企业员工时要符合《企业组织法》第 75 条第 1 款的基本原则,另一方面是当存在正当化事由时(《一般平等待遇法》第 8 条之后),依据《一般平等待遇法》第 7 条第 1 款,禁止基于该法第 1 条所列原因损害员工利益的行为。两种权利设定属于**相同位阶**(gleichrangig)[20]:《一般平等待遇法》不影响其他禁止歧视规则

---

[19] BAG 15.12.1998-1 AZR 332/98, AP Nr. 126 zu § 112 BetrVG 1972 = NZA 1999, 667 (669); BAG 14.8.2001-1 AZR 760/00, AP Nr. 142 zu § 112 BetrVG 1972 = NZA 2002, 451 (452).

[20] AR/*Rieble* BetrVG § 75 Rn. 11; Erman/*Belling/Riesenhuber* AGG § 2 Rn. 31; MüKoBGB/*Thüsing* AGG § 1 Rn. 12; GK-BetrVG/*Kreutz/Jacobs* § 75 Rn. 36.

或平等待遇的适用(《一般平等待遇法》第2条第3款)。

在适用法律时应当注意,《企业组织法》第75条第1款第1半句中的一般平等原则在《一般平等待遇法》中找不到对应条款;某种程度上,《企业组织法》的特殊评价才是判断标准[21](→边码25之后)。如果是关于《企业组织法》第75条第1款第2半句中特别的禁止歧视条款("尤其是……"),那就可以在《一般平等待遇法》第1条之后的条款中找到对应内容(禁止基于年龄或者性别的歧视),根据法律秩序的一致性原则,首先要考虑的是《一般平等待遇法》第1条之后的条款中详细规则的主要正当化事由(→边码30之后):根据《一般平等待遇法》第8条之后的条款,如果差别待遇原则上不违反《企业组织法》第75条第1款第2半句中特别的禁止歧视规定,那么该差别待遇就是正当的。[22]

2. 违反《企业组织法》第75条第1款结合《民法典》第134条

雇主与企业职工委员会应当注意,企业员工应当按照合法原则和公平原则被对待(《企业组织法》第75条第1款第1半句)。合法与公平要求重视**一般平等原则**(allgemeinen Gleichheitssatzes)[23],这是企业组织法上一般平等待遇基本原则的基础。[24]《企业组织法》第75条第1款的规定属于《民法典》第134条意义上的禁止性法规,违反该禁止性法规会导致社会计划规则的无效。[25]

---

[21] ErfK/*Schlachter* AGG § 2 Rn. 16; GK-BetrVG/*Kreutz*/*Jacobs* § 75 Rn. 36.

[22] ErfK/*Kania* BetrVG § 75 Rn. 6; HWK/*Reichold* BetrVG § 75 Rn. 15; GK-BetrVG/*Kreutz*/*Jacobs* § 75 Rn. 157.

[23] BAG 9.11.1994-10 AZR 281/94, AP Nr. 85 zu § 112 BetrVG 1972 = NZA 1995, 644 (646); BAG 12.11.2002-1 AZR 58/02, BAGE 103, 321 (324).

[24] BAG 30.9.2014-1 AZR 1083/12, BAGE 149, 195 = AP Nr. 46 zu § 87 BetrVG 1972 Ordnung des Betriebes m. Anm. *Otto* = NZA 2015, 121 (Rn. 15); GK-BetrVG/*Kreutz*/*Jacobs* § 75 Rn. 36.

[25] AR/*Rieble* BetrVG § 75 Rn. 9; ErfK/*Kania* BetrVG § 75 Rn. 12; HWK/*Reichold* BetrVG § 75 Rn. 2; DKKW/*Berg* BetrVG § 75 Rn. 142; GK-BetrVG/*Kreutz*/*Jacobs* § 75 Rn. 157.

(1) 社会计划的功能

26　　企业组织法上的一般平等待遇原则要求,考虑到企业变更可能造成的损害,对以相同方式**遭受损害的劳动者**(betroffene Arbeitnehmer)同等对待,对以不同方式遭受损害的劳动者区别对待(禁止违反平等的分组)。重要的是**社会计划离职补偿金的功能**(Funktion der Sozialplanabfindung):离职补偿金并不是对过去已经提供的劳务支付的额外工资,而是对可能因企业变更产生**未来损失**(künftigen Nachteile)的补偿或减轻,所以它的作用相当于**过渡桥梁**(Überbrückungshilfe)。[26]

(2) 工作年限的含义

27　　**在企业工作**(Beschäftigung im Betrieb)的年限对于判断劳动者因企业变更未来可能遭受哪些损害并不是唯一的决定因素。但是,为了计算离职补偿金的数额,工作年限仍然是合法的标准:一方面,**劳动者的能力**(Qualifikation eines Arbeitnehmers)会随着工作年限的增加逐步适应企业工作的需要,从而减少在其他雇主处的就业机会。另一方面,**所获财产的范围**(Umfang der erworbenen Besitzstände)原则上也要以工作年限为准。[27]

(3) 其他标准的含义

28　　在削减工作岗位时,遭受损害的程度也可以由年龄、赡养义务的范围以及其他标准来确定。但是,如果计算离职补偿金的标准非常复杂,以至于无法告知员工,那么社会计划就无法发挥其**和平功能**(Befriedungsfunktion)。重新计算工作年限具有**透明化**(Transparenz)的优点并且由于个案中对于可能产生的损害具有

---

[26] BAG 12. 11. 2002-1 AZR 58/02, BAGE 103, 321 (324); BAG 21. 10. 2003-1 AZR 407/02, BAGE108, 147 (151)= AP Nr. 163 zu § 112 BetrVG 1972=NZA 2004, 559; GK-BetrVG/*Oetker* § 112, 112a Rn. 378.

[27] BAG 14. 8. 2001-1 AZR 760/00, AP Nr. 142 zu § 112 BetrVG 1972 = NZA 2002, 451 (452); BAG 12. 11. 2002-1 AZR 58/02, BAGE 103, 321 (324 f.).

不确定性,重新计算工作年限也具有**实用性**(Praktikabilität)的优点。[28]

(4)放弃其他标准

如果遭受损害的劳动者在其他标准之下没有任何实质的不同,那么工作年限就可以作为计算离职补偿金数额的唯一标准。本案中,遭到解雇的劳动者介于30岁至40岁之间;从**年龄**(Lebensalter)的角度来说,他们在职场上有差不多相同的被介绍工作的机会。尽管企业协议当事人有较大的裁量空间,并且即使关于**家庭情况**(familiäre Situation)的区别不是特别大,但进一步的区分还是有必要的。[29] **小结**:工作年限作为社会计划离职补偿金计算的唯一标准并不违反合法与公平的基本原则(《企业组织法》第75条第1款)。

3. 违反《一般平等待遇法》第7条第1款结合第7条第2款

如果仅将工作年限作为计算离职补偿金的标准可能会构成对员工基于年龄的非法歧视(《**一般平等待遇法**》第7条第1款),那么社会计划的第3项可能无效(《**一般平等待遇法**》第7条第2款)。该法的**事务适用范围**(sachliche Anwendungsbereich)包括集体法上的协议中有关解雇条件的歧视(《一般平等待遇法》第2条第1款第2项)。社会计划就属于这种协议。[30]《一般平等待遇法》第7条之后条款的**人员适用范围**(persönliche Anwendungsbereich)同样可以开启:因为社会计划遭受损害的劳动者符合员工的定义(《一般平等待遇法》第6条第1款第1项),所以此处的关键在于,是否存在基于年龄的歧视且该歧视没有正当化事由(《一

---

[28] BAG 16.3.1994-10 AZR 606/93, AP Nr. 75 zu § 112 BetrVG 1972 = NZA 1994, 1147 (1148); BAG 12.11.2002-1 AZR 58/02, BAGE 103, 321 (325).

[29] 本案按照以下判决编写,以下判决与本案的观点一致:BAG 12.11.2002-1 AZR 58/02, BAGE 103, 321 (325)。

[30] Erman/*Belling/Riesenhuber* AGG § 2 Rn. 13; ErfK/*Schlachter* AGG § 2 Rn. 10; Palandt/*Ellenberger* AGG § 2 Rn. 4.

般平等待遇法》第 3 条、第 8 条之后)。

(1) 基于年龄的歧视

31　　可能会存在对年轻员工的**间接歧视**(mittelbare Benachteiligung)(《一般平等待遇法》第 3 条第 2 款第 1 半句)。社会计划第 3 项的规则不仅与年龄直接相关,还与员工的企业任职时间[企业归属性(Betriebszugehörigkeit)]有关。鉴于"年龄"的特征,它**表现出中立性**(dem Anschein nach neutral)。但是,企业任职时间长的劳动者通常比企业任职时间短的劳动者年纪大。所以,离职补偿金随着工作年限的增长通常——视集体约定的评判而定——会导致对《一般平等待遇法》第 3 条第 2 款第 1 半句意义上**年轻劳动者**(jüngerer Arbeitnehmer)的间接歧视。[31]

(2) 歧视的正当化

32　　对于间接歧视来说,缺少正当化事由已经是**构成要件**(Tatbestandsmerkmal)了(《一般平等待遇法》第 3 条第 2 款第 2 半句)。工作年限的标准是否因为合法标准事实上被正当化,以及实现该目标的手段是否合理和必要(《一般平等待遇法》第 3 条第 2 款第 2 半句),首先应当参照《一般平等待遇法》第 10 条第 3 句**第 6 项的特殊规定**。[32] 所以,从社会计划的目的出发,在《一般平等待遇法》第 3 条第 2 款第 2 半句的框架下也会产生正当化事由(→边码 26、29)。

33　　将工作年限作为唯一联系通常会导致《一般平等待遇法》第 10 条第 3 句第 6 项对年长劳动者的优待。如果基于其他标准无法明显区分员工,那么这种唯一联系是合法的。在制定社会计划

---

[31] BAG 26.5.2009-1 AZR 198/08, BAGE 131, 61 = AP Nr. 200 zu § 112 BetrVG 1972 = NZA 2009, 849 (Rn. 28 ff.); ErfK/*Schlachter* AGG § 10 Rn. 16; Palandt/*Weidenkaff* AGG § 10 Rn. 3; *Mohr*, RdA 2010, 44 (47 ff.)。

[32] MüKoBGB/*Thüsing* AGG § 3 Rn. 46 (《一般平等待遇法》第 3 条第 2 款和第 10 条规定的正当化事由标准是相同的)。

时,经济损失的类型化评估不仅是合法的,而且是不可避免的。[33] 由于不存在《一般平等待遇法》第 7 条第 1 款结合第 3 条第 2 款的情况,也就没有违反《企业组织法》第 75 条第 1 款第 2 半句的情形(基于年龄的歧视)。[34] **小结**:将工作年限作为唯一的标准既不违反《企业组织法》第 75 条第 1 款,又不违反《一般平等待遇法》第 7 条第 1 款。

(四)排除特别休假

离职补偿金的计算有可能违法,因为 K 一年的特别休假必须被认定为社会计划第 4 项第 1 句意义上的实际供职时间。如果**社会计划的解释**(Auslegung des Sozialplans)表明,企业协议当事人在计算工作年限时不想将无薪休假的时间排除在外(→边码 35 之后),或者社会计划第 4 项第 1 句的排除条款被认定为**无效**(Unwirksamkeit)(→边码 37 之后),就属于这种情况。

34

1. 社会计划排除条款的解释

作为企业协议的特别形式,社会计划应当像团体协议一样来解释。首先**文义**(Wortlaut)非常重要;企业协议当事人的真实意愿以及他们预期的规则的**意义和目的**(Sinn und Zweck),只有在社会计划中被明确表达出来时才予以考虑。此外,还需要考虑规则的整体联系,因为由此能够确定企业协议当事人的真实意愿并且能够知道规则的目的。[35]

35

---

[33] BAG 12.4.2011-1 AZR 743/09, AP Nr. 215 zu § 112 BetrVG 1972 = NZA 2011, 985 (Rn. 17 ff., 25); Erman/*Belling/Riesenhuber* AGG § 10 Rn. 26; GK-BetrVG/*Oetker* § § 112, 112a Rn. 379; *Witschen*, EWiR 2011, 797 (798).

[34] BAG 23.10.2010-1 AZR 832/08, AP Nr. 55 zu § 75 BetrVG 1972 = NZA 2010, 774 (Rn. 14); ErfK/*Schlachter* AGG § 2 Rn. 16; HWK/*Reichold* BetrVG § 75 Rn. 15; GK-BetrVG/*Kreutz/Jacobs* § 75 Rn. 157.

[35] BAG 15.12.1998-1 AZR 332/98, AP Nr. 126 zu § 112 BetrVG 1972 = NZA 1999, 667 (667 f.); BAG 13.10.2015-1 AZR 853/13, BAGE 153, 46 = AP Nr. 109 zu § 77 BetrVG 1972 = NZA 2016, 54 (Rn. 22); DKKW/*Berg* BetrVG § 77 Rn. 52; GK-BetrVG/*Kreutz* § 77 Rn. 71; MHdB ArbR/*Matthes* § 239 Rn. 5.

36 社会计划第 4 项第 2 句特别强调,父母育儿假对解释社会计划第 4 项第 1 句非常重要。在要求休父母育儿假时——与开始特别休假一样——会导致**劳动关系的中止**(→边码 6)。两种权利设定的共同之处在于,劳动者出于自己的意愿,在很长一段时间内缺席工作并且不存在"带薪不工作"的情形(例如,休息、生病时的工资继续支付)。基于体系的整体联系以及由此可识别的规则目的可以推论,"实际供职时间"的概念包含特别休假。[36]

2. 违反《企业组织法》第 75 条第 1 款结合《民法典》第 134 条

37 在计算社会计划离职补偿金时仅考虑实际供职时间的规则,可能会违反依据合法与公平基本原则对待企业所有员工的规定(《企业组织法》第 75 条第 1 款第 1 半句)。企业协议当事人是否能够不考虑劳动关系的中止,需要根据社会计划中**离职经济补偿金的功能**(Funktion der Abfindung)来判断:离职补偿金是为了补偿或者减轻由于丧失工作岗位可能引发的未来损失,所以它具有**过渡桥梁**的作用(→边码 26)。

(1)企业协议当事人的裁量

38 在制定社会计划时,企业协议当事人具有**较大的裁量空间**(→边码 22)。既然企业当事人具有裁量权,且在计算离职补偿金时只考虑实际供职于企业的时间,那么离职补偿金的数额究竟是否应当以工作年限为准,并不违反《企业组织法》第 75 条第 1 款第 1 半句的基本原则。[37] 所以,社会计划第 4 项第 1 句原则上的合法性源于**当然解释**(Erst-recht-Schluss):企业协议当事人在计算离职补偿金时完全不考虑工作年限的权利,也包括不考虑没

---

[36] 在本案改编的以下判决中,与判决无关的内容未作处理:BAG 12. 11. 2002-1 AZR 58/02, BAGE 103, 321 (325 f.)。

[37] BAG 30. 3. 1994-10 AZR 352/93, AP Nr. 76 zu § 112 BetrVG 1972 = NZA 1995, 88 (88 f.);同样适用于企业任职时间的标准:BAG 16. 3. 1994-1 AZR 606/93, AP Nr. 75 zu § 112 BetrVG 1972=NZA 1994, 1147 (1148)。

有实际供职的工作年限的权限。[38]

（2）家庭的保护（《基本法》第 6 条）

从 K 的家庭状况还可以推断，K 可能想要利用特别休假在父母育儿假结束之后（《联邦父母津贴与育儿假法》第 15 条第 2 款第 2 句）继续照顾她的儿子。根据《基本法》第 6 条第 1 款和第 2 款，**家庭与子女教育**（Familie und Kindererziehung）受到国家法律的特别保护。《基本法》第 6 条首先针对的是国家。由此产生的基本权利保护义务的受领人不仅仅是立法机关和行政机关，还包括在适用时需要解释《企业组织法》第 75 条第 1 款第 1 半句中"合法与公平原则"这一法律概念的法院。[39]

虽然企业协议当事人协商一致，不得制定损害父母保护子女的权利和义务的规则（《企业组织法》第 75 条第 1 款第 1 半句结合《基本法》第 6 条第 1 款和第 2 款），但是，企业协议当事人也没有义务将家庭生活中有子女的劳动者置于无子女的劳动者之前；家庭的基本法保护不包括"积极歧视"的规定。[40] 所以，K 并没有遭到歧视，而是由于家庭关系没有得到优待——这是合法的。**小结**：不考虑特别休假不违反《企业组织法》第 75 条第 1 款。

3. 违反《一般平等待遇法》第 7 条第 1 款结合第 7 条第 2 款

如果员工因《一般平等待遇法》第 1 条列举的事由遭到歧视，那么不考虑特别休假会违反该法第 7 条。有必要考虑的是基于性别的歧视。但是，特别休假可以由男性和女性基于不同的原因

---

[38] BAG 14.8.2001-1 AZR 760/00, AP Nr. 142 zu § 112 BetrVG 1972 = NZA 2002, 451 (452f.); BAG 12.11.2002-1 AZR 58/02, BAGE 103, 321 (325 f.).

[39] BAG 12.11.2002-1 AZR 58/02, BAGE 103, 321 (326 f.); BAG 21.10.2003-1 AZR 407/02, BAGE 108, 147 (150 f.) = AP Nr. 163 zu § 112 BetrVG 1972 = NZA 2004, 559.

[40] BAG 6.11.2007-1 AZR 960/06, BAGE 124, 335 = AP Nr. 190 zu § 112 BetrVG 1972 = NZA 2008, 232 (Rn. 26ff.).

提出请求,例如,申请"公休年"(公休)*。此外,大多数单亲母亲不会申请特别休假,因为通常无薪休假会增加她们的负担。所以,并没有证据显示存在违反《一般平等待遇法》第 7 条第 1 款的行为。**小结**:不考虑特别休假既不违反《企业组织法》第 75 条第 1 款也不违反《一般平等待遇法》第 7 条第 1 款。

(五)排除父母育儿假

42 　　因为没有考虑 K 一年的父母育儿假,所以离职补偿金的计算可能会违法。社会计划明确规定,在计算工作年限时不考虑**父母育儿假**(Elternzeit)。不存在偏离文义**解释**(Auslegung)的空间。[41] 如果社会计划第 4 项第 2 句的排除条款违反《企业组织法》第 75 条第 1 款或者女性劳动者在没有合法事由的前提下遭受性别歧视(《一般平等待遇法》第 7 条第 1 款),那么该排除条款应当被认定为无效。

1. 违反《企业组织法》第 75 条第 1 款结合《民法典》第 134 条

43 　　不考虑社会计划第 4 项第 2 句中的父母育儿假可能会违反《企业组织法》第 75 条第 1 款第 1 半句以及《基本法》第 6 条第 1 款和第 2 款(→边码 39)。父母育儿假的法定请求权体现了基于《基本法》第 6 条的国家的**保护与照顾义务**(Schutz - und Fürsorgepflicht)。在不丧失工作岗位的前提下,应当便于父母行使教育权。而社会计划第 4 项第 2 句中约定的规则,损害了这一目标。[42] 劳动者必须预料到,在计算社会计划的离职补偿金时

---

　　* 作者在原文中的表述为 in Gestalt eines „Sabbatjahres" („Sabbatical"),指的是基督教的安息人,随后这一表述演化为公共休息日。——译者注。

　　[41] 另见本案的改编判决:BAG 12.11.2002-1 AZR 58/02, BAGE 103, 321 (323)。

　　[42]　BAG 21.10.2003-1 AZR 407/02, BAGE 108, 147 (150 f.) = AP Nr. 163 zu § 112 BetrVG 1972=NZA 2004, 559; BAG 6.11.2007-1 AZR 960/06, BAGE 124, 335= AP Nr. 190 zu § 112 BetrVG 1972=NZA 2008, 232 (Rn. 28)。

并不将父母育儿假作为供职时间计算,由此劳动者是否申请父母育儿假的**自由决定权**(Freiheit ihrer Entscheidung)会受到限制。[43]

在父母育儿假期间可以不享受如13个月工资、公车使用或参与分红等**特殊给付**(Sonderleistungen)[44],但是在社会计划的离职补偿金中将父母育儿假认定为供职时间并不违反上述规定。**依据社会计划的功能**(Funktion des Sozialplans)——与特殊给付不同——离职补偿金不是额外工资,而是旨在补偿或者减轻因企业变更给劳动者带来的损失(→边码26)。这种损失对于申请父母育儿假的员工来说并不比其他员工小。[45] **小结**:不考虑父母育儿假违反合法与公平的基本原则(《企业组织法》第75条第1款第1半句结合《基本法》第6条第1款和第2款)。社会计划第4项第2句无效(《民法典》第134条)。44

2.违反《一般平等待遇法》第7条第1款及第7条第2款

如果不考虑父母育儿假基于《一般平等待遇法》第1条所列举的事由造成对员工的歧视,并且缺少正当化事由(《一般平等待遇法》第3条第2款、第8条之后),即违反《一般平等待遇法》第7条第1款。《一般平等待遇法》的事务适用范围与该法第7条之后条款的人员适用范围将被开启(→边码30)。45

(1)基于性别的歧视

需要考虑的是基于性别的间接歧视。如果根据表面上中立的标准,如女性在申请父母育儿假时由于性别因素以特别方式遭46

---

[43] BAG 12.11.2002-1 AZR 58/02, BAGE 103, 321 (327).

[44] BAG 12.1.2000-10 AZR 840/98, AP Nr. 223 zu § 611 BGB Gratifikation = NZA 2000, 944 (945); HWK/*Gaul* Vor §§ 15–21 BEEG Rn. 4; *Schlachter*, EWiR 2000, 761 (762).

[45] BAG 21.10.2003-1 AZR 407/02, BAGE 108, 147 (151) = AP Nr. 163 zu § 112 BetrVG 1972=NZA 2004, 559; s. auch BAG 12.11.2002-1 AZR 58/02, BAGE 103, 321 (327f.).

受了相较于男性的歧视,那么则存在基于性别的间接歧视(《一般平等待遇法》第 3 条第 2 款第 2 句)。根据官方数据,在申请法定父母育儿假的人群中,80% 是女性,20% 是男性。所以,不考虑父母育儿假以特别方式歧视了女性员工。[46]

(2)歧视的正当化

47　　间接歧视以缺少正当化事由为构成要件(《一般平等待遇法》第 3 条第 2 款第 2 半句)。**社会计划规则目标**(Ziel der Sozialplanregelung)排除因劳动者缺席而未向公司**提供创造价值**(Beitrag zur Wertschöpfung)的时间,只有在离职补偿金具有工资特征时才可能将歧视正当化;但是这里显然不是这种情况(→边码 26)。鉴于离职补偿金的**过渡功能**(Überbrückungsfunktion),向休过父母育儿假的员工提供的损害补偿,不得少于其他员工。[47] **小结**:不考虑父母育儿假违反了基于性别的间接歧视的禁止性规定(《一般平等待遇法》第 7 条第 1 款)。社会计划第 4 项第 2 句也基于上述原因无效(《一般平等待遇法》第 7 条第 2 款)。

(六)违法行为的法律后果

48　　如果——如本案中——全部规则中的其他规则依然合理有效,那么社会计划的**部分无效**(Teilunwirksamkeit)不影响其他部分的效力。[48] 如果因企业变更遭受损害的个体劳动者被社会计划给付排除,则会导致现有社会计划中提升**经济总额**(finanzielle

---

[46] DKKW/*Däubler* BetrVG §§ 112, 112a Rn. 104; offengelassen von BAG 12. 11. 2002-1 AZR 58/02, BAGE 103, 321 (328); BAG 21. 10. 2003-1 AZR 407/02, BAGE 108, 147 (151) = AP Nr. 163 zu § 112 BetrVG 1972 = NZA 2004, 559.

[47] BAG 12. 11. 2002-1 AZR 58/02, BAGE 103, 321 (328); BAG 21. 10. 2003-1 AZR 407/02, BAGE 108, 147 (151) = AP Nr. 163 zu § 112 BetrVG 1972 = NZA 2004, 559.

[48] BAG 18. 12. 1990-1 ABR 11/90, BAGE 66, 338 (355) = AP Nr. 98 zu § 1 TVG Tarifverträge: Metallindustrie = NZA 1991, 484; BAG 21. 10. 2003-1 AZR 407/02, BAGE 108, 147 (151) = AP Nr. 163 zu § 112 BetrVG 1972 = NZA 2004, 559; GK-BetrVG/*Oetker* §§ 112, 112a Rn. 166.

Gesamtvolumen)的规定无效。只要与此有关的雇主的额外负担与社会计划的总额相比不值一提,上述提升就应当被认可。[49] 即使这 12 名因企业变更而遭受解雇的员工平均工作年限可能只有 5 年,社会计划总额也就只有 180000 欧元。所以,将这一数额增加 3000 欧元完全不值一提。

三、结论

劳动法院将判决支持 K 数额为 3000 欧元的诉讼请求。驳回其他诉讼请求。

---

[49] BAG 17.2.1981-1 AZR 290/78, BAGE 35, 80 (93) = AP Nr. 11 zu § 112 BetrVG 1972 m. Anm. *Kraft* = NJW 1982, 69; BAG 12. 11. 2002-1 AZR 58/02, BAGE 103, 321 (328); GK-BetrVG/*Oetker* § § 112, 112a Rn. 393.

缩略语表

简写	全称	译文
a. A.	anderer Ansicht	不同观点
ABl.	Amtsblatt	公报
AcP	Archiv für die civilistische Praxis	《民法实务档案》
a. E.	am Ende	最后
AEUV	Vertrag über die Arbeitsweise der Europäischen Union	《欧盟运行模式条约》
a. F.	alte Fassung	旧版
AG	Aktiengesellschaft	股份公司
AGB	Allgemeine Geschäftsbedingungen	一般交易条款
AGG	Allgemeines Gleichbehandlungsgesetz	《一般平等待遇法》
AktG	Aktiengesetz	《股份公司法》
allg.	allgemein	主要的
Alt.	Alternative	其他
Anh.	Anhang	附录
Anm.	Anmerkung	注释
AP	Arbeitsrechtliche Praxis	《劳动法实务》
ArbG	Arbeitsgericht	劳动法院
ArbGG	Arbeitsgerichtsgesetz	《劳动法院法》
ArbSchG	Arbeitsschutzgesetz	《劳动保护法》

(续表)

简写	全称	译文
ArbZG	Arbeitszeitgesetz	《劳动时间法》
Art.	Artikel	条
Aufl.	Auflage	版
Aufs.	Aufsatz	论文
AÜG	Arbeitnehmerüberlassungsgesetz	《劳务派遣法》
AuR	Arbeit und Recht (Zeitschrift)	《劳动与法》(期刊)
ausf.	ausführlich	详细的
BAG	Bundesarbeitsgericht	联邦劳动法院
BAGE	Entscheidungen des Bundesarbeitsgerichts	《联邦劳动法院判决》
BB	Betriebs-Berater (Zeitschrift)	《企业顾问》(期刊)
BBiG	Berufsbildungsgesetz	《职业教育法》
BDSG	Bundesdatenschutzgesetz	《联邦数据保护法》
BEEG	Bundeselterngeld-und Elternzeitgesetz	《联邦父母津贴与育儿假法》
Begr.	Begründung; Begründer	理由;创始人
BetrAVG	Gesetz zur Verbesserung der betrieblichen Altersversorgung	《企业养老照顾改善法》
BetrVG	Betriebsverfassungsgesetz	《企业组织法》
BGB	Bürgerliches Gesetzbuch	《民法典》
BGBl.	Bundesgesetzblatt	《联邦法律公报》
BGH	Bundesgerichtshof	联邦最高法院
BGHZ	Entscheidungen des Bundesgerichtshofs in Zivilsachen	《联邦最高法院民事判例》
Bl.	Blatt	公报

(续表)

简写	全称	译文
BPersVG	Bundespersonalvertretungsgesetz	《联邦人事代表法》
BR	Bundesrat; Betriebsrat	联邦参议院；企业职工委员会
BR-Drs.	Bundesrats-Drucksache	联邦参议院印刷物
BSG	Bundessozialgericht	联邦社会法院
BSGE	Entscheidungen des Bundessozialgerichts	《联邦社会法院判决》
BT	Deutscher Bundestag	德国联邦议院
BT-Drs.	Bundestags-Drucksache	联邦议院印刷物
BUrlG	Bundesurlaubsgesetz	《联邦休息休假法》
BVerfG	Bundesverfassungsgericht	联邦宪法法院
BVerfGE	Entscheidungen des Bundesverfassungsgerichts	《联邦宪法法院判决》
BVerwG	Bundesverwaltungsgericht	联邦行政法院
BVerwGE	Entscheidungen des Bundesverwaltungsgerichts	《联邦行政法院判决》
BZRG	Bundeszentralregistergesetz	《联邦中央登记法》
bzw.	beziehungsweise	以及
DB	Der Betrieb (Zeitschrift)	《企业》(期刊)
ders.	derselbe	同样的
d.h.	das heißt	这是指……
Diss.	Dissertation	博士论文
DRiG	Deutsches Richtergesetz	《德国法官法》
DVO	Durchführungsverordnung	《实施条例》

(续表)

简写	全称	译文
EBRG	Gesetz über Europäische Betriebsräte	《欧洲企业职工委员会法》
EFZG	Entgeltfortzahlungsgesetz	《工资继续支付法》
EG	Europäische Gemeinschaft	欧洲共同体
EGMR	Europäischer Gerichtshof für Menschenrechte	欧洲人权法院
Einl.	Einleitung	导论
EMRK	Europäische Menschenrechtskonvention	《欧洲人权公约》
ES	Eingangssatz	起始句
ESC	Europäische Sozialcharta	《欧洲社会宪章》
EStG	Einkommensteuergesetz	《个人所得税法》
EU	Europäische Union	欧盟
EuGH	Gerichtshof der Europäischen Union	欧盟法院
EUV	Vertrag über die Europäische Union	《欧洲联盟条约》
EuZA	Europäische Zeitschrift für Arbeitsrecht	《欧洲劳动法期刊》
EuZW	Europäische Zeitschrift für Wirtschaftsrecht	《欧洲经济法期刊》
e. V.	eingetragener Verein	登记协会
EWiR	Entscheidungen zum Wirtschaftsrecht	《经济法判例》
EzA	Entscheidungssammlung zum Arbeitsrecht	《劳动法判例集》
f. , ff.	folgende	之后
FA	Fachanwalt Arbeitsrecht (Zeitschrift)	《劳动法专业律师》（期刊）
FAZ	Frankfurter Allgemeine Zeitung	《法兰克福汇报》
Fn.	Fußnote	脚注

(续表)

简写	全称	译文
FS	Festschrift	纪念文集
G	Gesetz	法
GBR	Gesamtbetriebsrat	总职工委员会
GdB	Grad der Behinderung	残疾程度
Gem-SOGB	Gemeinsamer Senat der Obersten Gerichtshöfe des Bundes	联邦最高法院联合审判委员会
GewO	Gewerbeordnung	《经营条例》
GG	Grundgesetz	《基本法》
GmbH	Gesellschaft mit beschränkter Haftung	有限责任公司
GmbHG	Gesetz betreffend die Gesellschaften mit beschränkter Haftung	《有限责任公司法》
GS	Großer Senat	大审判委员会
GVG	Gerichtsverfassungsgesetz	《法院组织法》
HGB	Handelsgesetzbuch	《商法典》
h. M.	herrschende Meinung	主流观点
Hrsg.	Herausgeber	发行人
hrsg.	herausgegeben	已出版的
Hs.	Halbsatz	半句
HzA	Handbuch zum Arbeitsrecht	《劳动法手册》
i. d. F.	in der Fassung	在文本中
i. d. R	in der Regel	原则上
i. e. S.	im engeren Sinne	狭义上的
InsO	Insolvenzordnung	《破产条例》

(续表)

简写	全称	译文
i. S.	im Sinne	意味着
i. S. d.	im Sinne der/des	在……的意义上
i. S. v.	im Sinne von	被定义为
i. V. m.	in Verbindung mit	结合
i. w. S.	im weiteren Sinne	广义上的
JA	Juristische Arbeitsblätter（Zeitschrift）	《法学学习公报》(期刊)
JArb-SchG	Jugendarbeitsschutzgesetz	《青少年劳动保护法》
JbArbR	Jahrbuch des Arbeitsrechts	《劳动法年鉴》
Jura	Juristische Ausbildung（Zeitschrift）	《法律培训》(期刊)
JuS	Juristische Schulung（Zeitschrift）	《法学教育》(期刊)
JZ	Juristen-Zeitung	《法律者报》
Kap.	Kapitel	章
KBR	Konzernbetriebsrat	集团职工委员会
KG	Kommanditgesellschaft	两合公司
krit.	kritisch	批判的
KSchG	Kündigungsschutzgesetz	《解雇保护法》
l.	links；linke	在左边；左侧
LAG	Landesarbeitsgericht	州劳动法院
LAGE	Entscheidungen der Landesarbeitsgerichte	《州劳动法院判决》
lit.	littera（Buchstabe）	字母(目)
Ls.	Leitsatz	原理
MiLoG	Mindestlohngesetz	《最低工资法》
MuSchG	Mutterschutzgesetz	《母亲保护法》

(续表)

简写	全称	译文
m. w. N.	mit weiteren Nachweisen	结合进一步的证据
Nachw.	Nachweise	证据
n. F.	neue Fassung	新版
NJ	Neue Justiz (Zeitschrift)	《新法学》(期刊)
NJOZ	Neue Juristische Online-Zeitschrift	《新法学线上期刊》
NJW	Neue Juristische Wochenschrift	《新法学周刊》
NJW-RR	NJW-Rechtsprechungs-Report	《新法学周刊》—司法判例报告
Nr(n).	Nummer(n)	第 n 项
n. v.	nicht veröffentlicht	未公布
NZA	Neue Zeitschrift für Arbeitsrecht	《新劳动法期刊》
NZA-RR	NZA-Rechtsprechungsreport	《新劳动法期刊》—司法判例报告
OHG	offene Handelsgesellschaft	无限公司
OLG	Oberlandesgericht	州高等法院
PersR	Der Personalrat (Zeitschrift)	《人事委员会》(期刊)
PersV	Die Personalvertretung (Zeitschrift)	《人事代表》(期刊)
PflVG	Pflichtversicherungsgesetz	《机动车持有人强制保险法》
r.	rechts; rechte	在右边; 右侧
R	Rückseite	背面
RAG	Reichsarbeitsgericht	帝国劳动法院
RAGE	Entscheidungen des Reichsarbeitsgerichts	《帝国劳动法院判决》
RdA	Recht der Arbeit (Zeitschrift)	《劳动之法》(期刊)

(续表)

简写	全称	译文
RegE	Regierungsentwurf	政府草案
RG	Reichsgericht	帝国法院
RGBl.	Reichsgesetzblatt	帝国法公报
RGZ	Entscheidungen des Reichsgerichts in Zivilsachen	《帝国法院民事判例》
Rn.	Randnummer(n)	边码
Rs.	Rechtssache	法律事件
Rspr.	Rechtsprechung	司法判例
s.	siehe	参见
S.	Seite	页
SAE	Sammlung Arbeitsrechtlicher Entscheidungen	《劳动法判例集》
SGB	Sozialgesetzbuch	《社会法典》
Slg.	Sammlung der Entscheidungen des Gerichtshofs der Europäischen Union	《欧盟法院判例集》
sog.	sogenannt	所谓的
Sp.	Spalte	栏
SprAuG	Sprecherausschussgesetz	《发言人委员会法》
StGB	Strafgesetzbuch	《刑法典》
StPO	Strafprozessordnung	《刑事诉讼法》
str.	streitig	有争议的
TV	Tarifvertrag	团体协议
TVG	Tarifvertragsgesetz	《团体协议法》
Tz.	Textziffer	条目

(续表)

简写	全称	译文
TzBfG	Teilzeit-und Befristungsgesetz	《非全日制与固定期限法》
u. a.	unter anderem; und andere(n)	另外;以及其他
UmwG	Umwandlungsgesetz	《公司改组法》
UStG	Umsatzsteuergesetz	《增值税法》
u. U.	unter Umständen	在……情况下
Var.	Variante	变体
vgl.	vergleiche	比较……,参见……
VO	Verordnung	条例
Vorbem.	Vorbemerkung	预告登记
VVaG	Versicherungsverein auf Gegenseitigkeit	互助保险协会
VVG	Versicherungsvertragsgesetz	《保险合同法》
WahlO	Wahlordnung	《选举条例》
z. B.	zum Beispiel	例如
ZfA	Zeitschrift für Arbeitsrecht	《劳动法期刊》
ZPO	Zivilprozessordnung	《民事诉讼法》
ZTR	Zeitschrift für Tarifrecht	《团体协议法期刊》

参考文献

简写	全称
APS/*Bearbeiter*	*Ascheid/Preis/Schmidt*, Kündigungsrecht – Groß-kommentar zum gesamten Recht der Beendigung von Arbeitsverhältnissen, 5. Aufl. 2017
AR/*Bearbeiter*	*Dornbusch/Fischermeier/Löwisch*, AR – Kommentar zum gesamten Arbeitsrecht, 8. Aufl. 2016
Brox/Rüthers/Henssler ArbR	*Brox/Rüthers/Henssler*, Arbeitsrecht, 19. Aufl. 2016
Däubler ArbeitskampfR/*Bearbeiter*	*Däubler*, Arbeitskampfrecht, Handbuch für die Rechtspraxis, 4. Aufl. 2018
Däubler/*Bearbeiter*	*Däubler*, Kommentar zum Tarifvertragsgesetz, 4. Aufl. 2016
DDZ/*Bearbeiter*	*Däubler/Deinert/Zwanziger*, Kündigungsschutzrecht, 10. Aufl. 2017
DKKW/*Bearbeiter*	*Däubler/Kittner/Klebe/Wedde*, BetriebsverfassungsgesetzKommentar für die Praxis, 15. Aufl. 2016
Dütz/Thüsing ArbR	*Dütz/Thüsing*, Arbeitsrecht, 22. Aufl. 2017
ErfK/*Bearbeiter*	Erfurter Kommentar zum Arbeitsrecht, hrsg. Von Müller-Glöge u. a., 18. Aufl. 2018
Erman/*Bearbeiter*	*Erman*, Handkommentar zum Bürgerlichen Gesetzbuch mit Einführungsgesetz in zwei Bänden, 15. Aufl. 2017

(续表)

简写	全称
Gamillscheg ArbR I	*Gamillscheg*, Kollektives Arbeitsrecht, Band I: Grundlagen/Koalitionsfreiheit/Tarifvertrag/Arbeitskampf und Schlichtung, 1997
Gamillscheg ArbR II	*Gamillscheg*, Kollektives Arbeitsrecht, Band II: Betriebsverfassung, 2008
GK-BetrVG/Bearbeiter	*Franzen u. a.*, Gemeinschaftskommentar zum Betriebsverfassungsgesetz, 11. Aufl. 2018
GWBG/*Bearbeiter*	*Grunsky/Waas/Benecke/Greiner*, Arbeitsgerichtsgesetz, Kommentar, 8. Aufl. 2014
Hanau/Adomeit ArbR	*Hanau/Adomeit*, Arbeitsrecht, 14. Aufl. 2007
Heckelmann/Franzen Fälle	*Heckelmann/Franzen*, Fälle zum Arbeitsrecht, 4. Aufl. 2015
vHHL/*Bearbeiter*	*von Hoyningen-Huene/Linck*, Kündigungsschutzgesetz, Kommentar, 15. Aufl. 2013
Hromadka/Maschmann ArbR I	*Hromadka/Maschmann*, Arbeitsrecht Band 1: Individualarbeitsrecht, 6. Aufl. 2015
Hromadka/Maschmann ArbR II	*Hromadka/Maschmann*, Arbeitsrecht Band 2: Kollektivarbeitsrecht und Arbeitsstreitigkeiten, 7. Aufl. 2017
HWK/*Bearbeiter*	*Henssler/Willemsen/Kalb*, Arbeitsrecht Kommentar, 7. Aufl. 2016
Jacobs/Krois Klausurenkurs II	*Jacobs/Krois*, Klausurenkurs im Arbeitsrecht II, 2014
Jauernig/Bearbeiter	*Jauernig*, Bürgerliches Gesetzbuch, Kommentar, 16. Aufl. 2015
Junker ArbR	*Junker*, Grundkurs Arbeitsrecht, 17. Aufl. 2018
Kamanabrou ArbR	*Kamanabrou*, Arbeitsrecht, 2017
Krause ArbR	*Krause*, Arbeitsrecht, 3. Aufl. 2015

(续表)

简写	全称
KR/*Bearbeiter*	*Becker u. a.*, Gemeinschaftskommentar zum Kündigungsschutzgesetz und zu sonstigen kündi gungsschutzrechtlichen Vorschriften, 11. Aufl. 2016
Löwisch/Caspers/ Klumpp ArbR	*Löwisch/Caspers/Klumpp*, Arbeitsrecht, Ein Studienbuch, 11. Aufl. 2017
Löwisch/Rieble	*Löwisch/Rieble*, Tarifvertragsgesetz, Kommentar, 4. Aufl. 2017
Möllers Arbeitstechnik	*Möllers*, Juristische Arbeitstechnik und wissenschaftliches Arbeiten, 8. Aufl. 2016
MHdB ArbR/ *Bearbeiter*	Münchener Handbuch zum Arbeitsrecht, 3. Aufl. 2009
MüKoBGB/ *Bearbeiter*	Münchener Kommentar zum Bürgerlichen Gesetzbuch, 7. Aufl. 2015ff.
*Oetker*Individualarbeitsrecht	*Oetker*, 30 Klausuren aus dem Individualarbeitsrecht, 10. Aufl. 2017
Oetker Kollektives Arbeitsrecht	*Oetker*, 30 Klausuren aus dem Arbeitsrecht–KollektivesArbeitsrecht, 9. Aufl. 2016
OSK Arbeitnehmerhaftung/*Bearbeiter*	*Otto/Schwarze/Krause*, Die Haftung des Arbeitnehmers, 4. Aufl. 2014
Otto ArbeitskampfR	*Otto*, Arbeitskampf-und Schlichtungsrecht, 2006
Palandt/*Bearbeiter*	*Palandt*, Bürgerliches Gesetzbuch, 77. Aufl. 2018
Preis ArbR I	*Preis*, Arbeitsrecht-Individualarbeitsrecht, 5. Aufl. 2017
Preis ArbR II	*Preis*, Arbeitsrecht-Kollektivarbeitsrecht, 4. Aufl. 2017
Preis Arbeitsvertrag/ *Bearbeiter*	*Preis*, Der Arbeitsvertrag – Handbuch der Vertragspraxis und-gestaltung, 5. Aufl. 2015

(续表)

简写	全称
Preis Klausurenkurs	*Preis*, Klausurenkurs Arbeitsrecht, Individualarbeitsrecht, 2012
PWW/*Bearbeiter*	*Prütting/Wegen/Weinreich*, Bürgerliches Gesetzbuch, 12. Aufl. 2017
Reichold ArbR	*Reichold*, Arbeitsrecht, 5. Aufl. 2016
Richardi/*Bearbeiter*	*Richardi*, Betriebsverfassungsgesetz, Kommentar, 15. Aufl. 2016
Schwab/Weth/*Bearbeiter*	*Schwab/Weth*, Kommentar zum Arbeitsgerichtsgesetz, 5. Aufl. 2018
Soergel/*Bearbeiter*	*Soergel*, Kommentar zum Bürgerlichen Gesetzbuch, 13. Aufl. 1999ff.
Staudinger/*Bearbeiter*	*von Staudinger*, Kommentar zum Bürgerlichen Gesetzbuch mit Einführungsgesetz und Nebengesetzen, einzeln datierte Lieferungen
Thomas/Putzo/*Bearbeiter*	*Thomas/Putzo*, Zivilprozessordnung, Kommentar, 38. Aufl. 2017
Tillmanns Klausurenkurs I	*Tillmanns*, Klausurenkurs im Arbeitsrecht I, 2. Aufl. 2015
Waltermann ArbR	*Waltermann*, Arbeitsrecht, 18. Aufl. 2016
Wiedemann/*Bearbeiter*	*Wiedemann*, Tarifvertragsgesetz, Kommentar, 7. Aufl. 2007
Zöller/*Bearbeiter*	*Zöller*, Zivilprozessordnung, Kommentar, 32. Aufl. 2018
Zöllner/Loritz/Hergenröder ArbR	*Zöllner/Loritz/Hergenröder*, Arbeitsrecht, 7. Aufl. 2015

术语索引

说明:在第三栏的数字中,Einl. 1 表示"导论,边码 1",1/1 表示"案例 1,边码 1",**加粗**突出显示的是术语主要的出处。

术语	翻译	出处
Abfindung	离职补偿金	12/17, 12/18, 12/20 – 12/22, 12/26 – 12/29, 12/31, 12/34, 12/37, 12/38, 12/43, 12/44, 12/47
Ablösungsprinzip	消除原则	6/44-6/46;**8/14, 8/15**
Abmahnung	警告	1/36,**1/43 – 1/45**;7/31;10/7, **10/33 – 10/40**, 10/46 – 10/48
Abwandlung	变形	Einl. 43, 48;3/4;4/40;8/2, 8/42, 8/43
Allgemeine Geschäftsbedingungen	一般交易条款	4/5-4/7,4/23-4/42
–Inhaltskontrolle	–内容审查	1/39;4/5,**4/6**, 4/18, 4/23-4/42
Allgemeines Gleichbehandlungsgesetz (s. auch Diskriminierung)	《一般平等待遇法》 (也可参见:歧视)	12/4, 12/23, 12/24, **12/30-12/33**,12/41, 12/42, 12/45-12/48
–Benachteiligung wegen des Alters	–年龄歧视	12/24,**12/30-12/33**
–Benachteiligung wegen des Geschlechts	–性别歧视	12/24,**12/41**, 12/42, **12/46**, 12/47

(续表)

术语	翻译	出处
-Rechtsfolgen	-法律后果	12/48
Änderungskündigung	变更解雇	Einl. 16；3/13
Änderungsvertrag	合同变更	3/13
Anfechtung	撤销	Einl. 60；**2/6-2/8**，2/10，2/11-2/30，2/31，2/32，2/36
-Rechtsfolge	法律后果	Einl. 60；2/31-2/36
Annahmeverzug (s. unter Arbeitgeber)	受领延迟(参见：雇主)	
Anscheinsbeweis	表见证据	8/38，8/39
Anspruchsgrundlage	请求权基础	**Einl. 9**，11，51，52，66，75；2/2；4/4；5/2，**5/9**，5/24，**5/36**；9/1，**9/5**，9/43；**10/6**，10/11；11/1；12/1，**12/3**，12/4，12/8
Anspruchsklausur	请求权案例考试	Einl. 7，9，**11-14**，50-52，85；2/1；3/1；4/1；5/2；8/1；9/1；10/7；11/1；12/1
Anspruchsmethode	请求权模型	Einl. 9
Antwortnorm	标准答案	Einl. 49，50
Arbeitgeber	雇主	Einl. 15，17
-Annahmeverzug	受领延迟	2/3
-Fragerecht	询问权	**2/9**，2/15-2/22
-Hauptpflicht (s. Vergütung)	主义务(参见：工资)	
-Nebenpflichten	从义务	Einl. 12
Arbeitgeberkündigung	雇主解除	Einl. 15；**1/6**；4/32

(续表)

术语	翻译	出处
Arbeitgeberverband (s. auch Koalition)	雇主联合会(也可参见:结社)	Einl. 17, 40; 6/43, 6/44, 6/46
Arbeitnehmer	劳动者	Einl. 12, 13
-als Verbraucher	作为消费者	4/7, 4/34
-Hauptpflicht	主义务	Einl. 13; 1/37; 3/1; 4/1, 4/10; 10/16, 10/40, 10/42
-Nebenpflichten	从义务	Einl. 13; 4/1, 4/26; 5/13, 5/24; 10/40
Arbeitnehmerbegriff	劳动者概念	Einl. 69; 1/3, 1/5, 1/8, 1/11-1/14, 1/19-1/31; 5/6, 5/34
Arbeitnehmerhaftung	劳动者责任	Einl. 42, 67; 5/2, 5/3, 5/16-5/31, 5/42
-betriebliche Tätigkeit	经营工作	5/18-5/20, 5/34
Arbeitsentgelt (s. Vergütung)	劳动报酬(参见:工作)	
Arbeitsgericht	劳动法院	Einl. 8, 15, 26, 39; 1/1-1/4, 1/9-1/16; 5/4-5/8, 5/33, 5/34; 6/10; 7/3, 7/8-7/10; 8/16; 9/2; 10/1-10/5, 10/8-10/10; 12/1, 12/7-12/9
-Beschlussverfahren	裁定程序	Einl. 3, 4; 10/1-10/5, 10/9; 12/1
-Klageantrag	诉的申请	Einl. 4; 1/16; 5/8; 7/10; 10/10; 12/9
-Rechtsweg	法律途径	1/2, 1/10, 1/11-1/14; 5/6, 5/34; 7/9; 9/2; 10/9; 12/8
-Urteilsverfahren	判决程序	Einl. 4; 1/1-1/4; 5/6; 7/9; 10/1, 10/2; 12/1, 12/8

(续表)

术语	翻译	出处
-Zuständigkeit	管辖权	1/1, 1/4, **1/11 - 1/15**; 5/6, 5/7, 5/34; 7/9; 10/9; 12/8
Arbeitskampf(s. auch Streik)	劳动斗争（也可参见：罢工）	Einl. 21, 50, 71; 9/4 - 9/6, 9/8, 9/11 - 9/14, **9/22 - 9/40**, 9/45 - 9/48, **9/50 - 9/52**, 9/54
-Begriff	概念	9/11
-Drittbetroffene	涉及第三方	9/4
Arbeitskampfrecht	劳动斗争法	Einl. 21; 9/1, 9/11
Arbeitskampfschäden	劳动斗争损害	9/12, 9/38
Arbeitsniederlegung(s. Streik)	工作中断（参见：罢工）	
Arbeitsort	工作地点	1/21, 1/24; 3/7, 3/8
Arbeitsunfähigkeit(infolge Krankheit)	劳动不能（由于生病）	Einl. 12; 2/2, 2/3, **2/34**, **2/35**
Arbeitsunfall	工伤	5/2, **5/34 - 5/44**
-betriebliche Tätigkeit	经营工作	5/39
Arbeitsverhältnis	劳动关系	Einl. 8, 17, 69
-Erfüllungsort	履行地	5/7
-fehlerhaftes	有瑕疵的	Einl. 60; **2/33 - 2/35**
-ruhendes	中止的	12/6, 12/36
Arbeitsvertrag	劳动合同	Einl. 14, 20, 69
-Anfechtung (s. dort)	-撤销	
-Auslegung	-解释	**3/15, 3/16**; 4/13 - 4/15, 4/17, 4/25
-Inhaltskontrolle	-内容审查	1/39; 4/5, **4/6**, 4/21 - 4/42

(续表)

术语	翻译	出处
Arbeitszeit	工作时间	1/20, 1/21, 1/22; 3/41; 11/1-11/3, 11/5-11/19, 11/25-11/49
-Lage	-状态	3/41; 11/16
-Verkürzung	-缩短	11/14-11/16
-Verlängerung	-延长	11/25, 11/29, 11/32
-Verteilung	-分配	11/16
Argumentation	论证	Einl. 71
-Nachvollziehbarkeit	-可理解性	Einl. 71
Argumentationsfehler	论证错误	Einl. 70
Argumentationshöhe	论证高度	Einl. 70
Aufbauschema	结构模式	Einl. 58, 67; 1/4, 1/6; 3/3; 4/6; 7/5, 7/7; 8/3; 10/5; 12/4
Aufhebungsvertrag	撤销合同	Einl. 17
Aufrechnung	抵销	Einl. 40; 2/6; 8/1, 8/23, 8/24, 8/36, 8/37, 8/40
Aufrechnungsverbot	抵销禁止	8/24
Ausbildung (s. Berufsbildung)	培训(参见:职业教育)	
Ausbildungskosten	职业培训费用	Einl. 13; 4/26, 4/39
Ausbildungsvergütung	接受职业教育期间工资	5/30
Ausbildungsvertrag (s. Berufsausbildungsvertrag)	职业培训合同(参见:职业教育合同)	
Auslegung	解释	Einl. 70

(续表)

术语	翻译	出处
-von Gesetzen	-法律的	Einl. 70, 78; 6/31, 6/44-6/46
-von Rechtsgeschäften	-法律行为的	Einl. 70; 3/15, 3/16; 4/6, 4/13-4/15, 4/17, 4/25
Austauschkündigung	交换解雇	**6/21**, 6/26, 6/27
Auszubildende (s. auch Berufsbildung)	学徒工（也可参见：职业教育）	Einl. 31; **4/14 - 4/20**; 5/6, **5/17**, 5/22, 5/30, 5/34
Beendigungskündigung (s. auch Kündigung)	终止性解雇（也可参见：解雇）	Einl. 16
Befristetes Arbeitsverhältnis	固定期限劳动关系	Einl. 17, 62
Benachteiligung (s. unter Allgemeines Gleichbehandlungsgesetz)	歧视（参见：一般平等待遇法）	
Bereicherungsanspruch (s. Ungerechtfertigte Bereicherung)	得利请求权（参见：不当得利）	
Berufsausbildung (s. Berufsbildung)	职业教育（参见：职业培训）	
Berufsausbildungsvertrag	职业教育合同	5/8, 5/12, 5/17, 5/22
Berufsbildung (s. auch Auszubildende)	职业培训（也可参见：学徒工）	2/9; 4/19, 4/20; 5/8; 6/16
Beteiligtenfähigkeit (s. auch Parteifähigkeit)	参与人资格（也可参见：当事人资格）	10/3, 10/5, 10/9

(续表)

术语	翻译	出处
Betrieb*	企业	4/28,4/32;5/18-5/20,5/41;6/31-6/34;10/15,10/19-10/21
Betriebliche Übung	企业惯例	3/13,3/20-3/24
Betriebsänderung	企业变更	3/33,3/34;12/4,12/11,12/13-12/17,12/19,12/22,12/26,12/27,12/48
Betriebsblockade	企业封锁	9/51,9/52
Betriebsbuße	企业罚金	10/46,10/47
Betriebsinhaberwechsel (s. Betriebsübergang)	企业主变更(参见:企业转让)	
Betriebsrat	企业职工委员会	Einl. 17,22,35,36,67;1/7;3/3-3/5,3/31-3/43;8/16-8/18;10/3,10/4,10/6,10/8-10/32;11/1,11/2,11/12-11/23;12/2,12/11-12/14,12/16-12/20
-Anhörungsrecht	-听证权	Einl. 22,35,36;1/6;6/3,6/11-6/14;7/12,7/16,7/28
-Aufhebungsanspruch	-撤销请求权	11/26-11/39
-Beratungsrecht	-建议权	Einl. 22

* 关于 Betrieb 一词,国内学者将其翻译为"企业"[参见〔德〕W·杜茨:《劳动法(2003年第5版)》,张国文译,法律出版社2005年版;〔德〕沃尔夫冈·多伊普勒:《德国劳动法(第11版)》,王倩译,上海人民出版社2016年版]、"工厂"(参见〔德〕雷蒙德·瓦尔特曼:《德国劳动法》,沈建峰译,法律出版社2014年版),以及"企业职能部门"(参见朱军:《〈劳动合同法〉第4条"平等协商确定"的再解读——基于劳动规章制度的中德比较》,载《华东政法大学学报》2017年第6期)。不同的翻译旨在区分 Betrieb(企业)与 Unternehmen(企业)二者在组织与功能上的不同,前者通常是比后者更小的组织单位。本书为了区分两者,同时也为了便于读者理解文义,将 Betrieb 译为企业,Unternehmen 译为公司。——译者注

(续表)

术语	翻译	出处
−Beschlussfassung	−决定	6/13, 6/14
−Beteiligungsrechte	−参与权	Einl. 18, 22；1/6；3/3, 3/4, 3/5, 3/9, 3/12, 3/32-3/42；6/3, 6/4, 6/11-6/14；7/12, 7/16, 7/28；10/33, 10/43, 10/46；12/2
−grobe Pflichtverletzung	−明显违反义务	10/6, 10/12；11/46-11/48
−Mitbestimmungsrecht (s. Mitbestimmung im Betrieb)	−共同决策权（参见：企业内的共同决策）	
−Mitwirkungsrecht	−协作权	Einl. 22
−Unterrichtungsrecht	−通知权	Einl. 22
−Widerspruchsrecht	−拒绝权	Einl. 22；9/26
−Zustimmungsverweigerungsrecht	−拒绝同意权	Einl. 22；8/16-8/18；11/30-11/37, 11/43, 11/44
Betriebsrisiko	经营风险	2/3；5/16
Betriebsstilllegung	关闭企业	Einl. 21, 71；1/8；6/3, 6/25, 6/35
−Arbeitskampfrecht	−劳动斗争法	Einl. 21, 71
Betriebsteil	企业部分	6/3, 6/31-6/34
Betriebsübergang	企业转让	Einl. 42；1/8；6/3, 6/5, 6/30-6/37, **6/40-6/48**
−durch Rechtsgeschäft	−通过法律行为	6/36
−Kündigung des Arbeitsverhältnisses	−劳动关系的解除	6/3, 6/37, 6/49
−Rechtsfolgen	−法律后果	6/37, 6/40-6/46
−Widerspruch des Arbeitnehmers	−劳动者的拒绝	6/47-6/50

(续表)

术语	翻译	出处
Betriebsvereinbarung	企业协议	Einl. 17, **20**, 50; 3/3, 3/10; 12/3, 12/6, **12/10**, 12/35
Betriebsverfassung (s. auch Mitbestimmung im Betrieb)	企业章程(也可参见:企业内的共同决策)	Einl. 20, **22**, 42; 3/31-3/43; 6/11-6/14; 7/16; 10/4, 10/6, 10/7, **10/12-10/32**; 11/1, 11/2, **11/12-11/49**; 12/2, 12/24
Bewerber	求职者	2/8
-Aufklärungspflichten	-说明义务	**2/9**, 2/13-2/22
Bezugnahmeklausel	参引条款	3/10, 3/17
Bundeszentralregister	联邦中央登记	2/18
Datenschutz	数据保护	10/42
Dienstvertrag	劳务合同	1/12, 1/20, 1/22, 1/24, 1/28
Direktionsrecht (s. Weisungsrecht)	指令权(参见:指示权)	
Diskriminierung	歧视	**12/23**, 12/24, 12/30-12/33, 12/41, 12/42, 12/45-12/48
-wegen des Alters	-基于年龄	12/24, **12/30-12/33**
-wegen des Geschlechts	-基于性别	12/24, **12/41**, 12/42, **12/46**, 12/47
Eigentum	财产;所有权	9/44, 9/46, 9/47
Eigentumsverletzung	财产损害;侵害所有权	9/44-9/47, 9/56
Eingruppierung	分组	3/5; **8/9**, 8/16-8/18, 8/27
Einigungsstelle	调解机构	3/33, 3/34, 3/37; **12/16**

术语索引 307

(续表)

术语	翻译	出处
Einstellung	招聘	2/20, 2/21, 2/23, 2/24; 3/5, 3/15; 8/18
Einstweiliger Rechtsschutz	暂时法律保护	11/43
Elterngeld	父母津贴	12/5
Elternzeit	父母育儿假	2/3;**12/5**, 12/6, 12/21, 12/36, 12/39, **12/42-12/47**
Entgelt (s. Vergütung)	报酬(参见：工资)	
Entgeltfortzahlung (im Krankheitsfall)	工资继续支付(生病时)	Einl. 12; 2/2, 2/3, 2/10; 3/26; 12/36
Erfüllung	履行	8/1, 8/6, 8/21, 8/23, 8/36
Ergebniskontrolle	结论审查	Einl. 61
Erholungsurlaub	年休假	Einl. 12;**1/23**;2/3；12/36
Erkrankung (s. Arbeitsunfähigkeit)	疾病(参见：劳动不能)	
Ermittlungsverfahren	刑事调查程序	2/19
Erlassvertrag	免除合同	4/16, 4/17
Eventualklage	辅助之诉	7/10
Eventualkündigung	辅助解雇	7/27
Fallabwandlung (s. Abwandlung)	案例变形(参见：变形)	
Fallfrage (s. Fragestellung)	案例问题(参见：提问)	
Feststellungsklage	确认之诉	Einl. 10; 1/16; 7/10
Fragestellung	提问	Einl. 25,**37-43**, 45, 85; 4/4

(续表)

术语	翻译	出处
Freiheit (s. Unternehmerfreiheit)	自由,自主(参见:经营自主)	
Friedenspflicht	和平义务	9/5, 9/6, **9/12-9/31**, **9/33-9/35**, 9/38, 9/39, 9/55
Gehalt (s. Vergütung)	报酬(参见:工资)	
Gericht für Arbeitssachen (s. Arbeitsgericht)	处理劳动事务的法院(参见:劳动法院)	
Gesetzesumgehung	法律规避	6/25-6/27
Gestaltungsrecht	形成权	2/6; 3/7; 10/41
Gewerbebetrieb (s. Unternehmen)	企业经营,中小型企业(参见:公司)	
Gewerkschaft (s. auch Koalition)	工会(也可参见:结社)	Einl. 17; 6/44-6/46; 8/8; 9/1, 9/4, 9/6, **9/11-9/13**, 9/29-9/40, 9/50; 10/4
Gleichbehandlungsgrundsatz	平等原则	12/23, **12/25**, **12/26**
Graphik	图表	Einl. 44, 45, 85
Grundrechte	基本权利	4/28, 4/32; 6/20, 6/21; 7/37; **10/44**, **10/45**; **12/39**, **12/40**
Gruppenarbeit	小组工作	3/39, 3/40
Günstigkeitsprinzip	有益原则	Einl. 20; 8/3, 8/14, 8/15
Gutachten	鉴定式报告	Einl. 23, 24, 28, 37, 38, 55, **62-84**, 85
-äußere Gestalt	-外部表现	Einl. 83, 85
-Konzeption	-解决方案	Einl. 56
-Niederschrift	-撰写	Einl. 56, 62-85

(续表)

术语	翻译	出处
-Sprache	-语言	Einl. 84, 85
Gutachtenstil	鉴定式	Einl. 72, 73-79, 82
Haftung des Arbeitnehmers (s. Arbeitnehmerhaftung)	劳动者的责任(参见:劳动者责任)	
Handelsrecht	商法	1/8, 1/20, 1/21, 1/24, 1/30
Hilfsgutachten	辅助鉴定式报告	Einl. 82; 1/5; 7/5
Individualarbeitsrecht	个体劳动法	Einl. 17, 42; 10/7
Inhaltskontrolle (s. unter Arbeitsvertrag)	内容审查(参见:劳动合同之下)	
Innerbetrieblicher Schadensausgleich (s. Arbeitnehmerhaftung)	企业内的损害补偿(参见:劳动者责任)	
Interessenausgleich (§ 112 BetrVG)	利益衡量(《企业组织法》第112条)	3/33; 12/14, 12/17, 12/19
Koalition	结社	Einl. 19; 8/29
Koalitionsfreiheit (s. auch Tarifautonomie)	结社自由(也可参见:团体自治)	8/29; 9/29, 9/30, 9/37
Kollektives Arbeitsrecht	集体劳动法	Einl. 17, 18-22, 85; 9/1; 10/1, 10/3
Krankheit (s. Arbeitsunfähigkeit)	生病(参见:劳动不能)	

(续表)

术语	翻译	出处
Kündigung (s. auch Kündigungs-erklärung)	解雇,解除（也可参见:解雇通知）	Einl. 4, 6, 8, 10, 15, 16, 18, 33, 42, 53; **1/6**, 1/17-1/19, 1/33-1/42; 2/6, 2/28, 2/34; 3/5;**4/9-4/15**, 4/16, 4/30, 4/32, 4/33; **6/7-6/21**, 6/24-6/28, 6/37-6/39, 6/49, 6/50; 7/8, **7/12-7/38**;10/38
-Anhörung des Betriebsrats	-企业职工委员会的听证	1/6; 3/5; 6/3, **6/11-6/14**; 7/12, **7/16**, 7/28
-außerordentliche	-非正常的	Einl. 16; 2/28; 7/1, 7/3, 7/4, **7/5**, **7/10-7/25**, 7/38
-betriebsbedingte	-与企业经营状况相关的	Einl. 16; 1/8; 4/12; 6/1, **6/18-6/27**;12/19
-Erklärung (s. Kündigungserklärung)	-通知(参见:解雇通知)	
-fristlose (s. Kündigung, außerordentliche)	-无固定期限(参见:解雇,非正常的)	
-ordentliche	-正常的	Einl. 16;**1/6**; 7/1, 7/3, 7/4, 7/10, 7/14, 7/15, **7/26-7/37**,7/38
-personenbedingte	-与劳动者个人相关的	7/22,7/30
-Ultima-ratio-Prinzip	-最后手段原则	1/43-1/45; 10/34
-unternehmerische Entscheidung	-公司的决定	**6/20**,6/21-6/25
-Unwirksamkeitsgründe	-无效事由	Einl. 10, 53; 1/5, **1/6**;6/2, 6/3, 6/7, **6/9-6/38**; 7/15

(续表)

术语	翻译	出处
-verhaltensbedingte	-与劳动者行为有关的	Einl. 16; 1/8,1/34-1/42;7/22, 7/30-7/32
-wegen eines Betriebsübergangs	-基于企业转让	6/3,6/37,6/49
Kündigungserklärung	解雇通知	Einl. 10, 33, 35, 59; 1/6, 1/17, 1/33, 1/41; 4/12; 6/2, 6/7, **6/8**, 6/10-6/12; 7/5, 7/12, **7/13**, 7/14-7/17, **7/27**
-Schriftform (s. dort)	-书面形式	
-Zugang	-送达	1/6, **1/17**, 1/33, 1/41; 4/12; 6/2, **6/8**, 6/10, 6/11; **7/5**, **7/13**, 7/14-7/16, **7/27**
Kündigungserklärungsfrist	解雇通知期间	7/17-7/20, 7/33
Kündigungsfrist	解雇通知期间	1/6,1/7; 6/4
Kündigungsschutz	解雇保护	Einl. 6, 8, 15; 1/6; **6/15-6/38**, 6/49-6/51; 7/1
-allgemeiner	--般的	Einl. 15; 1/6, 1/18, **1/32-1/45**; 4/12; **6/15-6/27**
-Ausschlussfrist (s. Kündigungsschutz, Klagefrist)	-除斥期间(参见:解雇保护,起诉期间)	
-besonderer	-特殊的	Einl. 15, 67; 1/6, 1/7, 1/18;6/28-6/37
-Klagefrist	-起诉期间	1/33; 6/2, **6/10**, 6/17, 6/29; 7/3, 7/8, **7/14**, **7/15**; 12/19
-Schwellenwert	-上限,下限	Einl. 35; 1/32; 6/16; **7/29**
-Sozialauswahl	-社会选择	6/4,6/50,6/51

(续表)

术语	翻译	出处
-Wartezeit	-等待期间	1/32；6/16；**7/29**
Kündigungsschutzklage	解雇保护之诉	Einl. 6, 10, 53；1/10-1/16；4/12；6/2, **6/10**；7/1, 7/3, 7/4, 7/8-7/10, 7/13, 7/14；12/19
-Zulässigkeit	-合法性	Einl. 69；1/10-1/16；6/2；7/3, **7/9, 7/10**
Kündigungstermin	解雇通知期间	4/11
Leistungsklage	给付之诉	Einl. 9；5/8；12/9
Lohn (s. Vergütung)	报酬(参见:工资)	
Lohn ohne Arbeit	无劳动的报酬	Einl. 52；2/2, **2/3**, 2/10
Lösungsschema (s. Aufbauschema)	论证提纲(参见:提纲)	
Lösungsskizze	答案草稿	Einl. 38, 45, 47, **55-61**,
Mehrfachprüfung	多次审查	Einl. 82
Merkzettel	草稿纸	Einl. 47
Minderjährige	未成年人	5/8
Mitbestimmung im Betrieb (s. auch Betriebsrat；Betriebsverfassung)	企业内的共同决策(也可参见:企业职工委员会；企业章程)	Einl. 22；3/5, **3/37-3/43**；5/13；10/6, 10/9, 10/12, **10/14-10/32**, 10/43；11/2, **11/12-11/23**, 11/41, 11/42
-Arbeitszeit	-工作时间	3/41；**11/14-11/16**, 11/25, 11/32-11/36
-Gruppenarbeit	-小组工作	3/39, 3/40
-Ordnung des Betriebs	-企业的规章	**3/38**；10/16-10/18
-technische Einrichtung	-技术设备	10/26-10/28

(续表)

术语	翻译	出处
Mitbestimmung im Unternehmen (s. Unternehmensmitbestimmung)	公司内的共同决策（参见：公司共同决策）	
Mutterschutz	母亲保护	Einl. 67; 2/3
Normenpyramide	规范金字塔	Einl. 20, 50
Notwendigkeitsprinzip (s. auch Schwerpunktbildung)	必要性原则（也可参见：重要观点构成）	Einl. 65-67
Öffentlicher Dienst	公共服务	2/20
Parteifähigkeit	当事人资格	1/4, 1/16; 5/8; 7/9; 10/3; 12/8
Pendelblick	钟摆式思考	Einl. 45
Persönlichkeitsrecht	人格权	2/16; 10/13, **10/44**, **10/45**
Pflichtverletzung	违反义务	5/3, 5/5, **5/10-5/15**, 5/42; 9/6, **9/40**, **9/53-9/55**
Postulationsfähigkeit	诉讼行为能力	1/4; **7/10**; 10/5
Prozessfähigkeit	诉讼能力	1/4; **5/8**; **7/9**; 10/5; 12/8
Prozessurteil	程序判决	1/2
Rechtsansichten der Beteiligten	参与人的法律观点	Einl. 32, 36; 8/4; 9/2
Rechtsbindungswille	受法律约束的意愿	3/15, 3/23
Rechtslage (Frage nach der ~)	法律状况（的问题）	Einl. 41, 48; 6/2
Rechtsstaatsprinzip	法治国原则	8/30
Rechtswegerschleichung	法律途径歪曲	1/12

(续表)

术语	翻译	出处
Richterrecht	法官法	Einl. 50；9/12
Rücktritt	撤回	2/6
Rückzahlungsvorbehalt	返还权	5/4, 5/8-5/10, 5/13-5/23, 5/25-5/33, 5/36, 5/37, 5/40-5/43
Sachurteil	实体判决	1/2
Sachverhalt	案件事实	Einl. 26-32, 34-41, 45-47, 67, 85
Sachverhaltsquetsche	案件事实变形	Einl. 25
Sachverhaltstypen	案件事实类型	Einl. 29
Schadensersatz	损害赔偿	Einl. 14, 67；2/8；5/1-5/3, 5/5, 5/6, **5/9-5/15**, 5/31, 5/35；9/1, 9/2, **9/4-9/7**, 9/32, 9/36, **9/40-9/47**, 9/50, 9/53-9/56
-bei Anfechtung	-在撤销时	2/8
Schema（s. Aufbauschema）	模式（参见：结构模式）	
Schematismus	结构主义	Einl. 58
Schmerzensgeld	精神损害抚慰金	5/33, **5/35**, 5/43, 5/44
Schriftform	书面形式	Einl. 35, 59
-Betriebsvereinbarung	-企业协议	12/12
-Kündigungserklärung	-解雇通知	1/6, **1/17**, 1/33；4/12；6/2, **6/8**, 6/10；7/5, **7/13**, **7/14**, 7/15, **7/27**
-Sozialplan	-社会计划	12/12
-Tarifvertrag	-团体协议	8/8, 8/13；9/17-9/20

术语索引 315

(续表)

术语	翻译	出处
Schriftformklausel	书面形式条款	3/14
Schwerbehinderte Menschen	严重残疾的人	Einl. 67
Schwerpunktbildung (s. auch Notwendigkeitsprinzip)	重要观点构成(也可参见:必要性原则)	Einl. 63-69
Selbständige	自雇者	1/8, 1/24, 1/28, 1/30
Sonderurlaub	特别假期	12/6, 12/21, 12/34, 12/36, 12/39-12/41
Sozialauswahl (s. unter Kündigungsschutz)	社会选择(参见:解雇保护之下)	
Sozialplan	社会计划	Einl. 22; 3/5; 12/3, 12/4, 12/10 - 12/22, 12/25 - 12/38, 12/42-12/48
-Erzwingbarkeit	-强制执行性	12/16
Sozialwidrigkeit (s. Kündigungsschutz, allgemeiner)	社会违法性(参见:解雇保护,一般的)	
Stellvertretung	代理	1/6, 1/16, 1/17; 3/8; 6/8; 7/5, 7/13 - 7/15, 7/27; 10/37; 12/9
Streik (s. auch Arbeitskampf)	罢工(也可参见:劳动斗争)	9/3, 9/4, 9/7, 9/11-9/13, 9/25-9/41, 9/42, 9/45-9/48, 9/50-9/52
-Begriff	-概念	9/11
-Urabstimmung	-书面同意	9/12
Streikaufruf (s. Streikbeschluss)	召集罢工(参见:罢工决定)	

(续表)

术语	翻译	出处
Streikbeschluss	罢工决定	9/3, 9/4, **9/33**, **9/45**, 9/50
Streikschäden (s. Arbeitskampfschäden)	罢工损害（参见：劳动斗争损害）	
Streikverbot	禁止罢工	9/50
Streitgegenstand	争议焦点	Einl. 39；7/4, 7/10
Subsumtion	涵摄	Einl. 76, 78, 81
Tarifautonomie	团体自治	Einl. 20；8/8, 8/14, **8/29**, 8/31；9/16, 9/22, 9/29, 9/37, 9/50
Tariffähigkeit	团体协议能力	8/3, **8/8**, 8/12；9/12, 9/13, **9/31**
Tarifgebundenheit	受团体协议约束	Einl. 78；6/42, 6/43, **6/45**, **6/46**；8/2, 8/7, **8/9**, 8/10, 8/12, 8/22, 8/34
Tarifkonkurrenz	团体协议竞合	Einl. 20
Tarifpluralität	团体协议多元化	Einl. 20；**7/45** *
Tarifvertrag	团体协议	Einl. 17, 20, 50, 78；3/3, 3/10, 3/11；6/39, **6/41-6/46**；8/1-8/18, 8/20-8/22, 8/25-8/36, 8/42, 8/43；**9/2-9/5**, 9/12-9/27, 9/30, 9/31, 9/39, 9/45, **9/54-9/56**
-Allgemeinverbindlicherklärung	-一般约束声明	6/42
-Geltungsbereich	-适用范围	8/3, 8/4, **8/10**；9/17
-Inhaltsnorm	-内容规范	8/2, 8/7, **8/9**

---

* 本书的案例7中并没有边码45，但是该术语出现在案例6的边码45中。——译者注

(续表)

术语	翻译	出处
-Laufzeit	-期限	**8/10**, 8/30, 8/34; 9/3, 9/15, 9/23, 9/39
-Nachbindung	-继续约束	Einl. 20
-Nachwirkung	-继续效力	Einl. 20; 8/3-8/5, **8/10-8/13**, 8/21, 8/30, 8/33, 8/34
-normative Geltung	-规范效力	8/7, 8/9, 8/10, **8/12**, 8/22, 8/42, **8/43**
-Rückwirkung	-溯及力	8/4, 8/5, 8/13, 8/21, 8/25, **8/26-8/35**, 8/36, 8/42, 8/43
-Schutzwirkung zugunsten Dritter	-对第三人有利的保护作用	9/54-9/56
-Teilkündigung	-部分解除	9/3, 9/15-9/21, 9/23
Tarifvertragsrecht	团体协议法	Einl. 20; 6/41-6/46; 8/4
Tarifzuständigkeit	团体协议权限	8/3, **8/8**
Tatbestand	事实构成	Einl. 26
Tatbestandsmerkmal	构成要件	Einl. 26, 66, 75, 78
Tatkündigung	犯罪解雇	7/6, 7/18, 7/20, 7/22
Teilzeit-und Befristungsgesetz	非全日制与固定期限法	11/3-11/13, 11/19
-Anwendungsbereich	-适用范围	11/4
-Wartezeit	-等待期间	11/4, 11/5
-Zustimmungsfiktion	-拟制同意	11/9-11/11
Teilzeitanspruch	非全日制请求权	11/3-11/24
-Ankündigungsfrist	-通知期间	11/8
Teilzeitbeschäftigte	非全日制劳动者	Einl. 35

（续表）

术语	翻译	出处
Übermaßverbot	禁止过度侵害	9/13
Überzahlung	超额支付	8/38-8/40
Ultima-ratio-Prinzip（s. auch Verhältnismäßigkeit）	最后手段原则（也可参见：比例原则）	
-Arbeitskampf	-劳动斗争	9/13
-Kündigung	-解雇	1/45；10/34
Umgruppierung	换组	3/5；8/16-8/18
Ungerechtfertigte Bereicherung	不当得利	2/33；4/37，4/38；8/25，8/35-8/43
Unschuldsvermutung	无罪推定	2/19
Unterlassungsanspruch	不作为请求权	Einl. 9, 11；3/34；10/6，10/10，10/11-10/14，10/23，10/32；11/40-11/48
Unternehmen	公司	1/28，1/30；3/33，3/35；6/33；9/9-9/11，9/31，9/32，9/34，9/48-9/52，9/56；10/44
Unternehmensmitbestimmung	公司共同决策	Einl. 19
Unternehmer（s. auch Arbeitgeber）	企业主（也可参见：雇主）	1/8，1/30
Unternehmerfreiheit	经营自由，经营自主	1/8；6/1，6/20，6/24，6/25；10/24
Unwirksamkeitsgründe（s. unter Kündigung）	无效事由（参见解雇之下）	
Unzulässige Rechtsausübung（s. auch Verwirkung）	非法行使权利（也可参见：失效）	9/25，9/26

(续表)

术语	翻译	出处
Urlaub（s. Erholungsurlaub）	休假（参见：休息休假）	
Urteilsstil	判决式	Einl. 72,79,80,81
Variante（s. Abwandlung）	变体（参见：变形）	
Verbotsgesetz	禁止性法规	12/25
Verbraucher	消费者	4/7,4/34
Verdachtskündigung	嫌疑解雇	7/6,7/7,7/20,7/22-7/25
Vergütung	工资	Einl. 9,12,49；2/10,2/32；3/1；4/1；**8/1,8/2**,8/6,8/9,8/18,8/20,8/25,8/35,8/38,8/42,8/43；12/26,12/44,12/47
-Aufrechnungsverbot	-禁止抵销	8/24
-Pfändungsschutz	-抵押保护	2/33；8/24
Verhältnismäßigkeit（s. auch Ultima-ratio-Prinzip）	比例原则（也可参见：最后手段原则）	1/43-1/45；7/31；9/13
Verschulden	过错	1/38；2/12,**2/24**；5/15,5/16,**5/21-5/30**,5/31,5/35,5/42；8/36；9/4,**9/32-9/37**,9/40,9/43；10/34
-Bezugspunkt	-连接点	5/26-5/28
-erforderliche Sorgfalt	-必要的注意义务	1/38
Versetzung	调岗	3/5,**3/35**,**3/36**；8/18；10/43
Vertragsstrafe	违约金	1/39,1/40
Vertrauensschutz	信赖保护	8/28-8/34；9/25,9/26

(续表)

术语	翻译	出处
Vertretung (s. Stellvertretung)	代表(参见:代理)	
Verwirkung	失效	7/34-7/37
Verzicht	放弃	4/16；9/28
Vorläufiger Rechtsschutz (s. Einstweiliger Rechtsschutz)	临时的法律保护 (参见:暂时的法律保护)	
Weisung	指示	Einl. 13；1/19, 1/22；**3/7-3/13**, 3/25, 3/30-3/32, 3/34, 3/42；**5/13**, 5/27, 5/28；10/20, **10/41-10/45**
Weisungsrecht	指示权	Einl. 18；**1/20**, 1/30；3/2, 3/3, 3/7-3/13；**5/13**, 5/16；**10/41**, 10/44
Werkvertrag	承揽合同	1/20, 1/22, 1/24
Wesentlichkeitsprinzip	实质性原则	Einl. 68, 69
Willenserklärung	意思表示	Einl. 33, 70；2/6 2/23, 2/25, 2/28；10/36
-rechtsgestaltende	-权利形成的	2/6
Wirksamkeitsklausur	效力性案例考试	Einl. 8, 10, **15-17**, 50, 53, 85；1/1；6/1；7/1
Zeitkollisionsregel	时间冲突规则	8/14
Zeittabelle	时间表	Einl. 44, 45, 85；2/4, **2/5**；4/2, **4/3**；7/1, 7/2；8/4, 8/5；9/2, **9/3**
Zitierweise	引用方式	Einl. 54
Zurückbehaltungsrecht	留置权	Einl. 40
Zusatzfrage	附加问题	Einl. 43；10/7

(续表)

术语	翻译	出处
Zuständigkeit (s. unter Arbeitsgericht)	管辖权（参见劳动法院之下）	

译后记

刚拿到这本书时我就开始幻想如何写译后记,八年后的今天我终于动笔了!

我和这本书的缘分颇深却对它深感愧疚。2014 年我在德国科隆大学读 LL. M.,当时劳动法课程的教材就是阿博·容克尔教授撰写的《劳动法基础教程》,本书则是与该教材配套的案例研习。2016 年我开始读博,与出版社签完翻译合同没多久我就赴美访学,从那时起才真正开始翻译这本书。我的美国导师 Mathew Finkin 教授精通德语,我曾几度与他讨论本书中的一些案例,并分别就中、美、德的相关情况展开讨论。每次谈毕,他总是说容克尔教授的书非常通俗易懂,适合被翻译并广为流传。翻译没多久,我又开始陷入毕业论文的高压,翻译工作又中断了。毕业入职后赶上疫情,在 2020 年春节后被封闭在家的 40 多天里,我终于一鼓作气完成了本书的翻译初稿!我笑称本书的翻译横跨了"两国三地"。本以为很快就可以付梓,未曾想此后的校对工作又延续了长达四年之久,诠释了"译事难,难于上青天"。看着身边同人们的成果纷纷出版、发表,而我这本案例研习却迟迟不敢踏出"闺阁",我常感焦虑。若说此书的翻译是精益求精我也愧不敢当,但至少对自己第一次独立翻译的著作还算认真。

在我国的学术考核体系中对书有着极其精细的划分标准,包括著作、译著、教材等。我却认为这本书不仅仅是一本案例集,也是劳动法学术研究和司法实践的方法论指引。无论在德国还是在中国,劳动法的法律规范都相当丰富:既包含实体法律规范,又包含程序法律规范;既包含个别劳动法规范,又包含集体劳动法规范;既包含劳动法领域的法律规范,又包含其他部门法领域内的法律规范。

  此篇译后记是我在本书中仅有的可以表达感激之情之地,有幸得以与译文共同问世,在此希望为我的翻译提供过帮助的各位师友能够为人所知。感谢本套译丛的主编中南财经政法大学的李昊教授,他将本书交于彼时还是学生的我,这份信任给予了我翻译的底气。感谢本书的学术校对中央财经大学的沈建峰教授,作为我学习德国劳动法的引路人,他曾将自己的首部译著交于我做文字校对,现在又为我的独立译著提供学术指导,促成了这次难得的师生学术合作。感谢本书的编辑陆建华、王馨雨老师,感谢他们对我拖稿的无限包容,也感谢他们为本书出版的付出。感谢清华大学法学院长聘副教授任重老师、北京大学法学院长聘副教授曹志勋老师,两位老师都曾在德国获得民事诉讼法博士学位,他们对本书中涉及劳动法院诉讼程序"诉的合法性"(Zulässigkeit der Klage)和"诉的有理由性"(Begründetheit der Klage)这两个诉讼法概念,为我提供了专业的解读和帮助。

  撰写译后记时,正值《中华人民共和国劳动法》颁布三十周年。希望这本劳动法案例研习的译作,能够为我国劳动法的研究和教学贡献一份力量!

丁皖婧
2024 年 10 月于北京

法律人进阶译丛

⊙ 法学启蒙

《法律研习的方法：作业、考试和论文写作（第10版）》，〔德〕托马斯·M.J.默勒斯 著，2024年出版
《如何高效学习法律（第8版）》，〔德〕芭芭拉·朗格 著，2020年出版
《如何解答法律题：解题三段论、正确的表达和格式（第11版增补本）》，〔德〕罗兰德·史梅尔 著，2019年出版
《法律职业成长：训练机构、机遇与申请（第2版增补本）》，〔德〕托尔斯滕·维斯拉格 等著，2021年出版
《法学之门：学会思考与说理（第4版）》，〔日〕道垣内正人 著，2021年出版

⊙ 法学基础

《法律解释（第6版）》，〔德〕罗尔夫·旺克 著，2020年出版
《法律推理：普通法上的法学方法论》，〔美〕梅尔文·A.艾森伯格 著，待出版
《法理学：主题与概念（第3版）》，〔英〕斯科特·维奇 等著，2023年出版
《基本权利（第8版）》，〔德〕福尔克尔·埃平 等著，2023年出版
《德国刑法基础课（第7版）》，〔德〕乌韦·穆尔曼 著，2023年出版
《刑法分则I：针对财产的犯罪（第21版）》，〔德〕伦吉尔 著，待出版
《刑法分则II：针对人身与国家的犯罪（第20版）》，〔德〕伦吉尔 著，待出版
《民法学入门：民法总则讲义·序论（第2版增订本）》，〔日〕河上正二 著，2019年出版
《民法的基本概念（第2版）》，〔德〕汉斯·哈腾豪尔 著，待出版
《民法总论》，〔意〕弗朗切斯科·桑多罗·帕萨雷里 著，待出版
《德国民法总论（第44版）》，〔德〕赫尔穆特·科勒 著，2022年出版
《德国物权法（第32版）》，〔德〕曼弗雷德·沃尔夫 等著，待出版
《德国债法各论（第16版）》，〔德〕迪尔克·罗歇尔德斯 著，2024年出版

⊙ 法学拓展

《奥地利民法概论：与德国法相比较》，〔奥〕伽布里菈·库齐奥 等著，2019年出版
《所有权的终结：数字时代的财产保护》，〔美〕亚伦·普赞诺斯基 等著，2022年出版
《合同设计方法与实务（第3版）》，〔德〕阿德霍尔德 等著，2022年出版
《合同的完美设计（第5版）》，〔德〕苏达贝·卡玛纳布罗 著，2022年出版

《民事诉讼法（第4版）》，〔德〕彼得拉·波尔曼 著，待出版
《德国消费者保护法》，〔德〕克里斯蒂安·亚历山大 著，2024年出版
《公司法的精神：欧陆公司法的核心原则》，〔德〕根特·H. 罗斯 等 著，2024年出版
《日本典型担保法》，〔日〕道垣内弘人 著，2022年出版
《日本非典型担保法》，〔日〕道垣内弘人 著，2022年出版
《担保物权法（第4版）》，〔日〕道垣内弘人 著，2023年出版
《日本信托法（第2版）》，〔日〕道垣内弘人 著，2024年出版
《医师法讲义》，〔日〕大谷实 著，2024年出版

⊙ 案例研习

《德国大学刑法案例辅导（新生卷·第三版）》，〔德〕埃里克·希尔根多夫著，2019年出版
《德国大学刑法案例辅导（进阶卷·第二版）》，〔德〕埃里克·希尔根多夫著，2019年出版
《德国大学刑法案例辅导（司法考试备考卷·第二版）》，〔德〕埃里克·希尔根多夫著，2019年出版
《德国民法总则案例研习（第5版）》，〔德〕尤科·弗里茨舍 著，2022年出版
《德国债法案例研习I：合同之债（第6版）》，〔德〕尤科·弗里茨舍 著，2023年出版
《德国债法案例研习II：法定之债（第3版）》，〔德〕尤科·弗里茨舍 著，待出版
《德国物权法案例研习（第4版）》，〔德〕延斯·科赫、马丁·洛尼希著，2020年出版
《德国家庭法案例研习（第13版）》，〔德〕施瓦布著，待出版
《德国劳动法案例研习：案例、指引与参考答案（第4版）》，〔德〕阿博·容克尔著，2024年出版
《德国商法案例研习（第3版）》，〔德〕托比亚斯·勒特 著，2021年出版
《德国民事诉讼法案例研习：审判程序与强制执行（第3版）》，〔德〕多萝特娅·阿斯曼著，2024年出版

⊙ 经典阅读

《法学方法论（第4版）》，〔德〕托马斯·M. J. 默勒斯 著，2022年出版
《法学中的体系思维与体系概念(第2版)》，〔德〕克劳斯-威廉·卡纳里斯 著，2024年出版
《法律漏洞的确定（第2版）》，〔德〕克劳斯-威廉·卡纳里斯 著，2023年出版
《欧洲合同法（第2版）》，〔德〕海因·克茨 著，2024年出版
《民法总论（第4版）》，〔德〕莱因哈德·博克 著，2024年出版
《合同法基础原理》，〔美〕麦尔文·A. 艾森伯格 著，2023年出版
《日本新债法总论（上下卷）》，〔日〕潮见佳男 著，待出版
《法政策学（第2版）》，〔日〕平井宜雄 著，待出版